ER IS GEEN EXAMEN

Je reis naar een gelukkiger leven

ERIC SALINAS

Second Star Press

INHOUD

VOORWOORD

Sinds ik op deze manier ben gaan leven, zijn mijn hoofdpijnen verminderd. De meeste waren stressgerelateerd – verbonden aan een angst waarvan ik me niet eens realiseerde dat ik die met me meedroeg. Ik heb stress niet genezen. Ik ben simpelweg gestopt met het gooien van olie op een vuur dat al brandde.

De verschuiving vond geleidelijk plaats. Ik begon patronen op te merken die ik niet meer kon negeren. Dingen die iedereen als normaal beschouwt, maar die misschien niet zo onveranderlijk zijn als we denken. Vragen die niemand stelt omdat iedereen ervan uitgaat dat de antwoorden voor de hand liggen.

Het blijkt dat dat niet zo is.

Ik leef nu al meer dan een jaar anders. Het is geen methode of routine – het is een mentaliteit. Er is iets fundamenteels veranderd in hoe ik kijk naar doelen, competitie, succes, en wat er wel en niet toe doet.

Ik begon dit te delen met een collega op het werk. Hij vertelde me dat het zijn hele kijk op de zaak veranderde. Dat is één persoon. Ik dacht: als het bij hem resoneert, heeft iemand anders er misschien ook iets aan.

Daarom besloot ik dit boek te schrijven.

Niet om je te vertellen hoe je moet leven. Niet om je te bekeren tot de een of andere filosofie. Gewoon om te delen wat mij opviel, wat er voor mij is veranderd, en om te zien of je er iets in herkent dat je zelf al aanvoelde maar nog geen naam kon geven.

Ik zal verhalen uit mijn leven delen. Wanneer iets een herinnering bij je oproept, zitten we op het juiste spoor. Wanneer dat niet gebeurt, is dat ook prima. Verschillende achtergronden betekenen verschillende routes.

Dit is een gesprek. Ik ben hier niet om wijsheid te verpakken of de expert uit te hangen. Ik ben hier om te delen wat ik heb geleerd door het te ervaren.

Als je dit leest, ben je al nieuwsgierig.

Klaar voor? Laten we de motor starten.

INLEIDING: RIEMEN VAST

Laten we een ritje maken (ja, in een auto). Ik wil je tijdens deze reis een paar dingen laten zien die je wellicht zult herkennen zodra je ze ziet.

Ken je dat gevoel wanneer je in een gloednieuwe auto stapt? De geur, de opwinding van alles voor het eerst zien. Je begint uit te zoeken waar de bediening zit. Wat dit knopje doet. Waarom die instelling bestaat. Naarmate de dagen verstrijken, ontdek je functies waarvan je niet eens wist dat ze bestonden. Sommige werken precies zoals je had verwacht. Andere verrassen je volledig.

Zo zal dit boek ook aanvoelen. We gaan dingen ontdekken – op knoppen drukken die we nog nooit hebben ingedrukt, zien wat ze werkelijk doen en leren dat sommige zaken heel anders werken dan we dachten. Dingen die we als vanzelfsprekend beschouwden, zien er vanuit deze nieuwe hoek misschien anders uit.

Onderweg zullen we stoppen om te verwerken wat we zien. Even de benen strekken. Ergens bij stilstaan voordat we weer verdergaan.

Je pendelt elke dag, toch? Naar je werk, naar school, naar waar je ook heen moet. Je kent die rit. De vertrouwde route. De file. De andere auto's om je heen.

Dit is jouw rit naar een gelukkiger leven.

Je komt niet met lege handen aan. Je leeft al lang genoeg om sommige dingen te hebben begrepen. Je hebt genoeg meegemaakt om instincten te hebben ontwikkeld. Je hebt genoeg keuzes gemaakt om te begrijpen wat voor jou belangrijk is. Wat je er ook toe heeft aangezet om dit boek op te pakken – nieuwsgierigheid, frustratie, timing, toeval – je hebt jezelf hier gebracht met alles wat je al geleerd hebt.

Je weet waar je ijkpunt ligt en je bent wellicht diverse 'obstakels' gepasseerd om hier te komen. Maar nu zie je enkele medechauffeurs op de weg. En je gaat ze inhalen, zodat je het succes kunt behalen dat je nodig hebt. Je hebt al beseft tegen wie je de strijd voert. Je weet al wat jouw 100% betekent. Je weet welke keuzes je naar dit moment hebben geleid. Je bent er. Je weet dat niet iedereen dezelfde afstand zal bereiken als jij. Vorige generaties vertelden je hoe je moest rijden, maar nu weet je dat je ogen gewoon gericht moeten zijn op de weg die voor je ligt. Geen afleidingen. Je weet dit allemaal al. Dat heb je altijd al geweten.

Klaar voor? Neem het stuur over.

Deel Een

JE EIGEN BUURT VERLATEN

Vertrouwd terrein achter je laten, nieuwe routes ontdekken.

Hoofdstuk 1

JE BENT HIER

E r is iets wat je brein elke keer doet als je in een auto zit, en het is je waarschijnlijk nog nooit opgevallen.

Heb je er wel eens op gelet dat elke bestuurder die sneller rijdt dan jij een roekeloze idioot is, en elke bestuurder die langzamer rijdt dan jij niet weet wat hij aan het doen is? Dat is geen toeval. Dat is de basis voor alles wat we gaan verkennen.

Rijden op de middelste rijstrook

We hebben de woonwijk verlaten. Kijk eens naar de auto op de rijstrook naast je. Kijk nu naar die voor je. Een van hen gaat sneller dan jij, en je brein plakt er onmiddellijk een label op: agressieve rijder, heeft vast haast, denkt dat de weg van hem is. De ander gaat langzamer, en je brein doet het opnieuw: waarom rijden ze überhaupt op deze rijstrook? Hebben ze hun niet geleerd de rechterrijstrook te nemen als ze langzaam rijden?

Hier komt het punt: beide reacties ontstonden door JOUW snelheid. Jij bent het referentiepunt. Jij bent de nul op de snelheidsmeter van jouw wereld.

Die auto die 130 rijdt? Die kijkt naar iemand die 150 rijdt en denkt exact hetzelfde over hem als jij net over hem dacht. En de auto die jij net langzaam noemde? Die kijkt naar iemand die nóg langzamer gaat met dezelfde frustratie die jij bij hem voelde.

Iedereen is het centrum van zijn eigen referentiekader. Je hebt misschien weleens gehoord dat je niet het middelpunt van het universum bent, maar je bent absoluut het middelpunt van JOUW universum, van JOUW leven. Alles wat je waarneemt als 'snel' of 'langzaam', 'slim' of 'dom', 'succesvol' of 'ploeterend', wordt afgemeten aan jou als de basislijn.

De oneindige wedloop

En dit creëert een probleem. Zodra je jezelf aan alle anderen afmeet, raak je gevangen in een oneindige cirkel.

Stel dat je lekker doorrijdt en je ziet iemand voor je die harder gaat. Je geeft gas om hem in te halen. Voelt goed, toch? Maar wacht – nu zie je een nieuwe auto voor je die nog sneller gaat dan jij. Dus geef je weer gas. Die haal je ook in.

Behalve dat er nu weer een andere auto is die je eerst niet kon zien, die nóg sneller gaat dan die vorige.

En nog eentje daarachter.

En nog eentje daar weer achter. En nog één.

Je bent feitelijk geen stap verder gekomen in de wedloop. Je bent alleen veranderd van auto's waarmee je jezelf vergelijkt. Op het moment dat je de 'snellere' auto's passeert, onthul je simpelweg een NIEUWE groep snellere auto's die je voorheen niet kon zien. Denk je dat we er nog eentje nodig hebben? Er rijdt altijd wel weer een auto voor je. Er komt geen einde aan.

Dit gaat niet alleen over rijden op de snelweg. Dit gaat over alles.

Salarissen: 'Ik verdien 80.000 euro' voelt goed totdat je iemand ontmoet die 120.000 verdient, dan iemand die 200.000 verdient, dan iemand die 2 miljoen verdient...

Fitness: 'Ik kan 70 kilo bankdrukken' totdat je iemand ziet die 90 drukt, dan 110, dan 180...

Volgers: 'Ik heb 1.000 volgers' totdat je iemand ziet met 10.000, dan 100.000, dan 1 miljoen. Heb je geen YouTube-award? Pfft...

De cirkel sluit nooit omdat je het vergelijkingspunt blijft verleggen telkens wanneer je denkt dat je er bent 'gearriveerd'.

Jouw kilometerteller, niet hun snelheid

Dus hier is de omslag: stop met kijken naar de snelheid van andere auto's. Kijk naar je eigen kilometerteller. Je afgelegde afstand.

Je kilometerteller meet de afgelegde afstand, niet de snelheid. Gisteren stond je teller op 1.000 kilometer. Vandaag staat hij op 1.050. Dat is vooruitgang. Vijftig kilometer meer aan ervaring, leren, leven. Dat is de enige meting die telt.

Sommige dagen leg je 100 kilometer af omdat de weg vrij is en het weer perfect. Sommige dagen leg je 10 kilometer af omdat je op een bergweg zit die voorzichtige navigatie vereist. Beide dagen voegden kilometers toe aan je teller. Beide dagen brachten je vooruit.

Misschien rij je vandaag 80 kilometer per uur terwijl je gisteren nog met 120 voortraasde. Dat betekent niet dat je achteruitgaat. Het kan betekenen dat de weg van vandaag vereist dat je vertraagt en het landschap bewondert – rijdend langs de kustlijn met de oceaan naast je – of voorzichtig door moeilijk terrein manoeuvreert. De snelheid doet er niet toe. De kilometers die je verzamelt wel.

De persoon naast je die sneller of langzamer gaat? Hun kilometerteller geeft heel andere getallen aan omdat ze op een andere plek zijn begonnen, andere routes hebben genomen, andere stops hebben gemaakt. Hun kilometerstand heeft niets te maken met jouw reis. Heb een behouden vaart.

Vergelijk jouw teller met JOUW teller van gisteren. Dat is de enige vergelijking die betekenis heeft.

De illusie van rijstrookeigendom

En nu we toch bezig zijn met het aanpakken van valse concurrentie, laten we een andere illusie bespreken die je met je meedraagt: het bezit van de publieke ruimte.

Je rijdt zoals gewoonlijk terug van je werk. Je wilt gewoon op tijd zijn bij je partner, die thuis op je wacht om naar de bioscoop te gaan. Je was heel even afgeleid en merkte plotseling niet dat er een auto voor je invoegde – je trapte vol op de rem, maar knalde er uiteindelijk achterop.

Een klein ongelukje. Niemand raakte gewond. De plannen? Van de baan. De film zal moeten wachten. Iedereen controleert of de andere bestuurder in orde is. De verzekeringen worden ingeschakeld. De politie ook. Je doet je verhaal bij de agent. 'Ik reed onder de maximumsnelheid en plotseling voegde die auto in op mijn rijstrook. Ik kon gewoon niet op tijd remmen...'

Precies daar. Laten we even uitzoomen. Het echte verhaal gaat niet over het ongeluk – dit hypothetische voorbeeld was er alleen om op iets te wijzen. 'Jouw rijstrook'?

Wanneer is die rijstrook van jou geworden? Heb je hem gekocht? Staat je naam op de eigendomsakte? Krijg je kadastrale papieren als je de snelweg oprijdt?

De rijstroken zijn openbaar. Ze zijn van iedereen. Die andere bestuurder heeft evenveel recht op die baan als jij.

Maar dit is wat er gebeurt als je denkt dat de baan van jou is: verkeersagressie. Op het moment dat je gelooft dat die ruimte van JOU is, voelt elke auto die daar binnendringt als een inbreuk. Alsof er iemand bij je inbreekt. Je stressniveau schiet omhoog omdat iemand iets van je 'afnam'.

Behalve dat ze dat niet deden. Omdat het om te beginnen nooit van jou was.

Ik zeg niet dat je het fantastisch moet vinden als iemand invoegt zonder richting aan te geven of je afsnijdt. Ik zeg dat de intensiteit van je woede recht evenredig is aan hoeveel eigenaarschap je voelt over de publieke ruimte.

De verkeersagressie temperen

Kijk, ik ga je niet vertellen dat je nooit mag toeteren of nooit gefrustreerd mag raken. Dat is niet realistisch, en eerlijk gezegd is het niet eens het doel (en ik zou een vreselijk slecht voorbeeld zijn als ik iets anders beweerde).

Soms MOET je toeteren. Als iemand je bijna raakt, toeter dan. Als iemand niet doorheeft dat het stoplicht op groen staat en het verkeer loopt vast, is een kort toetertje nuttig. Als iemand naar jouw rijstrook afdwaalt, toeter dan voor de veiligheid.

Het doel is niet nul verkeersagressie. Het doel is misschien 10% agressie in plaats van 90%.

Wees menselijk. Raak af en toe geërgerd. Maar doe het bewust. Vraag jezelf af: 'Is deze toeter voor de veiligheid of voor mijn ego?' Denk ook aan anderen en toeter af en toe voor hen, voor hun veiligheid. Soms hebben ze het nodig.

Als een auto je afsnijdt en je hangt tien seconden lang op de claxon terwijl je schreeuwt, dan is dat ego. Op dat moment voorkom je geen ongeluk meer – de auto heeft je immers al afgesneden. Je straft hem alleen maar voor het niet respecteren van 'jouw' rijstrook. Wraak is een vreemd ding. En er kijkt altijd wel iemand mee.

Jouw getoeter zal hun gedrag niet veranderen. Het zal ze ofwel niet interesseren, of ze worden defensief, of ze steken hun middelvinger naar je op. Niemand heeft ooit in een vlaag van verkeersagressie gedacht: 'Weet je wat, dat boze getoeter heeft me echt een waardevolle les geleerd over het wisselen van rijstrook.'

Het enige coördinaat dat telt

Laten we dus de basisregel voor deze hele reis vaststellen:

Jij bent je eigen [0,0] in je [x, y] coördinaat.

Alles om je heen – snelheid, succes, intelligentie, schoonheid, rijkdom – wordt gemeten ten opzichte van JOUW positie. En dat is geen arrogantie. Dat is gewoon natuurkunde. Je kunt niets meten zonder een referentiepunt, en jij bent JOUW referentiepunt.

Andere mensen zijn HUN eigen referentiepunten. Zij meten jou ten opzichte van henzelf, net zoals jij hen meet ten opzichte van jou.

Niemand heeft ongelijk. Iedereen rijdt gewoon zijn eigen route in zijn eigen tempo, met een eigen kilometerteller die andere getallen laat zien.

Het probleem is niet dat je het middelpunt van je eigen universum bent. Het probleem is denken dat je het middelpunt van IEDEREENS universum zou moeten zijn. Of erger nog, geloven dat er ergens in de hemel een objectieve scorebord hangt die de rijprestaties van iedereen beoordeelt.

Die is er niet.

Er is geen examen.

Dus, stop met het vergelijken van je snelheid met die van anderen. Stop met denken dat de rijstrook van jou is. Stop met toeteren bij elke vermeende belediging. Focus op JOUW route, JOUW vooruitgang, JOUW kilometerteller vergeleken met waar deze gisteren stond.

Dat is waar we beginnen. Precies hier. Op JOUW coördinaten.

Klaar om verder te gaan?

Hoofdstuk 2

10.000 ACHTERUITKIJKSPIEGELS

Anders dan alles in je leven, onthult je auto verschillende versies van wie je bent.

Denk eens aan al die keren dat je passagiers bij je had. Kinderen op de achterbank op weg naar school. Een partner op de bijrijdersstoel tijdens een vakantierit. Hoogbejaarde ouders onderweg naar een afspraak bij de dokter. Vrienden die zich naar binnen proppen voor een weekendje weg. Een collega die je een lift gaf toen zijn auto in de garage stond.

Ieder van hen heeft een totaal andere chauffeur ervaren. Een andere wereld vanaf de passagiersstoel.

Niet omdat je deed alsof. Niet omdat je een toneelstukje opvoerde. Maar verschillende situaties, verschillende passagiers en verschillende wegen halen verschillende versies van wie je bent achter het stuur naar boven.

Andere passagiers, andere chauffeurs

Als je kinderen hebt, denk dan eens aan die autoritten met het gezin. Je houdt het stuur te stevig vast en maakt je hardop zorgen over het benzinegeld. Je snauwt dat ze 'moeten ophouden met ruziemaken daar' omdat het drukke verkeer je stress bezorgt.

Er klinkt spanning door in je stem wanneer je de weg kwijtraakt en weigert de gps te vertrouwen. Jij denkt dat zij gefocust zijn op de bestemming – het strand, het pretpark, de bergen. Maar dat zijn ze niet.

Ze zijn gefocust op jou. Kinderen absorberen alles. Ze kijken naar de chauffeur. Want de chauffeur heeft de controle over hun veiligheid, hun comfort, hun hele ervaring in die auto.

Ze denken niet na over waar ze naartoe gaan. Ze kijken naar hoe jij hen daar brengt.

Denk nu eens aan je partner op de bijrijdersstoel.

Die ziet een heel andere chauffeur dan je kinderen. Die ziet je snelle route aanpassingen maken als je aan de late kant bent – agressief van rijstrook wisselen, binnendoor steken, nog net even door oranje rijden. Maar die ziet je ook op de parkeerplaats extra de tijd nemen om perfect achteruit in een vak te steken, omdat je de auto niet scheef wilt achterlaten.

Die ziet de ongeduldige versie en de nauwkeurige versie van jou tijdens dezelfde rit.

Je kinderen zien alleen de 'gestreste chauffeur'. Je partner ziet de nuance – de bekwaamheid vermengd met ongeduld, de zorgvuldigheid vermengd met frustratie. Die weet dat je niet slechts één chauffeur bent; je bent meerdere chauffeurs, afhankelijk van de context.

En wanneer je bejaarde ouders in de auto zitten? Dan ben je plotseling een totaal andere chauffeur.

Je remt af voor oranje licht in plaats van nog snel door te rijden. Je houdt extra afstand tot de auto voor je. Je wisselt niet van rijstrook tenzij het strikt noodzakelijk is. Je vertelt hardop wat je gaat doen: 'Ik ga nu invoegen, ik laat die auto eerst even passeren.'

Dit is niet nep. Dit is gepast. Dit ben jij die je rijstijl aanpast aan de behoeften van je passagiers.

Maar als je kinderen DEZE versie van jou zouden zien, zouden ze de chauffeur nauwelijks herkennen. Waar is de persoon die schreeuwt tegen trage weggebruikers en door zijstraatjes scheurt om drie minuten te besparen?

En dan heb je nog die weekendjes weg met vrienden – ramen naar beneden, muziek hard aan, de toeristische route nemen omdat niemand haast heeft. Je rijdt 15 km/u onder de maximumsnelheid om gewoon van het uitzicht te genieten. Je stopt bij willekeurige wegrestaurants. Je lacht om verkeerde afslagen in plaats van je er druk over te maken.

Je partner zou verbijsterd zijn. 'Sinds wanneer geniet jij van verdwalen?'

Maar je bent geen ander persoon. Je bent gewoon een andere chauffeur in een andere context, met andere passagiers en andere belangen.

Elke doordeweekse dag om 14.00 uur sta je in de rij bij het schoolplein. Geduldig. Gericht op veiligheid. Langzaam vooruit kruipend. Je laat andere ouders voorgaan. Je let goed op dat er geen kinderen achter je auto rennen.

Maar drie uur later rijd je weg van je werk in de spits. De strijd is begonnen. Agressief van rijstrook wisselen omdat je naar huis moet, eten moet koken en de kinderen om 18.00 uur op de voetbaltraining moeten zijn.

Dezelfde chauffeur. Dezelfde dag. Totaal verschillende aanpak.

Dus welke is de 'echte' jij?

Allemaal.

Elke afzonderlijke versie is authentiek. Je zet geen masker op – je reageert op verschillende wegen, verschillende passagiers en verschillende omstandigheden.

Als je zou proberen te rijden op een manier die AL je voormalige passagiers tegelijkertijd tevreden stelt, zou je verlamd raken. Het is krankzinnig om het zelfs maar te proberen.

Je kinderen willen dat je kalm en ontspannen bent. Je partner wil dat je daadkrachtig en efficiënt bent. Je bejaarde ouders willen dat je voorzichtig en langzaam bent. Je vrienden willen dat je spontaan en gezellig bent.

Je zou 10.000 verschillende chauffeurs moeten zijn om indruk te maken op iedereen die ooit bij je in de auto heeft gezeten.

De onmogelijke perfecte versie

We creëren een geïdealiseerde versie in ons hoofd – de 'perfecte chauffeur' die iedereen gelukkig zou maken. Kalm maar daadkrachtig. Geduldig maar efficiënt. Voorzichtig maar spontaan.

En vervolgens putten we onszelf uit door te proberen die versie te ZIJN voor iedereen, altijd.

We denken dat iedereen ons beoordeelt op hoe dicht we bij deze perfecte versie komen. We stellen ons voor dat onze passagiers hun ervaringen uitwisselen: 'Toen ik bij hen in de auto zat, waren ze echt gestresst. Wat is er gebeurd met die leuke, ontspannen versie die ze horen te zijn?'

Die universele perfecte versie bestaat niet. Die heeft nooit bestaan.

Het is niet zo dat het je niet lukt om die versie te worden. Je jaagt iets na dat vanaf het begin al onmogelijk was.

Je kinderen hebben niet die leuke vakantieversie nodig als ze bang zijn op de achterbank tijdens een storm – ze hebben de zelfverzekerde 'ik-regel-dit-wel-versie' nodig. Je bejaarde ouders hebben niet de efficiënte versie nodig – ze hebben de geduldige, voorzichtige versie nodig. Je partner heeft niet de altijd-vrolijke versie nodig – die heeft de eerlijke, authentieke versie nodig.

Er is geen examen dat beoordeelt of je de 'juiste' versie van jezelf bent geworden. Er zijn alleen verschillende wegen die om een andere aanpak vragen, en verschillende passagiers die verschillende dingen van je nodig hebben.

Stop met proberen om één universele 'jou' te perfectioneren. Begin te herkennen welke versie echt van nut is op het moment waarin je je bevindt.

Je passagiers kiezen

Je kunt niet alle versies tegelijk zijn. Maar je kunt wel kiezen welke versie je het beste dient voor de route die je nu rijdt.

Als je je kinderen ergens naartoe brengt, probeer dan misschien de geduldige versie te zijn die elke beslissing toelicht, in plaats van de gestresste, gehaaste versie. Niet omdat de ene 'echt' is en de andere nep, maar omdat de ene mooiere herinneringen creëert voor de passagiers die er tijdens die specifieke rit het meeste toe doen.

Als je alleen rijdt om je hoofd leeg te maken, kies dan misschien voor de toeristische route in plaats van de agressieve, efficiënte versie. Niet omdat je 'geacht' wordt te ontspannen, maar omdat die versie op dat moment je behoeften daadwerkelijk beter dient.

Sommige mensen roepen rijgedrag bij je op dat je zelf niet echt prettig vindt.

Misschien is er een passagier die je het gevoel geeft dat je beoordeeld wordt, waardoor je voorzichtiger rijdt dan nodig is – je twijfelt bij elke rijstrookwisseling, je legt elke beslissing te veel uit. Of misschien is er een passagier die een drang tot competitie bij je opwekt, waardoor je agressiever rijdt om iets te bewijzen.

De vraag is niet: 'Welke versie is de echte ik?' De vraag is: 'Welke versie wil ik zijn, en wie wil ik naast me hebben zitten?'

Jij kiest wie er in je auto stapt. Jij kiest wie er op de bijrijdersstoel zit. Jij kiest wie je rijstijl beïnvloedt.

Sommige passagiers maken je een betere chauffeur. Sommige passagiers bezorgen je stress. Sommige passagiers vind je fijn om je heen te hebben. Sommige passagiers geef je alleen een lift uit plichtsbesef.

Er is geen examen dat beoordeelt welke passagiers je moet houden of welke versie van jezelf je moet zijn. Maar er is wel een keuze over wie je toegang geeft tot je auto en welke routes je met hen aflegt.

Laat hen hun versie behouden

Iets waar je je misschien ongemakkelijk bij voelt: de mensen in je leven hebben hun versie van jou allang gevormd. En je hebt geen idee hoe die versie eruitziet. Het is net als wanneer je jezelf op een opname hoort. Het komt misschien niet overeen met de versie die je denkt te zijn – of de versie die je aan hen probeert te laten zien.

Stel dat je kind een verhaal vertelt tijdens een familiediner: 'Weet je nog die vakantierit waarbij papa zo verschrikkelijk verdwaald was en we bij dat rare wegrestaurant uitkwamen? Dat was hilarisch!'

Maar jij herinnert je het anders. Je was niet verdwaald – je nam bewust een omweg. En je was doodop van de stress en had helemaal geen plezier.

Je hebt twee keuzes:

Optie A: Hen verbeteren. 'Eigenlijk was ik niet verdwaald. Ik nam een toeristische route en ik was behoorlijk gestresst, ik was niet aan het lachen.'

Optie B: Hen hun versie laten behouden. Omdat in HUN herinnering dat moment gelukkig is. Ze herinneren zich het lachen met hun broertjes of zusjes. Ze herinneren zich dat eigenaardige eettentje. Ze herinneren zich jou als onderdeel van een avontuur, niet van een fout.

Waarom zou je hen dat afnemen, alleen maar om technisch gelijk te hebben?

Hun versie geeft hún voldoening, niet jouw gecorrigeerde versie. Hun 'vertekende' herinnering aan jou is waar ze van houden. Het is wat ze nodig hebben van dat moment. Jouw gecorrigeerde versie dient hen niet – het dient de behoefte van je ego om nauwkeurig begrepen te worden.

Dit geldt voor iedereen. Je partner herinnert zich de versie van jou die er voor hen toe doet in hun verhaal – vaak een versie waar je je niet eens bewust van bent, een versie waarvan je niet eens wist dat je die bent. Die geweldige persoon met wie ze getrouwd zijn. Degene die hen een veilig gevoel geeft, of die hen ziet, of hen op precies de juiste manier uitdaagt. Je ouders herinneren zich de versie die past bij hun ervaring. Je vrienden herinneren zich de versie uit de tijd in hun leven dat je aanwezig was.

Je kunt hen niet dwingen hun versie aan te passen aan je huidige realiteit. En eerlijk gezegd, waarom zou je dat willen?

Laat mensen hun versie van jou behouden. Zolang het niet schadelijk is, zolang het hen iets brengt wat ze nodig hebben, laat hen die versie dan hebben.

Je bent niet één vaste chauffeur die perfect is vastgelegd in ieders geheugen. Je bent 10.000 versies in 10.000 verschillende herinneringen, en elk van die versies is echt. Ze blijven in die herinneringen bestaan, of je dat nu leuk vindt of niet.

Er is geen examen dat van je eist dat je ieders geheugen corrigeert zodat het overeenkomt met je officiële verhaal.

Je zit niet gevangen

Je bent niet één vaste chauffeur. Je bent een verzameling rijstijlen die in verschillende contexten naar voren komen.

Maar dat je gestrest, ongeduldig en bezorgd KUNT rijden, betekent niet dat je zo MOET blijven rijden – vooral niet als het niet goed is voor jou of voor de passagiers om wie je echt geeft.

Je hebt geen controle over hoe je voormalige passagiers je herinneren. Je kinderen herinneren zich misschien de gestreste versie, ook al heb je je best gedaan. Dat heb je niet in de hand.

Maar je hebt wel controle over hoe je vanaf nu rijdt. Je kunt beslissen welke versie vaker tevoorschijn komt. Je kunt beslissen welke passagiers regelmatig in je auto mogen stappen.

Je zit niet gevangen in de rol van de chauffeur die iedereen tot nu toe heeft ervaren. Jij mag kiezen welke versie morgen het stuur in handen neemt.

Er is aan het einde geen examen dat beoordeelt of je 'juist' hebt gekozen. Er is alleen jij, je auto, je route en de passagiers die jij besluit mee te nemen.

Dus wie wil je zijn achter dat stuur?

Deel Twee

DE OPRIT NAAR DE SNELWEG

De snelweg oprijden en beseffen hoe je hebt leren autorijden.

Hoofdstuk 3

DE ROUTES DIE ZE JE GELEERD HEBBEN

Herinner je je nog wanneer je voor het eerst alles leerde wat je weet over autorijden? Niet alleen de techniek – hoe je aan het stuur draait, de pedalen bedient, in je spiegels kijkt. Ik heb het over de andere zaken. De ongeschreven regels. De instincten. De primaire reacties die je hebt als iemand je afsnijdt of als je een vrije parkeerplek ziet.

Waar kwamen die vandaan?

Hoe kennis zich verspreidt

Neem nu een potlood.

Je weet dat je ermee kunt schrijven, maar hoe weet je dat? Je leraar heeft het je verteld, of misschien je ouders. Maar die specifieke kennis ging duizenden jaren geleden al 'viraal'. En vóór je leraar was er iemand die het hem leerde. En daarvóór weer iemand anders. Als we honderden, misschien wel duizenden jaren teruggaan – het 'kennisvirus' van het potlood is nog steeds springlevend, verspreidt zich nog steeds en draagt nog steeds hetzelfde basisidee over: dit instrument laat tekens achter op papier.

Ik bedoel, we weten inmiddels letterlijk wat het betekent om viraal te gaan.

(Ik weet dat sommigen 2020 misschien uit hun geheugen hebben gewist, maar we hebben aan den lijve ondervonden hoe iets letterlijk viraal ging.)

Als je COVID hebt gehad, stel je dan eens voor hoeveel mensen vóór jou exact dezelfde virusstam bij zich droegen. Als je teruggaat, is er één oorsprong, patiënt nul, waarna het 'viraal' ging van de één op de ander tot het bij jou uitkwam. Technisch gezien is dat virus door ontelbare mensen gegaan; alsof jij de 73e generatie bent.

Kennis werkt op dezelfde manier. Het verspreidt zich van persoon tot persoon, van generatie op generatie, waarbij iedereen het doorgeeft, meestal zonder zich af te vragen waar het oorspronkelijk vandaan kwam.

Dat is in feite hoe we alles leren.

De rijgewoonten die je hebt geërfd

Je hebt leren rijden bij een rijschool – waar ze je de officiële regels leerden (en misschien wat persoonlijke ergernissen van de instructeur). Van je ouders, die het goede of slechte voorbeeld gaven terwijl jij op de achterbank toekeek. Vanuit je cultuur, die je leerde dat bepaald rijgedrag een bepaalde betekenis heeft. Vanuit films, die je lieten zien hoe 'stoer' rijden eruitziet, hoe 'agressief' rijden eruitziet, en hoe 'succes' op de weg eruitziet.

Niets hiervan is neutraal. Het is allemaal programmering.

Competitief van rijstrook wisselen? Dat heb je geleerd. Misschien door te kijken hoe je vader of moeder zich door het verkeer heen wurmde om 'tijd te winnen'. Misschien uit films waarin de held altijd als een pijl uit een boog rijdt. Misschien vanuit de rijcultuur in jouw stad, waar je getrakteerd wordt op getoeter als je ook maar even aarzelt.

Statussymbolen op de parkeerplaats? Ook dat heb je geleerd. Er als eerste zijn. Dicht bij de ingang parkeren. De 'beste' plek bemachtigen. Niets daarvan is objectief beter – het is gewoon een hiërarchie die door iemand is bedacht en waar iedereen mee heeft ingestemd om die in stand te houden.

Hiërarchie op de weg? Vrachtwagens moeten rechts blijven. Sportwagens mogen hard rijden. Stationwagens zijn saai. Luxe auto's verdienen ontzag. Elektrische auto's zijn voor milieuactivisten (of vroege vogels, afhankelijk van welk virus je hebt opgelopen).

Allemaal aangeleerd. Allemaal overgedragen. Allemaal zonder vragen geaccepteerd.

Iemand vertelde je dat je je superieur mocht voelen

Neil deGrasse Tyson – astrofysicus, wetenschapscommunicator en iemand die ik diep bewonder om de manier waarop hij ideeën omarmt – schreef in zijn boek *Starry Messenger* iets over competitie dat hier perfect op aansluit:

De Olympische Spelen danken hun bestaan aan de zoektocht naar mensen onder ons die sneller, hoger en sterker presteren. Gestandaardiseerde examens, spelprogramma's, schoonheidswedstrijden, audities en de Forbes 400 zetten allemaal mensen tegenover elkaar, gerangschikt op volgorde. De samenleving biedt honderden, zo niet duizenden manieren om te laten zien dat je beter bent dan anderen.[1]

En daarna zei hij iets waar we allemaal even bij stil zouden moeten staan:

"Je voelt je superieur omdat iemand je vertelde dat het oké was om je zo te voelen."[2]^

Lees dat nog eens.

Je werd niet op een dag wakker met het natuurlijke gevoel dat je beter bent dan de trage bestuurder die de linkerrijstrook blokkeert terwijl hij op de rechterbaan zou moeten rijden. Iemand heeft je geleerd dat langzame bestuurders op de linkerbaan 'fout' zitten, ook al rijden ze de maximumsnelheid, en dat jij (de snellere, 'correcte' bestuurder) daarom superieur bent.

Je wist niet van nature dat meer auto's inhalen gelijkstaat aan winnen. Iemand heeft je geleerd dat vooroprijden gelijkstaat aan succes.

De drang tot wedijver is in je geïnstalleerd. Als software. Als een virus.

De aandachtseconomie van mijn geboortestad

Laat me een persoonlijk voorbeeld geven uit de plek waar ik geboren ben.

Ik ben opgegroeid in Monterrey, Mexico, en daar heerst een diepgeworteld cultureel virus. We noemen onszelf competitief en harde werkers, en we scheppen daar trots over op – maar misschien maskeren we daarmee alleen maar de behoefte aan aandacht en erkenning om ons superieur te voelen aan anderen.

Het werkt als volgt: als iemand iets heeft dat aandacht trekt, heb jij iets beters nodig, iets groters (en meestal duurders) om de schijnwerpers op jou te richten – of die van de ander te stelen.

Koopt een vriend een auto die opvalt? Dan zoek jij naar een terreinwagen die nóg meer opvalt.

Geeft je buurman een feest waar iedereen over praat? Dan moet jij een feest geven dat de nieuwe standaard wordt.

Het geldt voor alles. Bruiloften. *Quinceañeras*. Functietitels. De grootte van je huis. Sportteams.

En dit is het wrange deel: je vreugde wordt afhankelijk van het feit dat je anderen een minderwaardig gevoel geeft.

Het is niet genoeg om blij te zijn met je auto – je moet weten dat jouw auto meer aandacht trekt dan die van je vriend. Het is niet genoeg om een geweldig feest te geven – je hebt het nodig dat mensen zeggen dat het beter was dan het vorige feest, zodat de vorige gastheer zich overtroffen voelt.

En het blijft niet bij evenementen en bezittingen. Het wordt zelfs nog persoonlijker:

'Wanneer ga je trouwen?' 'Wanneer komen er kinderen?' 'Je neef heeft er al twee, waar wacht je nog op?' 'Je broer is net gepromoveerd, hoe gaat het met jouw baan?'

Deze constante vergelijking komt niet voort uit een of ander objectief meetsysteem. Het is hetzelfde culturele virus dat door families waart en iedereen ervan overtuigt dat hun waarde wordt afgemeten aan het behalen van dezelfde mijlpalen – en die indrukwekkender behalen dan alle anderen.

Er is zelfs een gedachte-experiment dat dit perfect blootlegt:

'Zou je liever een huis van € 300.000 hebben in een wijk waar alle andere huizen € 200.000 kosten, of een huis van € 500.000 in een wijk waar alle andere huizen € 1.000.000 kosten?'

Rationeel gezien is het huis van een half miljoen objectief beter. Groter, mooier, waardevoller.

Maar de meeste mensen kiezen het huis van drie ton. Omdat ze in die buurt aan de winnende hand zijn. Ze staan aan de top. Overvloed doet er niet toe als je niet relatief superieur bent. Ze hebben het mooiste huis van de straat – ze krijgen alle aandacht.

In de miljoenenwijk staan ze onderaan. Ze hebben het 'slechtste' huis. Hoewel het naar elke objectieve maatstaf nog steeds een landhuis is, schenkt niemand aandacht aan hen.

Die voorkeur – om liever relatief superieur te zijn dan objectief beter – is aangeleerd. Het is een cultureel virus. En het maakt mensen doodongelukkig.

Dit geldt niet voor iedereen, en niet alleen voor Monterrey. Maar dit is wat ik ken uit mijn jeugd daar.

Statussignalen waar we om horen te geven

Is het je ooit opgevallen dat sommige mensen alleen dure koffie kopen bij die ene hippe tent, terwijl ze thuis koffie kunnen zetten voor een fractie van de prijs (maar dan zonder die beker)?

Het gaat niet om de koffie. Het gaat erom dat je het kantoor binnenloopt met die specifieke beker. Het gaat erom dat je gezien wordt als iemand die zich de 'goede' koffie kan veroorloven van de plek waar iedereen het over heeft. Het is een statussignaal.

Hetzelfde geldt voor merkkleding waarbij het logo enorm en duidelijk zichtbaar is. Je koopt niet de kwaliteit (een merkloos shirt is net zo functioneel) – je koopt het signaal. Je zegt: 'Ik kan dit merk betalen, wat betekent dat ik boven de mensen sta die dat niet kunnen.'

En je kunt het altijd zien als iemand net plotseling rijk is geworden, want opeens dragen ze grote logo's en merkpatronen over hun hele outfit. Ze moeten de massa laten zien dat ze het kunnen betalen. Ze lijken wel wandelende totempalen van luxemerken.

Niemand wordt geboren met een fascinatie voor logo's. Dat is aangeleerd. Dat is een virus dat iemand heeft verspreid en dat jij hebt opgelopen.

In mijn middelbare schooltijd hing ik eens rond met een paar vrienden in mijn geboortestad. We waren net klaar met een dagje skateboarden (er was toen nog geen internet, dus we waren buiten sociaal bezig – gekke tijden, hè?). We zaten in de garage van een vriend en er stond een auto bij de buren geparkeerd.

Ik herinner me de details niet precies meer, maar het gesprek leidde ertoe dat we hem als een heel gewone auto zagen. Grijs. Saai. We dachten: 'Mwah, gewoon een sedan.'

Maar toen liep een vriend langs om zijn peuk weg te gooien en zag hij dat het een BMW was. Opeens riep hij: 'Wauw, moet je kijken, wat een vette wagen!'

Het merk zorgde ervoor dat hij er zo over dacht. Niet de auto zelf. Niets aan het uiterlijk of de functie was objectief veranderd. Alleen het logo. Alleen de wetenschap dat het 'geacht werd' indrukwekkend te zijn.

Dat is het virus in actie. De auto boeide ons niet totdat we wisten dat hij duur was. Toen boeide het ons wel, omdat we geacht werden erom te geven.

Wanneer je merkt dat het je wat doet

Culturele programmering is effectief omdat het stilletjes op de achtergrond draait. Je merkt de installatie niet op. Je voelt gewoon de reactie en gaat ervan uit dat die van jou is.

Maar je kunt leren om het op het moment zelf te herkennen.

Je staat bij een verkeerslicht en er stopt een luxe auto naast je. Er gebeurt iets in je brein – een automatisch oordeel over de bestuurder, misschien een flits van afgunst of juist een gevoel van superioriteit, afhankelijk van waar je zelf in rijdt. Die reactie was niet van jou. Die was in je geprogrammeerd.

Je ziet vakantiefoto's van iemand op sociale media. Nog voordat je erbij nadenkt, vergelijk je hun reis met die van jou, vooral als jij daar al een tijdje geleden bent geweest. Je krijgt het gevoel dat je achterloopt en beraamt in je hoofd alvast een volgende, nog indrukwekkendere vakantie om over te posten. Die vergelijkingsreflex was niet van jou. Het was geïnstalleerd.

De programmering laat zich zien in de fractie van een seconde tussen het zien van iets en het voelen van iets daarbij. Dat gat – dát is waar de geïnstalleerde overtuigingen wonen.

Je kunt culturele programmering niet volledig uitwissen. Het zit te diep. Is te automatisch. Wordt te veel versterkt door alles om je heen.

Maar je kunt het wel leren herkennen. En herkenning verandert alles.

Op het moment dat je jezelf erop betrapt dat je iemands auto, huis, kleding of baan beoordeelt, kun je even pauzeren en je afvragen: 'Waar heb ik geleerd dat dit belangrijk is?' Begin met het onderzoeken van de herkomst van je eigen overtuigingen.

Wanneer je de drang voelt om het verhaal van een ander te overtreffen, kun je opmerken: 'Wil ik dit echt delen, of probeer ik alleen maar een hiërarchie te bevestigen?'

Wanneer je jouw leven begint te vergelijken met de succesmomenten van een ander, kun je jezelf corrigeren: 'Wie heeft mij geleerd mijn waarde op deze manier te meten?'

Je zult niet altijd een andere keuze maken. Soms zul je de programmering herkennen en toch de instructies volgen omdat het makkelijker is, of omdat de rest het ook doet, of omdat je te moe bent om ertegenin te gaan.

Maar herkenning doorbreekt de automatische piloot. Het creëert een keuzemoment waar voorheen alleen een automatische reactie was. En dat moment – dat is waar de vrijheid begint.

Je kunt het afleren

Hier is het goede nieuws: als deze ideeën zijn aangeleerd, kunnen ze ook weer worden afgeleerd.

Je zit niet vast aan de rijgewoonten die je hebt geërfd. Je bent niet verplicht om de strijd aan te gaan alleen maar omdat iedereen om je heen dat doet. Je bent niet verplicht om je superieur te voelen alleen maar omdat je cultuur zegt dat het oké is.

Je kunt de programmering zien voor wat het is – een idee dat zonder jouw toestemming op jou is overgedragen – en besluiten of je het wilt houden.

Sommige culturele programmering is nuttig. Verkeersregels bestaan met een goede reden. Sociale normen rondom basisbeleefdheid zorgen dat de maatschappij functioneert.

Maar competitief rijstrookje wisselen? Statusparkeren? Je superieur voelen omdat je op een bepaalde manier rijdt of omdat je een schuifdak hebt?

Die zaken zijn optioneel. En ze maken je ongelukkig.

Dus hoe begin je nu echt met afleren?

Begin met bewustwording. Dat heb je in het vorige deel net geoefend. Merk op wanneer de programmering actief is. Veroordeel het niet. Vecht er niet direct tegen. Zie het gewoon. 'Oh, daar is die automatische statusvergelijking weer.'

Stel het vervolgens ter discussie. Als je merkt dat de programmering draait, vraag jezelf dan af: 'Wat als ik hier nu eens lak aan had?' Niet als een plechtige belofte om er nooit meer om te geven – gewoon als een experiment. Wat als de auto van die persoon er niet toe deed? Wat als je die indrukwekkende vakantie niet nodig had? Wat als je het gewoon... liet voor wat het is? De wereld vergaat niet. Meestal gebeurt er helemaal niets.

Probeer het dan eens één keer anders te doen. Niet als een nieuwe regel. Niet als een permanente verandering. Gewoon één keer. Iemand vertelt over iets waar hij trots op is. In plaats van je eigen prestatie te noemen, zeg je gewoon: 'Wat goed zeg.' Dat is alles. Niet 'je maakt mijn dag helemaal goed', maak het niet over jezelf. Gewoon een simpele erkenning. Kijk wat er gebeurt. Meestal? Praten ze gewoon verder. Ze merken niet eens dat je de competitie niet bent aangegaan. De hiërarchie die jij dacht te moeten vestigen, was eigenlijk helemaal niet nodig.

Let op hoe het voelt. Wanneer je niet meedoet aan een vergelijking waar je normaal wel op in zou zijn gegaan, wanneer je dat statussymbool niet koopt dat je normaal wel gekocht zou hebben, wanneer je iemand niet beoordeelt die je normaal wel had beoordeeld – sta dan stil bij dat gevoel. Soms is het een opluchting. Soms voelt het als vrijheid. Soms is het ongemakkelijk omdat de programmering er nog steeds is en nog steeds beweert dat dit belangrijk is. Al die gevoelens zijn informatie.

Dat is afleren. Niet de code wissen. Niet de code vervangen door andere code. Alleen maar herkennen dat het code is, en beslissen of je die wilt uitvoeren.

Je kunt ervoor kiezen om niet meer deel te nemen aan wedstrijden waarvoor je je nooit hebt ingeschreven. Je kunt ervoor kiezen om je geluk niet langer te spiegelen aan de levens van anderen. Je kunt ervoor kiezen om je eigen route te rijden zonder je zorgen te maken of je 'voor' of 'achter' ligt op iemand anders.

Er is geen examen dat beoordeelt of je de juiste mensen bijhoudt of het juiste culturele script volgt.

Maar er is wel een keuze: de software blijven draaien die iemand anders heeft geïnstalleerd, of beginnen met het schrijven van je eigen code.

Hoofdstuk 4

DE SNELHEIDSVAL

Vroeger hadden we daadwerkelijke feedback nodig om te weten wat anderen van ons vonden. Nu krijgen we directe statistieken: likes, weergaven, deelacties. En we zijn verslaafd geraakt aan het scorebord van een race die we nooit hebben toegezegd te rennen.

Waarom zijn we aan het racen? Wie heeft ons verteld dat we de snelste auto op de snelweg moesten zijn? Wanneer is het documenteren van ons leven belangrijker geworden dan het leiden ervan?

De evolutie van het concert

Er is een perfect voorbeeld van hoe deze verschuiving heeft plaatsgevonden, en je kunt het terugvoeren aan de hand van concerten van de afgelopen 40 jaar:

- Jaren 80: Mensen gingen naar concerten met hun handen in de lucht, terwijl aanstekers flikkerden in het donker. Ze ervoeren de muziek. Ze waren IN het moment. Het doel was om de muziek te voelen, deel uit te maken van de energie van de menigte, om verbinding te maken met het optreden.

- Jaren 90: De camera's verschenen. Mensen begonnen foto's te maken van de bandleden. Meestal was het verboden om camera's mee te nemen naar een concert. Maar als het wel kon, waren de foto's bedoeld om de avond later te herinneren. Om terug te kijken en te zeggen: 'Ik heb ze live gezien'. De ervaring stond nog steeds voorop. De documentatie was secundair.
- Jaren 2000: Mobiele telefoons kregen camera's. Nu legden mensen hele nummers vast – korrelige beelden, verschrikkelijke audio, schokkerige opnames die ze eigenlijk nooit meer zouden bekijken. Maar ze keken nog steeds voornamelijk naar de show terwijl ze opnamen. De telefoon was aanvullend op de ervaring.
- Jaren 2010: Smartphones werden beter. Nu maakten mensen selfies MET de band op de achtergrond. Zie je de verschuiving? De band werd het decor. Het concert draaide niet meer om het optreden – het ging erom te bewijzen dat JIJ bij het optreden was. De documentatie werd gelijkwaardig aan de ervaring.
- Jaren 2020: En nu? Nu filmen mensen zichzelf tijdens het hele concert. De camera op henzelf gericht, terwijl de band vervaagt aan de horizon achter hun telefoon. De artiesten doen er niet toe – wij zijn de protagonisten van ons eigen evenement genaamd 'een concert bijwonen'. Ze kijken niet naar de show. Ze kijken naar hun scherm dat henzelf vastlegt bij de show.

Wij zijn het verhaal geworden. De band doet er niet toe.

Het concert is niet langer de bestemming. Het concert is slechts het decor voor je content. Voor je verhaal. Voor je bewijs dat je een interessant leven leidt waar andere mensen van onder de indruk moeten zijn.

Iedereen treedt op, niemand kijkt

Er is een video die een paar jaar geleden viraal ging. Het trieste is dat dit zich elk jaar herhaalt. Oudejaarsavond in Parijs. Duizenden mensen verzameld rond de *Arc de Triomphe* voor de viering om middernacht.

De camera glijdt over de menigte. Werkelijk iedereen houdt zijn telefoon omhoog en is aan het opnemen. Iedereen.

Niet aan het kijken. Aan het opnemen.

Niemand ervaart het moment waarvoor ze duizenden kilometers hebben gereisd om het te zien. Ze bekijken het allemaal door een schermpje van 15 centimeter, om er zeker van te zijn dat ze het vastleggen voor mensen die er niet zijn.

Dus als iedereen opneemt en niemand kijkt, wat is dan het nut van daar aanwezig zijn?

Voor wie nemen ze het op? Voor de mensen die er niet waren? Waarom zouden die mensen om schokkerige telefoonbeelden geven van iets dat ze niet hebben ervaren?

Het antwoord: ze nemen het op om te bewijzen dat ze er waren. Om te bewijzen dat hun leven interessant is. Om bewijsmateriaal te verzamelen dat ze de race aan het winnen zijn.

Ga nu naar een willekeurige sportschool. Kijk wat er gebeurt.

Iemand stelt zijn telefoon op om zijn training op te nemen. Niet om zijn techniek te controleren. Niet om zijn voortgang bij te houden. Om het te posten. Om aan iedereen te laten zien dat hij aan het trainen is. Dat hij toegewijd is. Dat hij beter is dan de mensen die niet in de sportschool staan.

En hier wordt het echt onthullend: ze jagen mensen uit hun camerabeeld weg. Ze raken geërgerd als iemand door hun frame loopt. Ze beginnen hun set opnieuw omdat iemand hun video 'verpest' heeft.

En dan – dit is waar het nog erger wordt – posten ze de video waarin ze de persoon te kijk zetten die het waagde hun opname te onderbreken. Hoe durven ze de openbare sportschool te gebruiken terwijl er iemand content aan het filmen is? Ze schandpalen vreemden online voor de misdaad van... het bestaan in een gedeelde ruimte. (Met dank aan Joey Swoll – een bodybuilder en fitness-influencer – voor het starten van de 'Bemoei je met je eigen zaken'-beweging om dit gedrag aan de kaak te stellen.)

De training wordt ondergeschikt aan de documentatie van de training.

Ze zijn daar niet om sterker te worden. Ze zijn daar om gezien te worden terwijl ze sterker worden. Ze concurreren niet met hun vorige prestatie – ze concurreren om aandacht, om validatie, om het bewijs dat ze voorop liggen in de race.

Waar is de realityshow?

Sociale media hebben de manier waarop we onszelf zien veranderd. Ze hebben ons geleerd dat we allemaal de hoofdpersoon zijn in onze eigen film, en dat de rest van de wereld zou moeten kijken.

We leiden niet alleen ons leven. We voeren ons leven op. We cureren ons leven. We monteren ons leven voor een publiek dat er misschien wel of misschien helemaal niet om geeft.

We gedragen ons alsof we een spel spelen waar we ons nooit voor hebben aangemeld – als deelnemers aan een realityshow, constant bewust van de camera, constant ons gedrag aanpassend aan de kijkers, constant onze eigenwaarde metend aan de kijkcijfers.

Maar de ongemakkelijke waarheid is dat niemand zo nauwlettend kijkt als je denkt.

Je volgers bestuderen je posts niet. Ze scrollen. Ze letten er half op terwijl ze in de rij staan voor koffie. Ze consumeren jouw content op dezelfde manier als jij die van hen consumeert – snel, gedachteloos en het is alweer vergeten voordat ze naar de volgende post gaan.

Psychologen noemen dit het spotlight-effect. Je gaat ervan uit dat je op een podium staat, dat iedereen je uiterlijk, je fouten, je levenskeuzes opmerkt. De waarheid? Iedereen maakt zich te veel zorgen om zichzelf om zich zorgen te maken over jou. Ze zijn niet het publiek dat naar jouw film kijkt – ze zijn de sterren van hun eigen film, en zijn zich nauwelijks bewust van jouw bestaan, behalve als achtergronddecor.

Je racet om aandacht van mensen die de race eigenlijk niet eens volgen.

Swipen om te vernieuwen

Dus waarom kunnen we niet stoppen? Waarom blijven we kijken? Waarom voelt het zo moeilijk om die telefoon gewoon weg te leggen?

Omdat het systeem ontworpen is om je aan de haak te slaan.

Socialmediaplatforms zijn niet zomaar apps – het zijn gokautomaten in je broekzak. En ze maken gebruik van precies hetzelfde psychologische mechanisme dat gokken verslavend maakt: intermitterende bekrachtiging.

Dit is hoe het werkt: Je post iets. Je weet niet hoe het zal scoren. Misschien krijgt het 10 likes. Misschien 100. Misschien 1.000. Die onzekerheid creëert verwachting. En verwachting activeert dopamine.

Elke keer dat je op je telefoon kijkt, trek je aan de hendel van een fruitautomaat. Soms win je (meldingen! likes! reacties!). Soms niet. Maar de mogelijkheid dat het DIT keer de grote winst zou kunnen zijn, zorgt ervoor dat je blijft kijken.

De dopaminekick komt niet eens van de likes zelf – die komt van de verwachting dat je misschien likes krijgt. Daarom blijf je vernieuwen. Daarom kijk je vijf minuten na het plaatsen alweer. Daarom voel je je onrustig als een post niet zo goed presteert als je had verwacht.

Je bent niet zwak. Je bent niet verslaafd omdat je een gebrek aan wilskracht hebt. Je neemt het op tegen een miljardenindustrie die deze platforms specifiek heeft ontwikkeld om zo verslavend mogelijk te zijn. Ze hebben neurowetenschappers en gedragspsychologen in dienst wier enige taak het is om uit te zoeken hoe ze jou aan het scrollen kunnen houden.

Dat rode meldingsicoontje? Ontworpen om urgentie op te wekken. Het oneindige scrollen? Ontworpen om stoppunten te elimineren. De 'gelezen'-indicator? Ontworpen om sociale druk te creëren om onmiddellijk te reageren. Het algoritme dat je content laat zien die je boos maakt? Ontworpen om je betrokken te houden, zelfs als je er doodongelukkig van wordt.

Elke functie is geoptimaliseerd voor één ding: jou zo lang mogelijk op het platform houden, zodat ze meer advertenties kunnen verkopen. Het algoritme bepaalt wat je ziet, wat je voelt en wat je vervolgens doet.

En het werkt omdat dopamine geen boodschap heeft aan je welzijn. Dopamine geeft om de voorspelling van een beloning. Je brein maakt geen onderscheid tussen echte of ingebeelde beloningen – dopamine wordt sowieso afgevuurd. En deze platforms hebben precies ontdekt hoe ze dat systeem kunnen hacken.

Daarom kun je twee uur achter elkaar scrollen en je slechter voelen dan toen je begon. Daarom kun je verstandelijk best weten dat sociale media je angstig maken, maar toch de neiging niet weerstaan om te kijken. Daarom voelt het verwijderen van de app als afkicken.

Het ontbreekt je niet aan zelfbeheersing. Je vecht tegen een systeem dat specifiek is ontworpen om je zelfbeheersing uit te schakelen.

Op zoek naar erkenning van schimmen

Dus waarom doen we het? Waarom blijven we de machine voeden, zelfs als we weten dat deze ontworpen is om ons uit te buiten?

Omdat we in onze geest op zoek zijn naar de bevestiging dat we stoerder zijn dan anderen. Dat we interessanter zijn. Dat we de race aan het winnen zijn.

Elke post is een vergelijking. Elke story is bewijs. Elke like is een stem die bevestigt dat ja, je loopt voor, je doet het beter, je bent het waard om aandacht aan te besteden.

Het concert draait niet om de muziek – het gaat erom te bewijzen dat jij toegang hebt tot concerten waar anderen dat niet hebben. De sportschoolvideo gaat niet over fitness – het gaat erom te bewijzen dat je gedisciplineerder bent dan de mensen die niet in de sportschool staan. De vakantiefoto's gaan niet over de vakantie – ze gaan over het bewijzen dat jouw leven boeiender is dan dat van de mensen die langs je posts scrollen.

Sociale media hebben van het leven een functioneringsgesprek gemaakt. En sindsdien jagen we op een goed cijfer.

Er is geen rechter. Er is geen eindscore. Er is aan het einde van je leven geen panel dat je Instagram-feed beoordeelt en beslist of je het wel goed hebt gedaan.

Je racet in een competitie die niet bestaat, terwijl je indruk probeert te maken op mensen die niet opletten, om punten te verzamelen die niets betekenen.

Documentatie versus performance

Zodra je stopt met optreden, kun je eindelijk echt gaan leven. Je kunt aanwezig zijn. Je kunt momenten ervaren in plaats van alleen maar bewijs te verzamelen dat ze hebben plaatsgevonden. Je krijgt je aandacht terug. Je krijgt je leven terug.

Mensen beginnen dit in te zien. Ze realiseren zich dat ze jarenlang hun leven hebben gefilmd in plaats van het te leiden. En ze veranderen hun aanpak: minder delen, meer ervaren.

Maar laat me duidelijk zijn: het documenteren van momenten is niet het probleem. Foto's maken om het eerste concert van je kind te onthouden? Prachtig. Een videoboodschap opnemen voor iemand die er niet bij kon zijn? Attent. Een moment vastleggen omdat je er later oprecht op wilt terugkijken? Helemaal prima.

Het probleem ontstaat wanneer documentatie een performance wordt.

Vraag jezelf dus af:

Deelde je het omdat je het moment wilde onthouden? Of deelde je het omdat je wilde dat anderen zagen dat jij dit moment beleefde?

Was je je leven aan het documenteren? Of was je je leven aan het opvoeren?

Was je het concert aan het ervaren? Of was je aan het bewijzen dat je bij het concert was?

Er is niets mis met de eerste optie bij elke vraag. Herinneringen doen ertoe. Verbinding doet ertoe. Betekenisvolle momenten delen met mensen om wie je geeft – dat is menselijk.

Maar wanneer elk moment content wordt, wanneer elke ervaring bewijsmateriaal wordt in een competitie waarvoor je je niet hebt opgegeven, wanneer je leven gecureerd wordt voor een publiek in plaats van geleefd voor jezelf – dan ben je de weg kwijtgeraakt.

Er is geen examen dat beoordeelt of je leven er indrukwekkend uitziet voor vreemden op internet.

Maar er is wel een keuze: blijven racen om erkenning van mensen die niet eens kijken, of de telefoon wegleggen en daadwerkelijk ervaren wat je aan het doen bent.

De weg is lang. Het landschap is de moeite waard om te bekijken. Maar je kunt het niet zien als je naar een scherm staart dat je vertelt wat andere mensen van je vinden.

Stop met concurreren om aandacht. Stop met de race om te bewijzen dat je voorop loopt. Stop met het filmen van de rit en... rijd gewoon.

Hoofdstuk 5

WIE HOUDT DE SCORE BIJ?

Stel je voor dat je alles waar je voor gewerkt hebt op het spel zet vanwege een ruzie met een vreemde.

En dan bedoel ik ook echt alles.

Je opleiding – al die jaren op school, spelen in de pauze, opgroeien met bewondering voor je sportidool, de tekst van je favoriete zanger uit je hoofd leren. Uitgaan met je vrienden. Tijd doorbrengen met je ouders wanneer ze je meenamen op vakantie. Al het harde werk dat zij hebben verzet om jou te laten studeren. De diensten die je draaide om je studie te betalen. De ontelbare nachten waarin je niet sliep om te blokken voor die loodzware vakken, doorzettend omdat je aan iets aan het bouwen was.

Het huis dat je met je partner hebt opgebouwd. De mensen die thuis op je wachten. Je broers of zussen die je al je hele leven kennen. Je kinderen, die er nooit bij stilstaan dat hun held iets zou kunnen overkomen. Ze zijn volledig van je afhankelijk – voor hun opleiding, voor hun onderdak, voor hun veiligheid, voor hun toekomst.

Alles. Alles wat je hebt opgebouwd. Alles waarvoor je offers hebt gebracht. Alles waar je naartoe hebt gewerkt. Alles waarvoor je iets wilt achterlaten.

Vanwege een woordenwisseling met een vreemde over een

wedstrijd. Of het wisselen van rijbaan. Of over wie er gelijk had. Vanwege iemand die niet tot jouw mensen behoort.

Klinkt krankzinnig, toch?

Toch doen mensen het elke dag.

De vechtpartij in het stadion

Je bent bij een wedstrijd. Jouw team scoort. Je juicht. De man die achter je zit – met het shirt van de tegenpartij aan – zegt iets. Niet eens tegen jou, hij mompelt gewoon wat tegen zijn vriend. Maar jij hebt het gehoord.

Nu heb je een keuze.

Je zou het kunnen negeren. Geniet van de wedstrijd. Ga naar huis naar je gezin. Word morgen wakker met je baan nog steeds op zak, je gezondheid intact en je leven op de rit.

Of je kunt je omdraaien en er iets van zeggen. De boel laten escaleren. Er een punt van maken. Laat je ego je ervan overtuigen dat je deze vreemde op zijn nummer moet zetten omdat hij je team heeft beledigd, wat betekent dat hij jou heeft beledigd, wat weer betekent dat je je eer moet verdedigen.

En wat gebeurt er dan?

Misschien niets. Misschien bindt hij in. Misschien staan jullie allebei te schreeuwen tot de beveiliging jullie uit elkaar haalt en gaan jullie allebei naar huis met het gevoel dat je hebt 'gewonnen'.

Of misschien wordt het fysiek. Misschien deel je een klap uit. Misschien slaat hij terug. Misschien val je. Misschien raak je met je hoofd een betonnen traptree. Misschien verlies je een oog. Misschien raak je verlamd. Misschien beland je in de gevangenis.

Waarvoor?

Voor je team? Ik bedoel, zij weten meestal niet eens dat je bestaat. Ze komen je niet opzoeken in het ziekenhuis. Ze betalen je juridische kosten niet. Ze zorgen niet voor je kinderen terwijl jij moet omgaan met hersenletsel.

Voor je trots? Hoeveel is je trots waard? Is het je vermogen om te lopen waard? Is het het waard dat je kinderen een goede vader of moeder verliezen door de belediging van een vreemde? Is het het waard dat je kinderen moeten toezien hoe hun ouder wordt gearresteerd? Is het het waard om je baan te verliezen omdat je nu een strafblad hebt?

Het punt is: er is geen rechter die punten uitdeelt voor het hebben van gelijk.

Je krijgt aan het eind van de confrontatie geen cijfer. Er is geen jury die de beelden bekijkt en verklaart: 'Ja, het was terecht dat je deze situatie liet escaleren. Hier is je trofee voor het verdedigen van je eer.' Fanfares. Vuurwerk. Je hebt het geflikt!

Je krijgt alleen de consequenties. En de andere man krijgt zijn consequenties. En jullie hebben allebei alles geriskeerd voor... niets.

De confrontatie in het verkeer

Hetzelfde patroon, andere locatie.

Iemand snijdt je af in het verkeer. Misschien zagen ze je niet. Misschien haasten ze zich naar het ziekenhuis. Misschien is het gewoon een asociale bestuurder. Het maakt niet uit – je bent woedend.

Je hebt dezelfde keuze als de man in het stadion. Slachtoffer of niet, neem een beslissing.

Negeer het en rijd door. Of maak er een punt van.

Je geeft gas. Je gaat naast ze rijden. Je schreeuwt. Je gebaart. Je hangt op de toeter. Je volgt ze. Je wilt dat ze weten dat ze fout zaten. Je wilt dat ze zich rot voelen. Je wilt deze confrontatie winnen.

Het echt domme eraan? 'Gelijk hebben' zal niet voorkomen dat hun auto die van jou raakt.

Stel dat ze je op een gevaarlijke manier afsnijden. Stel dat jij 100% in je recht staat en zij 100% fout zitten, en dat de rechter je volledig gelijk zou geven als dit voor de verkeersrechtbank zou komen.

Gefeliciteerd. Je hebt gelijk.

Maar als hun auto die van jou raakt omdat jij besloot je punt te maken door ze er niet tussen te laten, dan doet dat gelijk hebben er niet meer toe. Je auto raakt beschadigd. Je raakt misschien gewond. Je kunt in het ziekenhuis belanden.

De wetten van de natuurkunde trekken zich niets aan van de verkeersregels. De verzekering van de andere bestuurder maalt er niet om dat je technisch gezien correct handelde. Op je uitvaart hangt geen spandoek met de tekst: 'MAAR HIJ HAD WEL VOORRANG.'

Er is geen examen dat beoordeelt of je verkeersagressie gerecht-vaardigd was.

Er is alleen de uitkomst. En de uitkomst kan zijn dat je gelijk hebt EN gewond bent. Of je hebt gelijk EN je ligt in het ziekenhuis. Of je hebt gelijk EN je zit opgescheept met een rechtszaak omdat je een ongeluk hebt veroorzaakt.

Pas goed op jezelf. Niemand anders let op je op de weg.

De onzichtbare scheidsrechters

Wie denk je eigenlijk dat jou beoordeelt?

Wanneer je die drang voelt om je eer te verdedigen, om iemands ongelijk te bewijzen, om er zeker van te zijn dat ze weten dat jij gelijk hebt – wie kijkt er dan? Wie houdt de score bij?

De meeste mensen stellen zich, als ze eerlijk zijn, een soort jury voor. Een onzichtbaar publiek dat de overwinningen en verliezen turft. Een kosmische accountant die bijhoudt of je over je heen laat lopen of dat je je poot stijf hield.

Misschien zijn het de stemmen van je ouders in je hoofd: 'Laat je niet over je heen lopen.' Misschien is het de programmering van je cultuur: 'Echte mannen geven niet toe.' Misschien is het je eigen geïn-ternaliseerde overtuiging dat toegeven gelijkstaat aan zwakte, en zwakte aan falen.

Maar die scheidsrechters bestaan niet.

Je ouders kijken niet bij elke confrontatie mee om te beoordelen of je jezelf wel goed hebt verdedigd. Je cultuur houdt geen lijstje bij van hoe vaak je standhield tegenover hoe vaak je iets liet gaan. Je toekom-stige zelf zal niet op je leven terugblikken en denken: 'Had ik maar meer ruzie gemaakt met vreemden.'

Die ingebeelde jury is niet echt.

Wanneer iemand je afsnijdt in het verkeer en je voelt die vlaag van 'dat laat ik niet ongestraft passeren' – wie zou ze dat dan precies laten 'passeren'? Er is geen verkeerspolitie die je reactie beoordeelt. Er is geen raad van mannelijkheid die controleert of je je rijbaan wel goed hebt verdedigd. Er is geen kosmisch rechtssysteem dat punten uitdeelt voor het opstaan tegen onattente bestuurders.

De scheidsrechter die je je voorstelt – degene die oordeelt of je te passief, te agressief, te zwak of te brutaal bent – bestaat alleen in je eigen hoofd.

En het bizarre is dat, ook al weet je verstandelijk dat niemand je echt beoordeelt, je nog steeds die trekkracht voelt. Je hebt nog steeds het gevoel dat er iets op het spel staat. Alsof je, als je dit laat varen, een onzichtbaar spel verliest.

Dat gevoel is echt. Het spel is dat niet.

De vraag is niet: 'Hoe win ik?' De vraag is: 'Wil ik een spel spelen dat alleen in mijn verbeelding bestaat, terwijl ik dingen riskeer die in de werkelijkheid echt bestaan?'

Je hoeft niet alles te winnen

Je kunt de Disneyparken bezoeken zonder in ALLE attracties te hoeven gaan.

Echt waar. Je kunt naar Disney gaan, drie attracties doen, wat eten, een parade kijken en weer naar huis gaan. Je hoeft niet elke minuut te maximaliseren. Je hoeft niet elke bezienswaardigheid aan te vinken. Je hoeft Disney niet te 'winnen'.

Maar mensen proberen het wel. Ze plannen reisroutes met militaire precisie. Ze worden bij het ochtendgloren wakker. Ze lopen in sneltreinvaart tussen de attracties door. Ze slaan maaltijden over om meer ritjes te kunnen maken. Ze jagen hun gezin de stuipen op het lijf in een poging om maximale waarde uit hun toegangskaartje te persen.

En dan gaan ze doodop naar huis, verbrand door de zon, blut en nauwelijks in staat om zich te herinneren waar ze nu echt van genoten hebben, omdat ze zo druk waren met optimaliseren.

In het leven werkt het net zo.

Je hoeft niet met elke idioot de strijd aan te gaan. Je hoeft niet elke strijd te leveren. Je hoeft niet bij elke confrontatie je eer te verdedigen. Je hoeft niet elke persoon te corrigeren die op internet ongelijk heeft.

Je kunt het ook gewoon... laten gaan (met de hartelijke groeten van Elsa).

Laat ze ongelijk hebben. Laat ze die rijbaan nemen. Laat ze domme dingen roepen bij de wedstrijd. Laat ze je afsnijden. Laat ze denken dat ze hebben 'gewonnen'.

Er is geen scorebord.

Niemand houdt bij hoeveel discussies je hebt gewonnen. Niemand beoordeelt je op hoe effectief je de eer van je team hebt verdedigd. Niemand geeft je punten omdat je gelijk had.

Je doet mee aan een wedstrijd die niet bestaat.

De aankomsttijd verslaan

Wanneer was de laatste keer dat je probeerde de geschatte aankomsttijd (ETA) van je navigatie-app te verbeteren?

Al is het maar één minuut eerder, we hebben gewonnen! Toch? We hebben het systeem verslagen!

Behalve dat je dat niet hebt. Je hebt je agressief tussen andere automobilisten gewurmd. Je hebt hun woon-werkverkeer misschien minder prettig gemaakt. Je hebt misschien een ongeluk geriskeerd. En waarvoor? Om 60 seconden eerder aan te komen.

Niemand geeft een cijfer voor hoe vaak je je geschatte aankomsttijd hebt verslagen.

Ik heb mezelf hier in 2018 onbewust tegen beschermd toen ik mijn auto kocht. Het is een Prius C. Het is in deze auto niet eens mogelijk om roekeloos te rijden. Na een Mini Cooper voelde dit als: hé, je kunt (en je moet wel) vredig rijden.

Niet dat ik nu met 30 kilometer per uur rijd. Maar ik rijd geen 100 meer waar het niet moet. En de aankomsttijd van de gps mag hetzelfde blijven of zelfs oplopen. Het kan niemand schelen. Er is geen examen dat mijn aankomsttijd beoordeelt.

Zo ziet denkbeeldige competitie eruit op de snelweg: racen tegen een willekeurig getal dat er eigenlijk niet toe doet, stress en risico's creëren voor jezelf en anderen, en dat alles om iets te 'winnen' wat nooit een wedstrijd was.

Het denkbeeldige klassement

Heb je wel eens een spelletje als *Candy Crush* gespeeld?

Het is ontworpen om verslavend te zijn. Je haalt een level. Je voelt je goed. Je ziet de scores van je vrienden. Sommigen staan boven je. Dus speel je nog een level. En nog een. En nog een.

En dan realiseer je je dat je geld uitgeeft aan een gratis spel. Je slaapt te weinig. Je negeert je gezin. Je bent gestrest over... Candy Crush.

Waarvoor? Om de nummer 1 te zijn in een klassement dat er letterlijk niet toe doet?

Je beste vriend of je kinderen zullen je niet herinneren als 'de persoon die echt goed was in *Candy Crush*'. Niemand zal 'Top 10 in *Candy Crush*' in je grafsteen beitelen.

Maar in het echte leven gaan we op dezelfde manier om met confrontaties.

We riskeren onze baan, onze relaties, onze vrijheid, onze gezondheid – allemaal om hogerop te komen in een denkbeeldig klassement. Allemaal om te bewijzen dat we beter, slimmer of meer in ons recht staan dan een vreemde die we nooit meer zullen zien.

We doen alsof er een kosmisch scorebord is dat elke gewonnen discussie bijhoudt, elke persoon die we op zijn nummer hebben gezet, elke keer dat we onze eer hebben verdedigd.

Dat bord is er niet.

Stop met het uitvechten van denkbeeldige oorlogen

Er is geen leraar die je levensbeslissingen doorneemt en turft hoe vaak je je poot stijf hield versus hoe vaak je dingen liet gaan.

Er is geen kosmisch rapportcijfer aan het eind dat meet of je je eer wel naar behoren hebt verdedigd, of je over je heen hebt laten lopen of dat je vaak genoeg hebt bewezen dat je gelijk had.

Er is alleen het leven dat je daadwerkelijk leidt. De veiligheid die je bewaart. De relaties die je koestert.

Wanneer je in een ziekenhuisbed ligt omdat een ruzie in het stadion uit de hand liep, zal de arts je geen certificaat voor 'Je had gelijk' overhandigen. Wanneer je te maken krijgt met de juridische gevolgen van een incident met verkeersagressie, zal de rechter je geen bonuspunten toekennen omdat je technisch gezien gelijk had over die verkeersovertreding.

De enige graadmeters die er echt toe doen zijn:

Ben je veilig?

Zijn de mensen van wie je houdt veilig?

Is deze confrontatie waard wat je zou kunnen verliezen?

Dat is het. Dat is de hele vraag. En je weet de antwoorden allang.

Die vreemde in het stadion doet er niet toe. De bestuurder die je afsneed doet er niet toe. De persoon op internet die ongelijk heeft doet er niet toe.

Wat er wel toe doet, is dat je veilig thuiskomt bij je gezin. Wat er toe doet, is dat je morgen wakker wordt zonder strafblad. Wat er toe doet, is dat je niet alles wat je hebt opgebouwd weggooit voor de tijdelijke voldoening van je gelijk halen bij iemand die je over vijf minuten alweer vergeten is.

Dus stop met het vechten van oorlogen die er niet toe doen. Stop met alles te riskeren voor niets.

Er is geen examen. Dat is er nooit geweest.

Het enige cijfer dat telt, is of je hebt beschermd wat er echt toe doet, terwijl je hebt losgelaten wat onbelangrijk is.

En dat is een test waarvoor je kunt slagen door simpelweg weg te lopen.

EERSTE PITSTOP

We zijn inmiddels al een tijdje aan het rijden. Vijf hoofdstukken, om precies te zijn.

Je bent de snelweg opgegaan. Je hebt beseft dat je je eigen referentiepunt bent. Je hebt al die verschillende versies van jezelf ontmoet die de passagiers zien. Je hebt de culturele virussen herkend die je met je meedroeg. Je hebt toegezien hoe iedereen zijn leven opvoert in plaats van het te léven. Je bent de confrontatie aangegaan met een beoordelingssysteem dat überhaupt nooit heeft bestaan.

Laten we dus even de berm opzoeken. Een parkeerplaats vinden. De motor uitzetten. Stap uit en strek je benen.

Kijk eens hoe ver we al van je eigen buurt verwijderd zijn. Toen we begonnen, bevond je je nog in de vertrouwde zijstraatjes waar alles logisch was omdat je die routes al duizend keer had gereden. Nu zijn we op de snelweg en vanaf hier zien de dingen er anders uit.

De auto's om je heen zijn geen bedreigingen meer die je moet verslaan – ze rijden gewoon in hun eigen tempo. De rijstrook is niet jouw eigendom. En al die regels waarvan je dacht dat je ze moest volgen? De meeste daarvan waren slechts overgeërfde ideeën, geen werkelijke vereisten.

Je hebt gezien dat veel van wat je voor waar hield, simpelweg programmering was. Overtuigingen dat je de eerste moet zijn. Ideeën over het opeisen van je rijstrook. De aanname dat iemand je prestaties beoordeelt. De druk om iedereen om je heen bij te benen.

Niets daarvan was echt. Het was slechts aangeleerd.

We gaan zo weer de weg op, maar het volgende traject is anders. We nemen nu de toeristische route – de route die je laat zien hoe alles verandert afhankelijk van waar je staat.

Klaar om te zien hoe alles eruitziet vanuit dit perspectief?

Laten we gaan.

Deel Drie

DE TOERISTISCHE ROUTE

De toeristische route nemen, zien dat alles relatief is.

Hoofdstuk 6

SNELHEID IS RELATIEF

Ik neem je nu mee via de toeristische route – niet via de snelweg waar je alleen maar gefocust bent op snelheid en anderen inhalen. De toeristische route is de plek waar je gas terugneemt en echt om je heen kijkt. Je merkt het landschap op. De bomen, de bergen, de andere auto's met mensen die hun eigen leven leiden.

Dat is waar dit deel van de reis om draait. Vertragen om je omgeving echt te observeren – de mensen om je heen, de manier waarop je alles ziet. Niet om te veranderen waar je bent, maar om te begrijpen waar je nu eigenlijk naar kijkt vanaf de plek waar je staat. Je hebt een uniek zicht op het landschap, omdat niemand anders op precies hetzelfde punt staat als jij.

En dat geldt ook voor hoe je de andere bestuurders ziet – en laten we eerlijk zijn, ze zien er daarbuiten niet allemaal even snugger uit.

Er zijn mensen dommer dan jij, en mensen slimmer dan jij.

Domheid is relatief ten opzichte van JOU. Mensen zijn ofwel slimmer of dommer dan jij. Dat is simpelweg hoe onze waarneming werkt.

Laten we teruggaan naar het voorbeeld van de snelweg. Wanneer jij met 100 km/u rijdt, lijkt de auto die 130 km/u gaat roekeloos. De auto die 80 km/u rijdt, lijkt incompetent. Maar geen van beide observaties is objectief – ze zijn beide relatief ten opzichte van JOUW snelheid. Jij bent het nulpunt. Al het andere wordt gemeten als 'sneller dan ik' of 'langzamer dan ik'.

Is het je weleens opgevallen dat er tijdens een autovakantie een auto in je achteruitkijkspiegel kilometerslang op dezelfde afstand achter je blijft rijden? Je voelt onmiddellijk een band met die bestuurder – diegene houdt jouw tempo aan, die rijdt zoals jij. Die empathie ontstaat automatisch omdat ze jouw snelheid evenaren. Ze voelen 'goed' voor je.

Met intelligentie werkt het precies zo. Jij bent de nulmeting. Mensen die dingen sneller begrijpen dan jij, die patronen zien die jij mist, die concepten doorgronden waar jij over struikelt – zij zijn 'slim' in verhouding tot jou. Mensen die er langer over doen om iets te begrijpen, die voor de hand liggende patronen missen, die worstelen met concepten die voor jou simpel lijken – zij zijn 'dom' in verhouding tot jou.

De mentale rangorde

Je brein doet dit automatisch. Zonder dat je het zelf doorhebt, heb je ze onbewust in je hoofd gerangschikt – een denkbeeldige rij mensen die zich tot aan de horizon uitstrekt, allemaal geordend op basis van hun intelligentie ten opzichte van jou.

Jij staat op jouw plek in die rij. Iedereen die je ooit hebt ontmoet, is ergens in die rij geplaatst. Mensen vóór je zijn 'slimmer'. Mensen áchter je zijn 'dommer'. Niet universeel – alleen in verhouding tot jouw interactie met hen.

En dit is wat we maar moeilijk beseffen: je kunt mensen niet vooruithelpen in JOUW rij. Die persoon die in jouw ogen dom lijkt? Je kunt diegene niet opleiden om slimmer te worden dan jij. Je kunt diegene niet repareren. Je kunt dingen niet beter uitleggen totdat ze plotseling hoger in jouw rij komen te staan. Ze staan waar ze staan op basis van hoe jouw brein met dat van hen communiceert.

De rij staat vast ten opzichte van jou.

Maar – en dit is cruciaal – diezelfde persoon staat ook in de rij van iedereen die hij of zij ontmoet. En in de rij van hun beste vriend? Daar staan ze misschien wel helemaal vooraan. De persoon die jij als 'dom' hebt gerangschikt, is voor iemand anders misschien wel de meest briljante persoon op aarde.

Dus wanneer je in de verleiding komt om iemand die je achter je in de rij hebt geplaatst te 'repareren' of te 'onderwijzen', onthoud dan: je meet geen universele intelligentie. Je meet hun positie ten opzichte van JOUW referentiepunt. En die meting heeft niets te maken met hun positie in de rij van iemand anders.

Je kunt mensen die achter je staan in je rij niet repareren. En dat hoeft ook niet, want ze staan niet universeel achteraan – ze staan alleen achteraan in jouw waarneming.

De automobilist die je zojuist de pas afsneed? Die ga je niet heropvoeden door harder te toeteren.

Er zijn overal domme mensen, en dat zal nooit veranderen.

Je kunt ze niet repareren. Je kunt ze niet onderwijzen. Je kunt ze niet dwingen de rede in te zien. Je kunt ze niet dwingen toe te geven dat ze ongelijk hebben.

En wat nog belangrijker is: je krijgt geen cijfer voor het aantal domme mensen dat je hebt gecorrigeerd.

Er is geen leraar die jouw leven beoordeelt en denkt: 'Wauw, kijk eens hoe effectief ze die idioten op hun plek zetten. Een tien met een griffel!'

Laat ze ongelijk hebben. Laat ze je afsnijden. Laat ze domme dingen roepen bij een wedstrijd. Laat ze plezier hebben. Laat ze dom zijn op internet. Laat ze in hun ongelijk bestaan zonder dat jij er jouw probleem van maakt.

Jij staat ook in de rij van iemand anders

Terwijl jij druk bezig bent iedereen in JOUW rij te rangschikken, heeft iedereen in jouw leven zijn eigen rij. Je ouders hadden de hunne. Als je kinderen hebt, hebben zij de hunne. Als je een partner hebt, heeft die de zijne of hare.

En jij staat in al die rijen.

Denk daar eens over na. Als je kinderen hebt, vergelijken ze je niet met andere ouders. Jij BENT hun referentiepunt voor 'ouder'. Jij bent hun nulpunt. Jij bent de standaard waarlangs alle andere ouders in hun rij worden gemeten – niet omdat je de strijd met hen aangaat, maar omdat je letterlijk hun basislijn bent.

Als je een partner hebt, rangschikt die jou niet tegenover andere partners. Jij bent het referentiepunt voor 'partner' in hun wereld. Wanneer ze de echtgenoot van iemand anders ontmoeten, merken ze misschien verschillen op – 'oh, die is geduldiger' of 'die is minder georganiseerd' – maar die observaties zijn metingen relatief ten opzichte van JOU. Jij bent het nulpunt. Je bent niet in competitie met die andere echtgenoten. Jij bent de standaard.

Daarom is het onmogelijk om te proberen 'de beste' ouder of 'de beste' partner te zijn. Je doet niet mee aan een wedstrijd. Je probeert niet hoger te eindigen dan andere ouders of partners. Je bent al hun referentiepunt. Je bent al de nul op hun lijn.

De opluchting? Je valt niet in de referentielijn van een ander. De vriend van je kind denkt helemaal niet over jou na. De vader van die vriend is hún referentiepunt. Jij staat ergens in hun lijn, misschien ervoor, misschien erachter, maar jij bent niet hun nulpunt. Jij bent niet hun standaard.

Stop met proberen te concurreren met andere ouders of partners. Je zit niet in die race. Je bent al iemands referentiepunt. En ze beoordelen je niet ten opzichte van alle anderen – ze meten alle anderen af aan jou.

Dat is geen druk. Dat is bevrijding.

We zeggen dat iemand 'gelijk heeft' als ze het met ons eens zijn

Is het je weleens opgevallen dat mensen die hetzelfde denken als jij 'rationeel' en 'logisch' zijn, maar mensen die het niet met je eens zijn 'wereldvreemd' of 'naïef'? Dat is niet omdat jij de objectieve waarheid in pacht hebt. Dat is omdat je hun mening afzet tegen die van jou.

Wanneer iemand het met je eens is, zeggen je hersenen: 'Ja, deze persoon zit op één lijn met de waarheid (wat toevallig mijn standpunt is).' Wanneer iemand het niet met je eens is, zeggen je hersenen: 'Deze persoon zit niet op één lijn met de waarheid (wat nog steeds mijn standpunt is).'

Je beoordeelt hun argument niet op de inhoud. Je beoordeelt hoe goed het aansluit bij je bestaande overtuigingen. En zij doen precies hetzelfde bij jou.

Neem bijvoorbeeld politieke voorkeuren. Aan welke kant je ook staat, de andere kant heeft niet zomaar ongelijk – ze hebben gevaarlijk veel ongelijk. Ze zijn verblind. Ze maken het land kapot. Hoe kunnen ze niet zien wat voor jou zo zonneklaar is?

En hier komt de ironie: ik heb niet eens gezegd over welk land, welke vlaggen of welke politieke partij ik het heb. Maar je hebt dit al op je eigen politieke landschap geprojecteerd, nietwaar? Omdat dit patroon overal bestaat. Elk land denkt dat hun politieke verdeeldheid uniek giftig is, uniek frustrerend, uniek onmogelijk te overbruggen. 'Onze politiek is kapot,' zeggen we allemaal, alsof wij de polarisatie hebben uitgevonden.

We denken allemaal dat onze situatie speciaal is. Maar het mechanisme is over de grenzen heen identiek: je meet de politieke positie van iedereen af aan de jouwe. De mensen die jouw standpunt delen zijn 'geïnformeerd'. De mensen die dat niet doen zijn 'gehersenspoeld'. En zij maken precies dezelfde berekening vanuit hun referentiepunt.

Herinner je je die auto in je spiegel nog die jouw tempo aanhield? Je voelde die klik omdat ze reden zoals jij. Mensen die denken zoals jij, voelen hetzelfde – ze voelen 'goed' omdat ze jouw snelheid, jouw ritme, jouw referentiepunt evenaren. Jullie denken allebei dat je gelijk hebt. Jullie denken allebei dat de ander het mis heeft. Jullie meten allebei vanuit je eigen referentiepunt en doen alsof dat universeel is.

Dat is het niet. Het is alleen van jou.

Alles wat meetbaar is, is relatief

Dus als alles relatief is ten opzichte van jouw positie – intelligentie, instemming, perceptie – hoe zit het dan met de dingen die we als objectief beschouwen? Zoals rijkdom? Zoals schoonheid?

Laten we het relativiteitsbeginsel testen:

Wie is er rijker: een dakloze met een cent op zak en nul schulden, of iemand uit de middenklasse met 50.000 euro schuld?

Objectief gezien heeft de dakloze een hoger eigen vermogen. Eén cent is meer dan min vijftigduizend euro. Op papier is diegene 'rijker'.

Maar zo zien we het niet, toch? Omdat we rijkdom niet objectief meten. We meten het in verhouding tot sociale positie, toegang tot middelen, kwaliteit van leven, zekerheid. De persoon uit de middenklasse heeft schulden, zeker, maar heeft ook een huis, eten, toegang tot gezondheidszorg, baanperspectief. De dakloze heeft één cent en nergens een plek om te slapen vannacht.

Dus wanneer we zeggen dat iemand 'rijk' of 'arm' is, hebben we het eigenlijk niet over getallen. We hebben het over hoe hun situatie zich verhoudt tot onze basisverwachting van wat normaal is.

Als je in armoede bent opgegroeid, voelt een inkomen van 50.000 euro per jaar als rijkdom. Als je in weelde bent opgegroeid, voelt 50.000 euro als een mislukking. Hetzelfde bedrag, een compleet ander gevoel, volledig afhankelijk van waar JIJ bent begonnen.

Rijk zijn is relatief. Dat is het altijd al geweest.

Schoonheid en aantrekkingskracht

Hetzelfde principe geldt voor schoonheid. Je weet wat je aantrekkelijk vindt – maar waar komt die standaard vandaan? Een deel is biologisch (we zijn geprogrammeerd om bepaalde dingen aantrekkelijk te vinden – een zachte huid, symmetrie, tekenen van gezondheid), een deel is cultureel (wat jouw samenleving waardeert), en een deel is persoonlijk (wat vertrouwd voelt, wat je herinnert aan positieve ervaringen).

Maar hier is wat de meeste mensen zich niet realiseren: jouw schoonheidsideaal is gebaseerd op JOU, op jouw gezicht, op jouw lichaam.

Jij bent je eigen referentiepunt voor aantrekkelijkheid. De kenmerken die jij hebt, worden de basislijn voor wat 'goed' en aantrekkelijk voor je voelt.

Dit is de reden waarom mensen vaak een partner kiezen die op hen lijkt. Niet identiek, maar vergelijkbaar. Dezelfde gezichtsstructuur, vergelijkbare pigmentatie, vergelijkbare proporties.

Het is geen toeval. Je voelt je onbewust aangetrokken tot mensen die op je lijken, omdat ze voldoen aan jouw interne schoonheidsideaal – dat is opgebouwd rondom je eigen uiterlijke kenmerken. Je ziet jezelf elke dag in de spiegel. Deze kenmerken worden vertrouwd, prettig, 'correct'. En wanneer je die kenmerken weerspiegeld ziet in iemand anders? Dan registreert je brein ze als aantrekkelijk.

Er bestaat een fenomeen waarbij stellen vaak op elkaar lijken alsof ze familie van elkaar zouden kunnen zijn; dit wordt assortatief paren genoemd. Dezelfde algemene bouw. Vergelijkbare gelaatstrekken. Dezelfde kleurstelling. Dat komt niet doordat ze al zo lang bij elkaar zijn dat ze in elkaar zijn overgegaan. Het komt doordat ze elkaar in de eerste plaats hebben uitgekozen op basis van fysieke herkenbaarheid.

Je voelt je meer aangetrokken tot je eigen spiegelbeeld dan je beseft.

Wanneer je iemand ziet wiens gelaatstrekken de jouwe weerspiegelen – een vergelijkbare oogvorm, eenzelfde neus, een gelijke kaaklijn – dan voelt diegene 'goed' voor je. Ze voldoen aan de standaard die je je hele leven hebt opgebouwd door naar je eigen gezicht te kijken.

Dit is geen narcisme. Het is gewoon hoe referentiepunten werken. Jij bent je eigen nulpunt voor schoonheid, net zoals je je eigen nulpunt bent voor intelligentie, snelheid en al het andere.

Hetzelfde principe geldt voor huisdieren. Mensen kiezen honden die op hen lijken. Of die zich zo gedragen. Of beide.

Het is niet altijd overduidelijk – je bent niet bewust op zoek naar een hond met jouw gezicht. Maar onbewust word je aangetrokken tot de hond wiens uiterlijk of temperament vertrouwd aanvoelt. Die voelt als... jou.

Je ziet een hond met jouw energieniveau, jouw gezichtsstructuur (proportioneel gezien), jouw kleurstelling – en er is een klik. Die hond voelt 'goed'. Die hond voldoet aan jouw interne standaarden.

Wederom relativiteit. Jij bent de standaard, en je wordt aangetrokken tot wat bij die standaard past.

Wanneer je niet tevreden bent met je eigen standaard

Dus wat gebeurt er als je je referentiepunt niet prettig vindt? Als je in de spiegel kijkt en wenst dat je er anders uitzag?

Dat is waar lichaamsmodificatie om de hoek komt kijken. Plastische chirurgie, haartransplantaties, implantaten, lifts, tucks, injecties – alle manieren waarop mensen proberen hun basislijn te veranderen.

En dat is volkomen prima. Jouw lichaam, jouw keuze.

Maar er is een cruciale vraag die je moet beantwoorden voordat je iets aan jezelf laat doen: doe je dit voor jezelf, of voor een ander?

Want als je het voor een ander doet, verander je niet echt je lichaam. Je verandert jezelf om aan de standaard van iemand anders te voldoen. En dat loopt nooit goed af.

De valstrikken van modificatie

Je ziet iemand die beroemd is met een specifieke look. Diegene is succesvol, aantrekkelijk en overal aanwezig. En je denkt: als ik er zo uitzag, zou mijn leven beter zijn.

Maar wacht even.

Die beroemdheid HEEFT die look nodig. Hun carrière hangt letterlijk af van het behouden van dat uiterlijk. Ze worden betaald om er zo uit te zien. Ze hebben teams van mensen die hen helpen dat te onderhouden. Stylisten, trainers, voedingsdeskundigen, chirurgen. Hun werk is om er zo uit te zien.

Jouw werk is dat niet.

Je krijgt niet betaald om op hen te lijken. Je hebt hun team niet. Je hebt hun inkomen niet om dat uiterlijk te onderhouden. En belangrijker nog – je hebt hun specifieke carrière niet die dat specifieke uiterlijk vereist.

Dus als je je lichaam aanpast om op hen te lijken, neem je alle kosten en het onderhoud van hun professionele uiterlijk op je... zonder de professionele voordelen.

Je bent in je dagelijks leven de carrièrevereisten van iemand anders aan het cosplayen.

En hoe zit het met voldoen aan de standaard van iemand anders?

Misschien denk je: 'Maar als ik dit ene ding aan mijn uiterlijk verander, trek ik eindelijk het soort persoon aan dat ik wil.'

Stop daarmee.

Als iemand zich vóór de ingreep niet tot je aangetrokken voelde, maar daarna wel... waar voelen ze zich dan eigenlijk toe aangetrokken?

Tot de aanpassing. Niet tot jou.

Ze vallen op wat jij bent geworden om hen te plezieren. Ze vallen op het feit dat je jezelf in bochten hebt gewrongen om aan hun standaard te voldoen.

En nu zit je gevangen in een relatie waarvan het fundament is: je hebt jezelf aangepast om acceptabel te zijn voor de ander.

Denk eens na over wat dat op de lange termijn betekent. Als je lichaam op natuurlijke wijze verandert – door veroudering, schommelingen in je gewicht, of gewoon door het leven – voelen ze zich dan nog steeds aangetrokken? Of willen ze dat je je opnieuw aanpast om aan hun standaard te blijven voldoen? Of gaan ze op zoek naar iemand anders met die kenmerken?

Je hebt hen geleerd om van iets anders te houden dan van wie je werkelijk bent.

Bedenk wat dat betekent: als iemand pas van je houdt NA de aanpassing, houden ze niet van jou. Dan houden ze van wat je bent geworden om hen te behagen.

Ze houden van het kunstmatige resultaat. De veranderde versie. De jij die boog om aan hun standaard te voldoen.

En nu zit je vast. Want als je ooit stopt met het onderhouden van die aanpassing – als je lichaam verandert, als je ouder wordt, als je het uiterlijk niet kunt volhouden – zullen ze dan nog steeds van je houden? Of vervaagt hun aantrekkingskracht omdat hetgeen waar ze eigenlijk op vielen, weg is?

Je hebt een relatie gebouwd op een fundament van fysieke aanpassingen om aan de standaard van een ander te voldoen. Dat is geen liefde. Dat is een transactie.

Doe het voor jezelf, of doe het helemaal niet

Verander je lichaam alleen als JIJ dat wilt. Om JOUW redenen. Omdat JIJ er oprecht anders uit wilt zien of je anders wilt voelen op een manier die jouw eigen leven dient.

Niet om te lijken op een beroemdheid die dat uiterlijk nodig heeft voor hun carrière.

Niet om eindelijk iemand aan te trekken die niet viel op de echte jij.

Niet om te voldoen aan de standaard van iemand anders over hoe je eruit 'zou' moeten zien.

Want als je het voor hen doet, verander je niet je lichaam – dan verander je wie je bent voor externe validatie. En die validatie zal nooit genoeg zijn, want het gaat eigenlijk niet om jou.

Jouw lichaam. Jouw keuze. Jouw redenen.

Niet die van hen.

Kijk, ik geloof hier heilig in omdat ik het zelf ook heb gedaan. Ik heb een paar maanden geleden een haartransplantatie gehad (of 'haarherplaatsing' zoals ik het gekscherend noem – ze verplaatsen gewoon je eigen haar van de ene naar de andere plek op je hoofd). Ik deed het om mijn terugwijkende haarlijn te herstellen, en het resultaat is geweldig. Ik voel me fantastisch.

Maar dit is de essentie: ik deed het voor mezelf. Niet omdat iemand zei dat het moest. Niet om op iemand anders te lijken. Ik deed het omdat ik het wilde.

Dat is de enige reden die telt.

Wat als iedereen zou verdwijnen?

Hier is een gedachte-experiment dat laat zien hoe absurd externe vergelijkingen zijn:

Stel je voor dat iedereen op aarde van de ene op de andere dag verdwijnt. Een pandemie, de apocalyps, de opname – dat maakt niet uit. Jij bent de enige die nog over is.

Plotseling ben je de slimste persoon op aarde. En de domste. Je bent de rijkste en de armste. De meest aantrekkelijke en de minst aantrekkelijke. De snelste en de traagste.

Alle ranglijsten verdwijnen omdat er niemand meer is om jezelf mee te vergelijken.

Zou je er dan nog steeds om geven om 'de beste' te zijn?

Als je de enige levende persoon bent, maakt het dan uit dat je niet zo hard kunt rennen als iemand die niet meer bestaat? Maakt het uit dat je niet zo slim bent als de mensen die er niet meer zijn? Maakt het uit dat je niet zoveel geld hebt als mensen die er niet meer zijn om geld te hebben?

Natuurlijk niet.

Dus waarom maakt het nu wel uit?

Die andere mensen zijn in feite onzichtbaar voor jouw werkelijke dagelijkse vooruitgang. Hun bestaan verandert niets aan jouw capaciteiten. Hun prestaties doen niets af aan jouw groei.

Je doet mee aan een wedstrijd waarbij de andere lopers niet eens weten dat jij op de baan staat. En die wedstrijd winnen verandert niets aan je eigen kilometerteller – het voedt alleen je ego.

Vergelijk jezelf met jezelf. De versie van jou van gisteren is de enige persoon die exact dezelfde omstandigheden, middelen en uitdagingen had als jij. De jij van gisteren is de enige persoon wiens vooruitgang je echt kunt meten, omdat je daar alle gegevens van hebt.

Ben je verder gekomen dan waar je gisteren was? Ja? Dan boek je vooruitgang. Ben je gelijk gebleven of achteruitgegaan? Dan heb je informatie over wat je moet bijsturen.

Dat is het. Dat is het hele meetsysteem.

De vooruitgang van alle anderen is irrelevant voor die van jou. Je kent hun startpunt niet. Je kent hun voor- of nadelen niet. Je weet niet eens wat 'voorwaarts' betekent voor hun unieke route.

Maar je kent de jouwe wel. Je weet waar je gisteren was. Je weet waar je vandaag bent. Je weet of je de kant op gaat die je echt op wilt. Dat is de enige meting die telt.

Einstein ontdekte dat ruimte en tijd relatief zijn – ze veranderen afhankelijk van je positie en snelheid. Er is geen absoluut referentiekader. Alles wordt gemeten ten opzichte van de waarnemer. Twee mensen die met verschillende snelheden reizen, ervaren tijd anders. Geen van beiden heeft 'ongelijk'. Beiden hebben gelijk binnen hun eigen referentiekader.

Er is geen absolute standaard voor succes, intelligentie, schoonheid of vooruitgang. Er is alleen jouw referentiekader en dat van alle anderen.

Stop met proberen in het kader van iemand anders te springen en jezelf aan de hand van hun coördinaten te meten. Dat kan niet. Je meet altijd vanaf de plek waar JIJ bent.

Meet je vooruitgang dus ten opzichte van je eigen positie. De coördinaten van gisteren vergeleken met de coördinaten van vandaag.

Jouw kilometerteller is alleen van jou

Onthoud: je kilometerteller meet de afgelegde afstand, niet de behaalde snelheid. Het meet cumulatieve ervaring, niet een plek op een ranglijst.

Op de kilometertellers van sommige mensen staan hogere getallen omdat ze al langer rijden. Bij anderen staan er lagere getallen omdat ze later zijn begonnen. Sommigen hebben dezelfde afstand afgelegd, maar op compleet andere wegen.

Niets daarvan verandert JOUW kilometerstand.

Je kunt op 10.000 kilometer staan of op 100.000 kilometer – het enige dat telt, is of het getal van vandaag hoger is dan dat van gisteren.

Beweeg je vooruit op je eigen route? Dat is succes.

Rijd je in een tempo dat past bij de weg waarop je je bevindt? Dat is vooruitgang.

Vergelijk je je kilometerteller met je eigen vorige stand in plaats van met die van iemand anders? Dat is wijsheid.

Er is geen examen dat beoordeelt of jouw kilometerstand overeenkomt met de verwachte tijdlijn van iemand anders.

Er is alleen jouw kilometerteller, jouw route en de keuze om vooruit te blijven gaan.

Hoofdstuk 7

HUN RIT, JOUW HERINNERING

Kijk in de spiegel, kijk naar de weg achter je. Al die kilometers die je hebt afgelegd – de afslagen die je nam, de rustplaatsen, de eindeloze snelwegen, de steden waar je doorheen bent gereden.

Wat herinner JIJ je eigenlijk nog?

Misschien een specifieke zonsondergang. Misschien die keer dat je in een enorme regenbui terechtkwam. Misschien de playlist die je vijfhonderd kilometer lang op repeat had staan.

Vraag nu eens aan de persoon die naast je zat wat die zich herinnert van diezelfde reis.

Totaal andere details. Andere momenten. Andere hoogtepunten.

Dezelfde weg. Dezelfde auto. Dezelfde afgelegde kilometers. Totaal verschillende herinneringen.

Je wilt herinneringen creëren

Voortdurend plannen we ervaringen met het specifieke doel om herinneringen te creëren.

De perfecte vakantieroute. De toeristische omweg. Die ene bijzondere stop bij dat restaurant. De verrassingsbestemming. We orkestreren elk detail zorgvuldig omdat we willen dat de mensen die met ons meereizen deze trip voor altijd onthouden. We zoeken voortdurend naar advies voor een roadtrip – de perfecte reisroute, de stops die je gezien móét hebben, de optimale planning.

Waarom? Omdat we denken dat er een examen is. We denken dat we beoordeeld worden op hoe goed we als gastheer of gastvrouw zijn, hoe goed we de ervaring hebben gefaciliteerd, of we de 'perfecte' herinnering voor hen hebben gecreëerd.

En we denken dat als we het maar goed genoeg plannen, als we alle juiste stops aandoen, als we alles perfect timen – we de herinnering kunnen creëren die we willen dat zij hebben.

De realiteit? Controle kan soms een illusie zijn. Je hebt de route in de hand. Je bepaalt de stops. Je bepaalt de timing.

Maar... je hebt geen controle over hoe de ander het zal ervaren.

Je plant zelfs op basis van hoe jij denkt dat je het zou ervaren – door jezelf in hun schoenen te verplaatsen. Maar dat werkt alleen voor jou, relatief aan jouw ervaringen, jouw referentiekader. Zij hebben hun eigen referentiekader. Wat jou enthousiast maakt, kan hen vervelen. Wat jij betekenisvol vindt, merken zij misschien niet eens op.

Je kind herinnert zich misschien dat prachtige uitzichtpunt waarvoor je twee uur bent omgereden. Of ze herinneren zich de ruzie over een ijsje die plaatsvond vlak voordat jullie daar aankwamen.

Je partner herinnert zich misschien de verrassingsbestemming. Of die herinnert zich dat jij de hele weg gestrest was over de routebeschrijving.

Je vriend herinnert zich misschien de perfecte timing van de aankomst bij zonsondergang. Of die herinnert zich dat hij het laatste uur hoognodig naar het toilet moest en het te ongemakkelijk had om van het uitzicht te kunnen genieten.

Wat onthouden ze eigenlijk? Ze onthouden wat hun aandacht trok, wat voor hen op dat moment belangrijk was, wat hun brein de moeite waard vond om te bewaren. Vaak iets wat jij niet eens hebt opgemerkt – een raar reclamebord, een liedje op de radio, de manier waarop het licht op het dashboard viel. Soms iets waarvan je zou willen dat ze het zouden vergeten – de verkeerde afslag, het gesloten restaurant, de ruzie met de gps.

Jij plande de ervaring. Zij bouwden de herinnering. En wat zij bouwden, heeft misschien wel helemaal niets te maken met wat jij gepland had.

Broers en zussen herinneren zich altijd andere reizen

Vraag broers en zussen naar een gezinsvakantie die ze samen hebben gemaakt.

Ik heb het zelf gedaan. Mijn zus herinnert het zich op één manier. Ik herinner het me compleet anders. Dezelfde auto. Dezelfde ouders. Dezelfde route. Dezelfde stops. Iedereen was erbij.

Vraag het hen maar en luister naar hun verhalen.

De een herinnert het zich als de beste reis ooit – lachen op de achterbank, autospelletjes spelen, snacks eten, enthousiast zijn over de bestemming. Een ander herinnert zich dat hij zich verveelde en onrustig was, klem zat op de middelste stoel, constant vroeg: 'Zijn we er al?' en te horen kreeg dat hij stil moest zijn. Weer een ander herinnert zich de reis nauwelijks – die had een boek bij zich en heeft de hele weg gelezen, volledig afgesloten van de rest.

Wie heeft er gelijk?

Allemaal. En niemand.

Het geheugen is geen videocamera die de objectieve waarheid vastlegt. Herinnering is een reconstructie. Je brein neemt fragmenten – beelden, emoties, sensaties – en bouwt daar, telkens wanneer je je iets herinnert, een verhaal van. En dat verhaal verandert, afhankelijk van wat je wilt dat het nu betekent.

De broer of zus die zich de reis als geweldig herinnert, was die dag misschien in een opperbest humeur, of misschien had diegene wanhopig behoefte aan een goede familieherinnering en heeft het brein er één gegeven. De verveelde broer zat die week misschien niet lekker in zijn vel, waardoor de autorit de zoveelste beproeving werd. De lezende zus vond haar eigen ontsnapping, en dat was wat zij nodig had.

Dezelfde ervaring. Drie compleet verschillende herinneringen. Allemaal echt. Allemaal waar voor de persoon die ze bezit.

Hoe we de neiging hebben om voor de toekomst te plannen

Plannen heeft een ingebouwde beperking: we plannen altijd met wat we op dit moment in ons hoofd hebben. Onze ervaringen. Ons referentiekader. Ons huidige begrip.

We denken dat we een toekomstscenario creëren – we stellen ons voor wat belangrijk zal zijn, wat zal werken, wat over jaren betekenisvol zal zijn. Maar als je uitzoomt op dit concept, besef je: we gebruiken alleen onze huidige mentaliteit en ons begrip van wat nu haalbaar is.

We kunnen ons de toekomst niet echt voorstellen. We kunnen ons alleen een verbeterde versie van het heden voorstellen.

Heb even geduld met me – ik ga hierop flink uitzoomen.

Laten we het hebben over hoe we auto's ontwerpen. Op dit moment bouwen we technologie om onze huidige auto's zelf te laten rijden. *Waymo*-voertuigen – dat zijn 'gewone auto's' met een stuur, die alleen worden bestuurd door computers in plaats van mensenhanden. *Waymo* is onderdeel van Google; het zijn auto's die automatisch worden bestuurd met camera's.

Dat is onze 'toekomstvisie' op basis van het huidige nulpunt. We hebben auto's met een stuur, dus voegen we camera's toe die de hele omgeving in de gaten houden, risico's en routes berekenen in hun slimme systemen, zodat ze die sturen kunnen gebruiken om zichzelf te besturen zonder dat er iemand op de bestuurdersstoel nodig is.

Maar de werkelijke toekomst? Die heeft misschien wel helemaal geen stuur. De auto zal vanaf de basis ontworpen zijn om autonoom te rijden. Geen stuur. Geen pedalen. Geen bediening voor een menselijke bestuurder die niet meer nodig is.

We kunnen ons die auto nog niet voorstellen omdat we nog steeds denken in termen van een 'auto met een robotchauffeur' in plaats van 'de auto als robot'.

Ons 'futuristische' idee is slechts onze huidige realiteit, een beetje geüpgraded. De werkelijke toekomst zal een compleet ander nulpunt hebben dat we ons nu nog niet kunnen voorstellen, omdat we het nog niet hebben.

Als we vandaag humanoïde robots bouwen, stellen we ons voor dat de toekomst over twintig jaar zal bestaan uit... betere humanoïde robots. Dat is wat we ons op dit moment kunnen voorstellen.

De werkelijke toekomst over twintig jaar? Misschien zijn het robots ter grootte van een huisdier of zakformaat-*minions* voor op je bureau. Dingen die we ons nog niet kunnen voorstellen omdat we vandaag nog niet in die termen denken. We zullen uitkijken naar wat er daarna komt, en niet terugkijken op 'die humanoïde robots van twintig jaar geleden'.

Dus wat we 'toekomstverkenning' noemen, is eigenlijk gewoon het bedenken hoe ons huidige heden beter zou kunnen zijn. Het is filosofisch, maar denk er eens over na: als je nu al een 'futuristisch idee' hebt, dan bestaat dat idee vandaag al. Je hebt het. Je kunt het nu bouwen met de technologie en de mentaliteit van vandaag.

Het is onmogelijk om een idee te bedenken dat over tien jaar pas actueel is, omdat we niet weten wat we tegen die tijd zullen hebben.

In 2005 zou het onmogelijk zijn geweest om een touchapp voor mobiele telefoons te bedenken. Niet omdat mensen niet creatief genoeg waren – maar omdat de iPhone nog niet bestond. Onze gedachten konden een 'touchinterface' nog niet als uitgangspunt nemen. Dat paste niet in onze toenmalige context.

Probeer je in 2015 eens door AI-gegenereerde afbeeldingen en video's voor te stellen. Dat kon niet, omdat generatieve AI onze manier van denken over contentcreatie nog niet had veranderd. Dat maakte geen deel uit van het heden van waaruit we aan het bouwen waren.

Hetzelfde geldt voor auto's. Op dit moment bouwen we robots om onze bestaande auto's te besturen. Dat is onze 'toekomstvisie': neem wat we hebben (auto's met een stuur) en maak dat beter (laat computers die bediening gebruiken).

De werkelijke toekomst is niet ons geüpgradede heden. Het is iets dat op een volledig ander fundament is gebouwd waar we nu nog geen toegang toe hebben. Daarom moeten we vandaag zelfs een beetje lachen als we futuristische video's zien van mensen uit de jaren 50 en 60.

Wat dit betekent voor het creëren van herinneringen

Dus wanneer je in de stress schiet over het creëren van de juiste herinneringen voor je kinderen, of de perfecte jubileumreis voor je partner plant, of probeert je bejaarde ouders nog één laatste geweldige vakantie te geven – begrijp dan dit:

Je stelt je voor wat zij zich zullen herinneren op basis van de context van vandaag. Wat jij nu belangrijk vindt. Wat jij gelooft dat betekenisvol zal zijn op basis van je huidige inzichten.

Maar wanneer zij zich deze reis over tien jaar herinneren? Dan hebben ze een andere context. Andere prioriteiten. Andere behoeften aan die herinnering.

Je kunt niet voorspellen wat voor hen belangrijk zal zijn, omdat je niet weet wie zij zullen zijn op het moment dat ze aan het terugdenken zijn.

Misschien wordt de zorgvuldig geplande toeristische route hun favoriete herinnering. Misschien is het dat willekeurige tankstation waar je die snoepreep voor hen kocht waar ze al de hele dag om zaten te zeuren. Misschien is het gewoon de manier waarop je 'hé vriend' zei toen ze in de auto stapten. Misschien is het iets waarvan jij je niet eens herinnert dat het is gebeurd.

Je plant met de kaart van vandaag en probeert te voorspellen wat de toekomstige versie van hen waardevol zal vinden. Maar je hebt hun toekomstige kaart nog niet.

En dit geldt voor alles wat je plant – niet alleen roadtrips. Wanneer je een bruiloft, een verjaardagsfeestje of een jubileumviering plant – creëer je niet voor iedereen hetzelfde perfecte evenement. Je faciliteert een gebeurtenis die emoties en hopelijk herinneringen zal oproepen bij iedereen die aanwezig is (inclusief jezelf!).

Zie jezelf als een 'emotiefacilitator'. Je creëert de omgeving waarin mensen hun eigen gevoelens, hun eigen momenten, hun eigen potentiële herinneringen kunnen ervaren. Als je dingen wilt veranderen, moet je dat misschien van binnenuit proberen – door de omgeving die jij beheerst te veranderen, niet de herinneringen die zij zullen opbouwen.

Jij bepaalt de sfeer, kiest het eten, regelt de verlichting, selecteert de muziek, zet de volledige ambiance neer. Dat is je doel. Dat is wat je in de hand hebt.

Iedereen zal een ander feest beleven. Wat de één raakt, zal de ander vervelen. Wat de ene gast zich herinnert als het hoogtepunt van de avond, zal de andere niet eens opmerken. En dat is volkomen te verwachten.

Het enige wat jij kunt doen, is rijden. Aanwezig zijn tijdens de reis. De omgeving creëren. Dit werkt alleen als je het ook loslaat. Vertrouw erop dat zij uit de ervaring halen wat ze nodig hebben.

Jouw herinnering, hun herinnering, de herinnering van iedereen

Herinneringen zijn persoonlijk, en ze bestaan voor die specifieke persoon om een bepaalde reden. Ze hebben een doel, op de manier waarop ze in iemands geest zijn gevormd, niet noodzakelijkerwijs op de feitelijke manier. Het zijn geen objectieve opnames van wat er is gebeurd. Het zijn subjectieve reconstructies, opgebouwd uit fragmenten, telkens wanneer iemand ze raadpleegt.

Je hebt geen controle over wat andere mensen zich herinneren van de ervaringen die je deelt. Je kunt hen niet dwingen jouw versie te onthouden. Je kunt hun herinneringen niet voor hen creëren, hoe perfect je de route ook plant.

Jullie zitten allemaal veilig samen in die auto. Het enige wat je kunt doen, is rijden. Wees zo aanwezig als je brein toelaat (wat, onthoud dat goed, sowieso altijd al een beetje in de toekomst is). Maak de reis. Vertrouw erop dat elke passagier eruit haalt wat nodig is.

En wanneer hun herinnering in tegenspraak is met de jouwe? Laat dat dan zo. Hun versie is echt voor hen, net zoals jouw versie echt is voor jou. De ene is niet 'juister' dan de andere.

Stop met het proberen te orkestreren van perfecte herinneringen. Stop met je druk te maken over de vraag of je mensen de ervaringen geeft die ze later waardevol zullen vinden. Stop met het factchecken van de herinneringen die je al hebt.

Rijd gewoon.

Je wordt niet beoordeeld op de vraag of iedereen zich dezelfde reis op dezelfde manier herinnert. Je wordt niet beoordeeld op de vraag of de herinneringen die je probeerde te creëren overeenkomen met de herinneringen die daadwerkelijk zijn ontstaan.

Er is geen examen dat meet of je de 'juiste' herinneringen hebt gecreëerd.

Er is alleen de reis. En wat elke passagier daarvan bouwt.

Dat is hún herinnering om op te bouwen. Niet de jouwe om te controleren.

Hoofdstuk 8

JE KILOMETERTELLER, JOUW KILOMETERS

Op dit stuk snelweg valt je iets interessants op: er zijn meerdere routes om in hetzelfde gebied te komen. Sommige chauffeurs nemen de snelweg – rechtstreeks, snel, efficiënt. Anderen nemen de toeristische route – bochtig, langzamer, interessanter. Sommigen nemen binnendoorwegen langs kleine dorpjes. Weer anderen houden vast aan tolwegen om files te vermijden.

Ze werken allemaal.

Er bestaat geen objectief 'juiste' route. Er is alleen de route die logisch is voor jouw prioriteiten, jouw voertuig, jouw tijdsschema en jouw voorkeuren.

Maar ons is geleerd om 'succes' te meten alsof er maar één geldige route is – de snelste. De meest directe. De route waarop je er eerder bent dan alle anderen.

Behalve dan... waar ligt dat 'succes'? En waarom maakt het uit om er als eerste te zijn als je de hele rit haatte?

Persoonlijk succes is onzekerheid overwinnen

Wat probeer je eigenlijk te bereiken wanneer je je persoonlijke 'succes' nastreeft? Je probeert onzekerheid te overwinnen.

Denk er eens over na. Waarom wil je geld? Om de onzekerheid te verminderen over het kunnen betalen van de huur, het kopen van eten en het opvangen van noodsituaties. Waarom wil je een stabiele baan? Om de onzekerheid over waar je volgende salaris vandaan komt te verminderen. Waarom wil je goede relaties? Om de onzekerheid te verminderen over het alleen zijn, onbemind of ongesteund zijn.

Persoonlijk succes gaat niet over meer hebben dan andere mensen. Het gaat over genoeg hebben om je veilig te voelen in je eigen leven.

Iedereen wil comfort. Iedereen wil de angst verminderen die voortkomt uit het niet weten of er in hun basisbehoeften zal worden voorzien. Maar de hoeveelheid comfort die je nodig hebt om je veilig te voelen, is relatief ten opzichte van JOUW uitgangspunt, niet die van iemand anders.

Iemand die is opgegroeid met voedselonzekerheid voelt zich misschien al succesvol op het moment dat de voorraadkast vol is en er drie maanden huur op de spaarrekening staat. Iemand die rijk is opgegroeid, voelt zich misschien pas succesvol als er een vakantiehuis is en het pensioen volledig is gefinancierd.

Hetzelfde woord – succes – maar totaal verschillende bestemmingen. Geen van beide is fout. Ze werken simpelweg vanuit verschillende startpunten met verschillende drempels voor onzekerheid.

Je probeert niet van andere chauffeurs te winnen. Je probeert je eigen onzekerheid over of het wel goed met je komt te overwinnen.

De toeristische route versus de snelweg

Stel dat je van de stad naar het strand rijdt. Je hebt opties:

Route 1: De snelweg

Direct, snel, saai. Je bent er in ongeveer 6 uur. Niets te zien behalve boerenland en parkeerplaatsen. Efficiënt, praktisch, geoptimaliseerd voor snelheid.

Route 2: De kustweg

Bochtig, langzamer, adembenemend. Je bent er na 10+ uur (meer als je stopt). Uitzicht op zee, vergezichten over de baai, kliffen, kleine kustplaatsjes, fotomomenten. Prachtig, gedenkwaardig, episch, geoptimaliseerd voor de ervaring.

Welke route is 'succesvol'?

Als je succes definieert als 'het snelst aankomen', dan is de snelweg de snelle route. Als je succes definieert als 'genieten van de reis', dan wint de kustweg. Als je succes definieert als 'niet wagenziek worden op bochtige wegen', dan vermijd je de kust misschien volledig.

Er is geen universele maatstaf die zegt dat de ene route objectief beter is. Er is alleen wat voor JOU telt tijdens DEZE rit.

In plaats daarvan kijk je naar andere chauffeurs op de snelweg, zie je hen eerder aankomen en ga je ervan uit dat je gefaald hebt omdat je een andere route hebt genomen. Je meet jouw reis aan de hand van hun bestemming, hun tijdlijn, hun prioriteiten.

Dat is waanzin.

Jouw route was anders omdat jouw doelen anders waren. Je probeerde er niet het snelst te zijn – je probeerde de oceaan te zien. Je probeerde de rijtijd niet te minimaliseren – je probeerde de ervaring te maximaliseren.

Beide routes eindigen bij het strand. Beide chauffeurs zijn erin 'geslaagd' om er te komen. Maar als je de hele kustrit gestrest bent geweest omdat je niet op de snelweg zat, heb je je eigen route verpest door deze af te zetten tegen die van iemand anders.

Kwaliteit boven kwantiteit

Je bent aan het rijden en krijgt honger. Iemand die met je meereist, zoekt op zijn telefoon naar restaurants in de buurt en vindt twee opties:

Restaurant A: 4,7 sterren uit 4.937 beoordelingen

Restaurant B: 5,0 sterren uit 54 beoordelingen

Welke is beter?

De meeste mensen zouden Restaurant A zeggen. Bijna 5.000 mensen vonden de ervaring een recensie waard. Ze hebben exponentieel meer klanten bediend. Ze hebben opgeschaald. Ze hebben meer mensen bereikt. Net zoals je een product op Amazon selecteert.

Maar Restaurant B heeft een perfecte score. Iedereen die een recensie schreef, vond het onberispelijk. Misschien is het een klein tentje waar slechts 20 mensen per avond kunnen eten. Misschien houdt de chef persoonlijk toezicht op elk gerecht. Misschien richten ze zich op het creëren van één perfecte ervaring tegelijk in plaats van het maximaliseren van het volume.

Is Restaurant B slechter omdat minder mensen er vanaf weten? Of beter omdat iedereen die het ervaart het perfect vindt?

Er is geen objectief antwoord. Er is geen 'juist' antwoord. Het hangt volledig af van wat je meet.

Als je meet op bereik en schaal – dan wint Restaurant A. Als je meet op consistentie en kwaliteit – dan wint Restaurant B. Als je meet op omzet – waarschijnlijk Restaurant A. Als je meet op klanttevredenheid – waarschijnlijk Restaurant B.

Het punt is: de maatstaf die je kiest, bepaalt wat 'beter' betekent. En elke maatstaf is relatief (en laten we eerlijk zijn: willekeurig). Er is geen kosmisch scorebord dat zegt: 'Restaurant A is objectief beter.' Er zijn alleen verschillende manieren om de score bij te houden, en jij mag kiezen welke voor jou telt.

Maar wat gebeurt er? Je kiest niet. Je laat andere mensen voor je kiezen. Je laat de cultuur je vertellen dat schaal gelijkstaat aan succes, of geld aan succes, of roem aan succes. En dan besteed je je hele leven aan het optimaliseren voor een maatstaf die je eigenlijk nooit wilde.

De valkuil van de ouderlijke competitie

Scroll eens door sociale media tijdens de rapportperiode. Zie hoeveel ouders berichten plaatsen over de 'honor roll', prijzen en prestaties.

'Mijn dochter staat weer op de lijst van beste leerlingen!' 'Zo trots op mijn zoon!' 'Alleen maar vieren en vijven!' 'Op naar de vwo-plus klassen!'

Elk bericht klinkt alsof het over het kind gaat. Maar kijk eens beter – het gaat over de ouder. De ouder wedijvert via de prestaties van zijn of haar kind. De ouder gebruikt de cijfers, activiteiten en prestaties van zijn of haar kind als bewijs dat zij een 'succesvolle' ouder zijn.

En het zijn niet alleen cijfers. Het zijn de schoenen die ze naar school dragen. Je koopt die dure Lacoste-schoentjes omdat je weet dat ze allure uitstralen en laten zien dat je kwaliteit kunt betalen – maar misschien wil je kind gewoon een paar Spider-Man-schoenen van een huismerk. Voor wie zijn die Lacoste-schoenen dan echt bedoeld?

Wat dat kind absorbeert: 'Mijn waarde is gebaseerd op wat ik bereik en hoe ik eruitzie. Mijn eigenwaarde wordt gemeten aan de hand van hoe ik presteer en mezelf presenteer in vergelijking met andere kinderen.'

Dat is geen opvoeden. Dat is je kind in een wedstrijd plaatsen waarvoor het zich niet heeft ingeschreven, zodat jij de trofee kunt opeisen als het wint.

En dit is het echt zieke gedeelte: de cijfers van het kind maken je feitelijk geen betere of slechtere ouder. Hun toetsscores hebben niets te maken met de vraag of je een vriendelijk, veerkrachtig en gelukkig mens grootbrengt.

Weet je wat je een goede ouder maakt? Er zijn. Luisteren. Laten zien hoe je met falen omgaat. Een wandeling met ze maken als ze ergens mee zitten. Hen leren dat hun eigenwaarde niet gekoppeld is aan hun prestaties. Hen helpen hun eigen route te vinden in plaats van ze op die van jou te dwingen.

Maar zo meten we ouderschap niet, of wel? We meten het door kinderen te vergelijken. 'Mijn kind leest op een hoger niveau dan dat van jou' wordt codetaal voor 'ik ben een betere ouder dan jij'.

Het is dezelfde competitieval, maar dan met een hogere inzet. En het kind betaalt de prijs.

Maak hun huiswerk niet

Voor degenen die wedijveren via de prestaties van hun kinderen, wordt het hier pas echt absurd: er zijn ouders die het huiswerk voor hun kinderen maken.

Ik heb het niet over helpen. Ik heb het over doen. Hun opstellen schrijven. Hun wetenschapsprojecten bouwen. Hun wiskundevraagstukken oplossen.

Waarom? Zodat het kind een beter cijfer krijgt. Zodat de leraar denkt dat het kind slimmer is. Zodat het kind in hogere klassen terechtkomt. Zodat de ouder erover kan posten op sociale media.

Maar wie heeft er nu eigenlijk iets geleerd? Niet het kind. Het kind heeft geleerd dat iemand anders het werk wel doet als de belangen maar groot genoeg zijn. Het kind heeft geleerd dat prestatie belangrijker is dan leren. Het kind heeft geleerd dat het zelf niet capabel genoeg is om het te doen.

Je hebt zojuist de opleiding van je eigen kind gesaboteerd om een wedstrijd te winnen die niet bestaat.

Er is geen examen dat beoordeelt of jouw kind slimmer is dan dat van iemand anders. Er is alleen de feitelijke ontwikkeling van je kind, die je zojuist hebt ondermijnd door hem aan te leren competentie te veinzen in plaats van echte bekwaamheid op te bouwen.

Als je kind worstelt met huiswerk en onvoldoende haalt voor de opdracht, leert het iets waardevols: dit onderwerp is lastig voor mij en ik moet om hulp vragen. Ik moet er meer moeite in steken en ik moet uitzoeken waar mijn verwarring zit.

Als jij het huiswerk voor ze doet en ze halen een 10, leren ze niets behalve dat prestaties belangrijker zijn dan groei.

Welke uitkomst dient hen uiteindelijk beter in het leven?

Jouw bestemming is niet universeel

(Nee, ik heb het niet over het park. Universal Studios is eigenlijk een van onze favoriete bestemmingen.)

Het komt hierop neer: er is geen universele bestemming waar iedereen naartoe zou moeten rijden.

Sommige mensen willen het hoekkantoor. Sommige mensen willen in hun pyjama vanuit huis werken. Sommige mensen willen een bedrijf opbouwen. Sommige mensen willen stabiliteit en voorspelbaarheid. Sommige mensen willen avontuur en risico. Jouw route is je eigen avontuur.

Geen van die bestemmingen is objectief 'succesvoller' dan de andere. Het zijn gewoon verschillende routes naar verschillende eindpunten die verschillende chauffeurs aanspreken.

Maar ons is geleerd om succes te meten alsof iedereen naar dezelfde plek moet rijden. Alsof er één juiste bestemming is – meestal gedefinieerd door geld, status of zichtbaarheid – en iedereen die ergens anders uitkomt, gefaald heeft om daar te komen.

Dat is niet hoe routes werken.

Je rijdt JOUW route naar JOUW bestemming op basis van JOUW prioriteiten. Als iemand anders een totaal andere snelweg neemt, is dat geen bewijs dat jij verdwaald bent. Ze gaan gewoon ergens anders heen.

De man die vervroegd met pensioen ging om de wereld rond te reizen, is niet succesvoller dan de vrouw die een bedrijf heeft opgebouwd en 60 uur per week werkt. Een thuisblijfmoeder is net zo succesvol als een vrouw die een onderneming heeft opgericht. De persoon die 50.000 euro verdient met werk waar hij van houdt, is niet minder succesvol dan de persoon die 200.000 euro verdient met werk dat hij nauwelijks tolereert.

Ze bevinden zich simpelweg op verschillende routes met verschillende bestemmingen en verschillende ideeën over wat belangrijk is.

Succes heeft geen universele maatstaf omdat er geen universele bestemming is.

De druk om te presteren

Dit is lastig te internaliseren omdat overal waar je kijkt, iemand je zijn definitie van succes probeert te verkopen.

De universiteit vertelt je dat succes een diploma van een prestigieuze school betekent. Het bedrijf vertelt je dat succes het beklimmen van de bedrijfsladder betekent. Sociale media vertellen je dat succes volgers, likes en betrokkenheid betekent. Je klasgenoten vertellen je dat succes betekent dat je hun levensstijl moet bijhouden.

In elke richting waarin je je draait, houdt iemand een scorebord omhoog en vertelt je dat DEZE maatstaf degene is die telt. Deze bestemming is waar je naartoe moet. Deze route is de juiste.

En als je niet aan het optimaliseren bent voor hun maatstaf, dan loop je achter.

Behalve dan dat je niet achterloopt. Je doet alleen niet mee aan hun wedstrijd.

Je bevindt je op een andere snelweg, op weg naar een andere bestemming, waarbij je de voortgang meet aan de hand van andere ijkpunten. En dat is precies wat je moet doen – zolang JIJ de route hebt gekozen in plaats van iedereen voor je te laten kiezen.

Wat wil JIJ?

De echte vraag is: wat wil je eigenlijk?

Niet wat je ouders voor je willen. Niet wat de maatschappij zegt dat je zou moeten willen. Niet wat er indrukwekkend uitziet op sociale media. Niet wat je klasgenoten najagen.

JIJ. Wat wil JIJ?

Als geld geen graadmeter voor succes was, wat dan wel? Als er niemand keek of oordeelde, welke route zou je dan nemen? Als je jouw reis met niemand anders zou kunnen vergelijken, welke bestemming zou dan belangrijk voor je zijn?

Die vragen zijn moeilijk te beantwoorden omdat je getraind bent om succes extern te meten. Je kijkt naar wat andere mensen hebben, wat andere mensen hebben bereikt, wat andere mensen doen – en dat gebruik je als definitie van succes.

Maar hun route is niet de jouwe. Hun bestemming is niet de jouwe. Hun maatstaven zijn niet de jouwe.

Je moet uitzoeken wat succes voor JOU betekent. Niet voor je ouders, niet voor je cultuur, niet voor Instagram. Voor jou.

En dan moet je naar die bestemming rijden zonder constant in je achteruitkijkspiegel te kijken of je de auto's om je heen wel bijhoudt.

Wat betekent dat je waarschijnlijk zult moeten afleren wat je is verteld.

De kilometerteller, niet het scorebord

Vergeet niet: je kilometerteller meet JOUW afgelegde kilometers op JOUW route. Hij vergelijkt je niet met andere chauffeurs. Hij rangschikt je niet ten opzichte van alle anderen. Hij laat alleen zien hoe ver je bent gekomen vanaf de plek waar je begon.

Dus 10.000 kilometer naar een bestemming die je zelf hebt gekozen, geeft meer voldoening dan 50.000 kilometer naar een bestemming die iedereen voor je heeft uitgekozen.

Je kunt niet falen in de definitie van succes van iemand anders. Je kunt alleen falen in het nastreven van die van jezelf.

Dus stop met het meten van je reis aan de hand van hun scorebord.

Stop met het vergelijken van jouw toeristische route met hun snelweg. Stop met denken dat je achterloopt, alleen maar omdat zij ergens eerder zijn aangekomen dan jij.

Zij zijn aangekomen op hun bestemming. Jij bent nog onderweg naar de jouwe. En dat is precies zoals het hoort.

Er is geen examen dat beoordeelt of je de 'juiste' route of de 'correcte' bestemming hebt gekozen.

Er is alleen jouw reis, jouw keuzes, en of je daadwerkelijk rijdt naar iets dat voor jou van betekenis is.

Deel Vier

PARKEERPLAATS

Even aan de kant om oude rijgewoontes af te leren.

Hoofdstuk 9

STOP MET KIJKEN NAAR ANDERE RIJSTROKEN

Heel vroeg in de reis zei iemand tegen je: 'Je moet sneller gaan. Je moet sneller zijn, beter, de eerste.' En je geloofde hen, omdat iedereen dat deed.

Nu ben je bij een parkeerplaats. Deel vier van de reis. De haltes waar je dingen afleert.

Dit is de plek waar je de auto aan de kant kunt zetten, de kofferbak opent en vraagt: 'Wat heb ik al die tijd meegesleept? Heb ik dit allemaal nog wel nodig?'

Laten we beginnen met iets wat je al kilometers lang meedraagt: de overtuiging dat je moet concurreren.

Competitie wordt je overal aangeleerd

Denk er eens over na. Alles in het leven heeft je getraind om te wedijveren.

Op school werd je beoordeeld ten opzichte van klasgenoten. Bij sport wordt je team gerangschikt ten opzichte van anderen. Op het werk werden je prestaties gemeten aan de hand van een curve. Zelfs entertainment – de dingen die je doet om te ontspannen – werd een wedstrijd.

Computerspellen tonen ranglijsten. Sociale media tellen likes. Fitness-apps vergelijken jouw stappen met die van alle anderen.

Je kunt niet eens *Candy Crush* spelen zonder te zien dat Susan op niveau 389 zit terwijl jij op 307 blijft steken. Ineens geniet je niet meer van het spel. Je bent aan het inhalen.

Waarop? Waarvoor?

Als je Susan verslaat en niveau 401 bereikt, wat win je dan? Niets. Geen geld, geen status, zelfs niet het respect van Susan, want zij denkt waarschijnlijk helemaal niet aan jou. Je wint de wetenschap dat je vooroploopt op een scorebord dat alleen in jouw hoofd bestaat.

Dat patroon begon niet bij videogames. Je leerde het lang geleden in je geboorteplaats, waarschijnlijk nog voordat je kon autorijden. Je leerde dat de eerste zijn telt. Winnen is alles. Achterblijven betekent dat je verliest.

En die overtuiging draag je sindsdien met je mee – honderden kilometers over de snelweg, door tientallen steden, tot in volstrekt onbekend gebied.

Misschien is het tijd om de auto stil te zetten en te vragen: heb je het nog wel nodig?

Welkom op de parkeerplaats

Je bent nu al een tijdje aan het rijden. Je hebt je geboorteplaats verlaten. Je bent de snelweg opgegaan. Je hebt gezien hoe alles relatief is, hoe herinneringen aan anderen toebehoren, hoe succes geen universele maatstaf heeft.

Je hebt veel geleerd over wat je naar beneden heeft gedrukt.

Nu komt het deel waarin je een deel daarvan mag neerzetten.

Niet omdat het fout was om het te dragen. Niet omdat je beter had moeten weten. Maar omdat je lichter mag reizen. Je mag kijken naar wat je in je geboorteplaats hebt ingepakt en zeggen: 'Dit heb ik niet meer nodig.'

Competitie is een van die dingen.

Er werd je verteld dat competitie noodzakelijk was. Dat het de manier is om te overleven, om te slagen, om te bewijzen dat je ertoe doet. Iedereen in je geboorteplaats geloofde dat. Je ouders geloofden het. Je leraren geloofden het. Je vrienden geloofden het. Dus geloofde jij het ook.

En het was logisch daar. In die context. In dat dorp waar iedereen zich aan iedereen spiegelde, waar elke prestatie een rangschikking was, waar elk succes relatief was aan het falen van iemand anders.

Maar je bent niet meer in dat dorp.

Kijk in je achteruitkijkspiegel. Dat dorp ligt kilometers achter je. En toch rijd je nog steeds alsof je door die oude straten navigeert, wedijver je nog steeds alsof je in die oude race zit, draag je nog steeds die zware overtuiging dat je iedereen om je heen moet verslaan om ertoe te doen.

Dat hoeft niet.

Je kunt dat nu loslaten.

De koffer die je hebt meegesleept

Zie competitie als een koffer die iemand je gaf toen je van huis vertrok. 'Die heb je nodig voor de reis,' zeiden ze. En je geloofde hen, want iedereen had er een.

Maar je bent nu bij een rustplaats. Je kunt die koffer openmaken. Kijk eens wat er werkelijk in zit.

Misschien vind je daar de overtuiging dat de eerste zijn betekent dat je waardevol bent. De angst om achter te blijven. De uitputting van het racen tegen iedereen om je heen. De gewoonte om jouw vreugde af te meten aan de teleurstelling van een ander. De angst dat als je niet concurreert, je het opgeeft.

Nou, daar heb je het. Niets daarvan verbetert je rit. Niets daarvan helpt je te genieten van de route. Niets daarvan is nodig voor waar je naartoe gaat.

Dus waarom zou je het blijven meeslepen?

Niet omdat je slecht bent omdat je het bij je hebt. Niet omdat je het eerder had moeten laten vallen. Maar je kunt kiezen wat je meeneemt naar de volgende stad. En competitie? Dat kan op de parkeerplaats blijven liggen.

Maar hoe zit het met ambitie?

Dus wat denk je? 'Als ik stop met concurreren, verlies ik dan niet mijn gedrevenheid? Blijf ik dan niet achter? Stop ik dan met streven naar verbetering?'

Nee.

Het afleren van competitie betekent niet dat je stopt met proberen. Het betekent niet dat je stopt met groeien. Het betekent niet dat je geen doelen meer hebt.

Het betekent dat je stopt met het meten van je groei aan de hand van hoeveel mensen je hebt ingehaald. Het betekent dat je stopt met succes definiëren aan de hand van de vraag of je voorloopt of achterloopt. Het betekent dat je stopt met de reizen van anderen de waarde van die van jou te laten bepalen.

Je zult nog steeds willen verbeteren. Maar je verbetert omdat je wilt zien hoe ver je kunt komen, niet omdat je moet bewijzen dat je beter bent dan een ander.

Je zult nog steeds doelen stellen. Maar het zullen jouw doelen zijn, gebaseerd op jouw bestemming, niet op het idee van iemand anders over waar je inmiddels zou moeten zijn.

Je zult nog steeds hard werken. Maar je zult werken aan iets dat er voor jou echt toe doet, niet aan het voorop blijven lopen in een race waarvoor je je nooit hebt ingeschreven.

Het verschil: je zult van de rit genieten.

Hoe afleren eruitziet

Het is niet spectaculair. Het is niet één enkel moment waarop alles op zijn plek valt en je plotseling vrij bent.

Het is stoppen bij parkeerplaatsen als deze en vragen: 'Wat draag ik nog steeds mee uit mijn geboorteplaats? Heb ik het nodig voor waar ik naartoe ga?'

Het is opmerken wanneer je aan het racen bent en ervoor kiezen om in plaats daarvan gewoon te rijden.

Het is jezelf betrappen op vergelijken en jezelf corrigeren: 'Dat is hun route, niet de mijne.'

Het is zien dat je kind worstelt – met huiswerk, met vriendschappen, met tegenslagen – en het er zelf doorheen laten navigeren. Niet omdat het je niet kan schelen, maar omdat je genoeg om het geeft om je kind zijn of haar eigen vaardigheden te laten opbouwen. Het gaat niet om controle. Het is een relatie gebaseerd op respect.

Laat het zijn of haar eigen reis hebben. Laat het slagen op zijn of haar eigen voorwaarden. Laat het falen en ontdekken dat het weer kan opstaan. Dat is het leven. Zo werkt de reis.

Zijn of haar cijfers maken jou geen betere ouder. Zijn of haar prestaties valideren jouw keuzes niet. Zijn of haar resultaten bepalen jouw waarde niet.

Je bent zijn of haar ouder, niet zijn of haar scheidsrechter. En het mooie daarvan? Wanneer jij stopt via je kind te concurreren, kan het stoppen voor jou te concurreren. Het mag gewoon kind zijn dat zijn of haar eigen route uitstippelt.

Dat is het niet opgeven. Dat is het de ruimte geven om zelf te rijden.

Het pad waarop je je nu bevindt

De weg waarop je nu rijdt, werkt niet zoals de straten in je geboorteplaats. De regels zijn hier anders. De prioriteiten zijn hier anders. Wat daar telde, hoeft hier niet te tellen.

Daar racete iedereen. Iedereen vergeleek zichzelf. Iedereen mat zijn waarde af aan zijn positie. Dat was gewoon wat je deed.

Maar je bent nu op nieuw terrein. Je bent door verschillende steden gekomen. Je hebt verschillende manieren van rijden gezien. Je hebt geleerd dat niet iedereen succes op dezelfde manier definieert, dat niet iedereen naar dezelfde bestemming gaat, dat niet iedereen aan het racen is.

Sommige mensen rijden gewoon. Ze genieten van de route. Ze stoppen wanneer ze willen stoppen. Ze gaan in hun eigen tempo.

En ze lijken... lichter. Minder gestrest. Meer aanwezig.

Misschien komt dat omdat ze de competitie ergens onderweg hebben uitgepakt. Misschien zijn ze gestopt bij een parkeerplaats als deze en hebben ze gezegd: 'Ik hoef dit niet meer mee te slepen.'

Dat kun jij ook doen. En als je bang bent dat je het zonder de race niet zult redden – wees dat niet. Je route vindt zijn weg wel.

Je geeft niet op

Het moeilijkste aan het afleren van competitie is dat het voelt als opgeven.

Als je stopt met racen tegen iedereen om je heen, geef je het dan op? Als je stopt met je route te vergelijken met die van anderen, neem je dan genoegen met minder? Als je stopt je waarde te meten aan je rangschikking, verlies je dan je ambitie?

Nee.

Je kiest er alleen voor om vooruitgang anders te definiëren. Je kiest ervoor om groei te meten aan je eigen normen in plaats van aan het scorebord van een ander. Je kiest ervoor te genieten van de steden waar je doorheen rijdt in plaats van erlangs te sjezen om voorop te blijven.

Dat is niet opgeven. Dat is wakker worden.

Je hebt kilometers – misschien wel jaren – geracet tegen mensen die niet eens naar jouw bestemming gaan. Jezelf vergeleken met bestuurders op totaal andere routes. Je druk gemaakt over of je voor- of achterloopt in een wedstrijd die alleen in je hoofd bestaat.

Wat als je gewoon... zou stoppen?

Wat als je zou rijden in een tempo dat voor jou goed voelt? Wat als je zou genieten van het landschap in plaats van naar de auto's om je heen te staren? Wat als je je dag zou beoordelen op het feit of je vooruit bent gekomen, in plaats van of je iemand anders bent gepasseerd?

Je zou nog steeds aankomen waar je moet zijn. Je zou alleen veel meer van de reis genieten.

De volgende stad vereist geen competitie

Kijk vooruit. Zie je die volgende stad aan de horizon?

Je hebt geen competitie nodig om daar te komen. Dat heb je nooit gehad.

Competitie was iets wat je geboorteplaats je heeft geleerd. Het is geen wet van de snelweg. Het is niet verplicht voor de reis. Het is gewoon een gewoonte die je daar hebt opgepikt en bent blijven volhouden omdat iedereen het deed.

Maar de weg is lang. De route is van jou. En jij mag beslissen wat je met je meedraagt.

Sommige dingen uit je geboorteplaats zijn het waard om te houden. Sommige lessen, sommige waarden, sommige gewoonten – ze werken goed voor je, ze maken de rit beter en ze helpen je navigeren. Het verleden is een les, geen blauwdruk.

Maar competitie? Dat is ballast. Dat is datgene wat je angstig maakt wanneer je van het uitzicht zou moeten genieten. Dat is datgene wat elk stuk snelweg verandert in een race die je niet kunt winnen.

Je kunt het hier achterlaten.

Niet met schaamte. Niet met spijt. Alleen met de simpele erkenning: 'Ik heb dit niet nodig voor waar ik naartoe ga.'

Vooruit rijden

Wanneer je deze parkeerplaats verlaat, zul je nog steeds andere auto's zien. Je zult nog steeds merken dat sommigen sneller gaan, anderen langzamer. Dat zal niet veranderen.

Wat verandert, is wat je met die observatie doet.

In plaats van gas bij te geven om ze in te halen, denk je misschien gewoon: 'Zij gaan ergens heen. Ik ga ergens heen. We zijn allebei onderweg.'

In plaats van je achtergesteld te voelen, denk je misschien gewoon: 'Ik ben precies waar ik moet zijn op mijn route.'

In plaats van jouw reis met die van hen te vergelijken, denk je misschien gewoon: 'Ik vraag me af waar zij naartoe gaan.'

Zo ziet het afleren van competitie eruit. Niet dramatisch. Niet perfect. Gewoon geleidelijk de overtuiging loslaten dat je iedereen om je heen moet verslaan om ertoe te doen.

Je doet ertoe omdat je op jóúw reis bent. Omdat je jóúw route rijdt. Omdat je hier bent, vooruit beweegt, keuzes maakt, door je leven navigeert.

Niet omdat je iemand voor bent. Niet omdat je aan het winnen bent. Gewoon omdat je jezelf bent, en jouw reis van jou is.

Er is geen examen dat beoordeelt of je het verkeer hebt bijgehouden.

Er is alleen jouw route, jouw keuzes en de vrijheid om te rijden zonder te racen tegen iedereen om je heen.

Welkom op deze parkeerplaats. Blijf zo lang als je nodig hebt. En wanneer je er klaar voor bent, rijd dan verder – lichter dan voorheen.

Hoofdstuk 10

DE SNELWEG IS VAN IEDEREEN

E lke denkbare soort en kleur voertuig deelt deze snelweg met je. Sedans en SUV's. Hybrides en elektrische auto's. Auto's die op benzine rijden, auto's die op diesel rijden. Motoren die tussen de rijstroken door laveren. Vrachtwagens die vracht vervoeren. Campers die in hun eigen tempo rijden. Handgeschakeld, automaat en sommige voertuigen die je niet eens kunt categoriseren.

Verschillende motoren. Verschillende afmetingen. Verschillende capaciteiten. Verschillende doeleinden.

En ze delen allemaal dezelfde snelweg.

De weg vraagt niet wat voor motor je hebt voordat hij je toelaat. Hij vereist geen specifiek type transmissie. Hij meet je brandstofverbruik niet en oordeelt niet over je voertuigkeuze. De snelweg biedt ruimte aan iedereen omdat de snelweg iets fundamenteels begrijpt: we proberen allemaal gewoon ergens te komen.

Verschillende voertuigen. Dezelfde reis. Hetzelfde recht om veilig te reizen.

De koffer die je niet zelf hebt ingepakt

Bij je laatste tussenstop heb je 'concurrentie' uitgepakt. Je keek naar die zware overtuiging en zei: 'Dit heb ik niet meer nodig.'

Maar er ligt nog een koffer in je kofferbak. Een koffer die je niet eens zelf hebt ingepakt. Een koffer die er al in werd geladen voordat je begon te rijden, in je geboorteplaats, nog voordat je oud genoeg was om je af te vragen of je hem wel wilde hebben.

Er staat 'verdeeldheid' op het label.

Binnenin vind je: de overtuiging dat sommige voertuigen meer op de snelweg thuishoren dan andere. De gewoonte om bestuurders in te delen in 'wij' en 'zij'. De aanname dat 'anders' ook 'apart' betekent. Het idee dat diversiteit iets is dat je moet tolereren, in plaats van iets dat er gewoon... is.

Niets daarvan was jouw idee. Je hebt het geërfd. Je geboorteplaats heeft het je geleerd. De cultuur om je heen heeft het versterkt. Je draagt het al zo lang bij je dat het je misschien niet eens meer opvalt dat het er is.

Maar je bent nu bij een volgende tussenstop. Je kunt ook die koffer openmaken.

De realiteit van één enkel ras

Kijk naar wat het bewijs daadwerkelijk laat zien over individuen: we zijn slechts één ras. We zijn de mensheid.

Niet metaforisch. Niet filosofisch. Letterlijk.

We zijn allemaal dezelfde soort. Verschillende uitingen van hetzelfde ontwerp. Een ander verfje op hetzelfde fundamentele voertuig.

Neil deGrasse stelde ooit een versie van deze kosmische vraag: wanneer we ons buitenaardse wezens voorstellen, waarom zien we ze dan altijd voor ons met twee armen, twee benen, een hoofd erbovenop – eigenlijk humanoïde? Kijk naar de aarde. We hebben vissen, weekdieren, insecten, spinnen, planten, schimmels, zoogdieren in alle denkbare vormen. Gaziljoenen levensvormen die totaal niet de menselijke vorm bezitten.

Dus waarom zouden buitenaardse wezens op ons lijken?

We stellen ons hen zo voor omdat wij het referentiepunt zijn. We zijn zo gefocust op onze eigen vorm dat we aannemen dat intelligentie, bewustzijn en geavanceerd leven eruit moeten zien zoals wij.

Maar dit is wat dat onthult: we weten al dat diversiteit de norm is. We zien het overal op aarde. En toch, als het op mensen aankomt? Dan doen we verbaasd over het feit dat we er allemaal in de basis hetzelfde uitzien. We creëren verdeeldheid op basis van minieme variaties – huidskleur, oogvorm, haarstructuur – terwijl de realiteit is dat we opmerkelijk veel op elkaar lijken. Gewoon verschillende tinten van hetzelfde basisontwerp.

Verschillende huidskleuren zijn geen verschillende rassen. Het zijn gewoon verschillende kleuren van hetzelfde voertuig. Zoals auto's die van dezelfde lopende band rollen met verschillende lakopties. Blauw, rood, wit, zwart – dezelfde auto, andere afwerking.

Dit weten we al. Sterker nog, bij andere diersoorten accepteren we dit allang.

Kijk naar honden. Miljarden honden. Miljoenen binnen elk ras. Ze komen voor in elke denkbare kleurencombinatie – zwart, bruin, wit, gevlekt, gestreept. Maakt het een hond uit welke kleur de vacht van een andere hond heeft? Beoordelen ze elkaar op basis van hun vachtkleur? Delen ze zichzelf in in 'wij' en 'zij' op basis van het feit of ze goud of donkerbruin zijn?

Nee, het zijn gewoon honden. Verschillende kleuren van dezelfde soort. En dat weten ze.

Wij zijn precies hetzelfde. Verschillende kleuren van dezelfde soort. We zijn alleen vergeten ons daarnaar te gedragen.

De paradox van de grensrechter

In mijn geboorteplaats woonde ik twee uur van de grens. Ik reed regelmatig naar het noorden, Texas in.

Dezelfde persoon. Dezelfde auto. Dezelfde reis. Maar plotseling kreeg ik een nieuw label zodra ik de grens overstak.

In Monterrey was ik gewoon een persoon. In Texas was ik een 'PoC' – een person of color, een term die in de Verenigde Staten wordt gebruikt om iedereen te categoriseren die niet wit is. Ik maak deel uit van een minderheid. Latino. Hispanic. Labels die twee uur zuidelijker voor mij niet bestonden.

Niets aan mij was veranderd. Ik ben nog steeds ik, in dezelfde auto, op dezelfde snelweg. Maar de labels bleven verschuiven op basis van waar ik was en wie het label plakte.

Maar de verdeeldheid is niet echt. Het zijn slechts lijnen die we op kaarten hebben getrokken en waarvan we daarna hebben gedaan alsof ze bepalen wie mensen zijn.

Ik ben niet een grens overgestoken en een andere soort geworden. Ik ben niet plotseling getransformeerd in een ander type mens. Ik was dezelfde persoon die ik twee uur daarvoor was, rijdend op dezelfde route, met dezelfde bestemming.

De verdeeldheid is verzonnen. En als het verzonnen is, kan het ook weer ongedaan worden gemaakt.

De waarheid van de dubbelganger

We zijn één soort. Verschillende uitingen van dezelfde blauwdruk, ja. Maar hier is iets interessants: met een eindig aantal kenmerken en 120 miljard mensen die ooit hebben bestaan, zijn lookalikes niet alleen mogelijk – ze zijn min of meer te verwachten.

Denk er maar eens over na. De afstand tussen de ogen, de vorm van de neus, de structuur van de jukbeenderen, de kaaklijn, haarstructuur – er zijn veel combinaties mogelijk, maar het is nog steeds een eindig getal. Wanneer je 120 miljard versies van de soort door die combinaties laat rouleren, is de kans groot dat bepaalde sets kenmerken zich zullen herhalen.

We wijzen ze aan omdat ze er zo bizar uitzien – alsof iemand van tweehonderd jaar geleden net is gereïncarneerd – maar wiskundig gezien is het bijna onvermijdelijk.

Je hebt die foto's vast wel eens gezien: beroemdheden die identiek lijken op historische figuren van tientallen of honderden jaren geleden. Enzo Ferrari en Mesut Özil, gescheiden door decennia, praktisch een tweeling. Acteurs die er precies zo uitzien als mensen op oude foto's.

Vreemden op internet die broers of zussen zouden kunnen zijn, maar elkaar nog nooit hebben ontmoet.

Daar doen we verbaasd over. 'Wauw, ze lijken zo enorm op elkaar!'

Maar waarom zijn we verbaasd? We zijn allemaal gemaakt met dezelfde basiskenmerken, alleen in verschillende verhoudingen gemengd.

Honden zien er identiek uit zonder dat ze familie zijn. Hetzelfde geldt voor katten. Hetzelfde geldt voor elke soort met een grote populatie. Beperkte combinaties met eindige kenmerken betekent dat er herhalingen optreden.

We verschillen niet zo veel van elkaar. Dat hebben we nooit gedaan. We zijn allemaal variaties op hetzelfde thema, gebouwd volgens dezelfde blauwdruk, rijdend in hetzelfde soort voertuigen op dezelfde snelweg.

De muren die we zien? Die zijn ons aangeleerd om te zien. Ze zitten niet ingebakken in de realiteit. Ze zitten ingebakken in de manier waarop we hebben geleerd naar de realiteit te kijken.

Verschillende omstandigheden, dezelfde soort

Sommige mensen zijn extravert. Sommige zijn introvert. Sommige zijn hetero. Sommige zijn gay. Sommige zijn linkshandig. Sommige zijn autistisch. Sommige zijn lang. Sommige zijn kort. Sommige zijn luidruchtig. Sommige zijn stil.

Verschillende omstandigheden. Verschillende voorkeuren. Verschillende manieren van zijn.

Dezelfde soort. Dezelfde snelweg. Hetzelfde recht om hun eigen route te rijden.

Mensen steunen in het leiden van een leven vol vreugde en authenticiteit zou niet politiek of controversieel moeten zijn: het is gewoon menselijk. We zijn hier om anderen dezelfde ruimte te geven die we voor onszelf wensen.

Als iemand duizenden kilometers verderop een ander geloof aanhangt dan jij en dat maakt hen gelukkig, wat voor invloed heeft dat dan op jouw leven? Waarom zou je hen willen dwingen om hetzelfde te geloven als jij?

Als iemand zijn gender anders uit dan jij, hoe verandert dat jouw route? Als iemands brein anders werkt dan het jouwe, de wereld anders verwerkt, vreugde vindt in andere dingen – hoe beïnvloedt dat waar jij naartoe gaat?

Dat doet het niet.

Zij besturen hun voertuig. Jij het jouwe. Jullie bevinden je allebei op dezelfde snelweg, op weg naar verschillende bestemmingen, en leiden verschillende levens die elkaar niet echt kruisen, behalve door de gedeelde weg onder je wielen.

En als je bang bent dat je kind iets zou kunnen leren van een andere auto – iets wat je niet wilt dat ze leren – begin dan in je eigen auto. Wees zelf het voorbeeld. Wees de bestuurder op wie ze letten. Je kind zit in jouw voertuig en ziet hoe jij navigeert, hoe jij andere bestuurders behandelt, hoe jij reageert op verschillen op de snelweg.

Ze leren van jouw rijstijl, niet van de auto's die voorbijrijden.

De verdeeldheid – de overtuiging dat hun afwijkende route op de een of andere manier de jouwe bedreigt of aantast – dat is iets wat je geboorteplaats je heeft geleerd. Dat is iets wat je in je kofferbak hebt meegesleept, wat ruimte inneemt, gewicht toevoegt en je rit zwaarder maakt dan nodig is.

Je kunt dat nu uitpakken.

De snelweg discrimineert niet

De snelweg biedt ruimte aan alle voertuigen omdat de snelweg geen belang heeft bij jullie verschillen. Het is maar een weg. Het draagt het gewicht van sedans en vrachtwagens op precies dezelfde manier. Het laat motoren hard rijden en campers langzaam rijden zonder over een van beiden te oordelen.

De snelweg werkt omdat hij ontworpen is voor diversiteit, niet voor eenvormigheid.

Stel je voor dat de snelweg maar één type voertuig zou toelaten. Alleen sedans toegestaan. Rij je in een vrachtwagen? Jammer dan, zoek maar een andere route. Motor? Niet welkom hier. Elektrische auto? Wij ondersteunen alleen benzinemotoren.

Dat zou absurd zijn. De snelweg zou leeg zijn. De helft van de voertuigen zou op zijwegen staan, onmachtig om te komen waar ze moeten zijn, omdat de weg besloot dat hun verschillen hen diskwalificeerden.

Dat is wat verdeeldheid doet. Het neemt een snelweg die ontworpen is voor iedereen en verandert die in een beperkte route waar alleen bepaalde voertuigen 'mogen' komen. Niet omdat die voertuigen inherent beter zijn. Alleen maar omdat iemand besloot willekeurige lijnen te trekken over wie erbij hoort.

De snelweg geeft er niet om wat je bestuurt. Het gaat er alleen om dat je veilig reist, de weg deelt en niet probeert andere voertuigen van de weg te drukken, alleen maar omdat ze er anders uitzien dan dat van jou.

Misschien is de auto die je nu veroordeelt omdat hij er anders uitziet wel degene die kilometers verderop stopt om je te helpen als je een lekke band krijgt. Misschien sta je nu in de file, omringd door voertuigen, maar zou die auto de enige bij je in de buurt zijn op een stuk snelweg mijlenver van de stad. Dan zal hij je zien staan, en zul jij degene zijn die om hulp roept.

Dus als je auto stil komt te staan en een brandstof-'transfusie' nodig heeft, zul je hulp niet weigeren omdat het chassis van de andere bestuurder niet bij het jouwe past of omdat ze Lady Gaga op de radio hebben aanstaan. Je hebt gewoon nodig wat je op de weg houdt.

Het nabijheidsperspectief

Simon Sinek, een van mijn favoriete auteurs, bekend van het boek *Start With Why* en een voorstander van de *Infinite Game*-mindset – waar dit boek op voortborduurt en waarop het is gebouwd – vertelt een verhaal over hoe nabijheid verbondenheid beïnvloedt. Laat me het als volgt schetsen:

Je buurman. Degene die aan de overkant van de straat woont.

Als je hem in je straat ziet, zwaai je misschien. Of misschien ook niet. Dat hangt van de dag af. Hij is gewoon een van de vele mensen in je buurt.

Als je diezelfde buurman in een andere stad ziet – totaal onverwacht – dan stop je. 'Hé! Wat doe jij hier?' Je praat een paar minuten.

Je wisselt wat beleefdheden uit. Daarna gaan jullie beiden weer je eigen weg.

Als je hem in een ander land ziet, heilige huisjes nog aan toe! Op een plek waar ze een totaal andere taal spreken? Waar alles vreemd aanvoelt? Dan ZUL je contact zoeken. Jullie praten een hele tijd. Jullie maken plannen. Je hebt een bekend gezicht gevonden (bekend in de zin van: nu voelt hij als familie, hè?), iemand die jouw taal spreekt.

Stel je nu voor dat je een astronaut bent. Je wordt naar het Internationaal Ruimtestation gestuurd. Wanneer je aankomt, zie je daar je buurman. Niet te geloven!

Plotseling wordt hij de belangrijkste persoon in je leven.

Dezelfde man naar wie je aan de overkant van de straat niet eens zou zwaaien? Daar boven, miljoenen kilometers van de aarde, is hij de belangrijkste persoon in je leven. Jullie zweven daar samen in de ruimte. Door de context is hij je broeder.

Ga nu nog een stap verder: stel je de persoon voor aan wie je een hekel hebt. Degene die voor het concurrerende team is. Degene met totaal tegenovergestelde politieke opvattingen. Degene die je ontwijkt op familiefeestjes.

Als jullie beiden worden toegewezen aan een missie op het ISS, zouden jullie je verschillen dan niet opzij zetten?

Daar boven zijn jullie geen tegenstanders. Jullie zijn de meest gelijksoortige wezens die er zijn. Niet de meest verschillende – de meest gelijksoortige. Omdat alle anderen miljoenen kilometers verderop op aarde zijn.

Hoe verder weg je bent, hoe meer de gelijkenissen tellen. Hoe dichter je bij huis bent, hoe makkelijker het is om op de verschillen te focussen.

Wanneer je in je eigen buurt bent, omringd door het vertrouwde, voelen scheidingslijnen belangrijk aan. Maar verplaats jezelf naar ver weg – in een ander land, op een ruimtestation, miljoenen kilometers van de aarde – en plotseling verdwijnen die scheidslijnen. Je ziet gewoon mensen. Medemensen. Bestuurders op dezelfde snelweg.

Wanneer labels er toe doen

In de negentiende eeuw werd linkshandigheid gezien als hekserij. Toverij. Iets wat mis met je was. Sommige ouders bonden de linkerhand van hun kinderen achter hun rug om hen te dwingen hun rechterhand te gebruiken. Scholen straften kinderen omdat ze met de 'verkeerde' hand schreven.

Vandaag de dag? Het kan niemand iets schelen of je linkshandig of rechtshandig bent.

Het label is alleen van belang in specifieke contexten. Als je een American football-coach bent die de blinde vlek van zijn quarterback wil beschermen, is het belangrijk om te weten of hij links- of rechtshandig is. Dat label heeft in die context zin.

Maar voor het dagelijks leven? Het is irrelevant. Je ziet geen beroemdheden aankondigen: 'Hé allemaal, ik heb de media hier vandaag verzameld voor deze speciale aankondiging, ik wil dat jullie weten: ik ben een linkspoot!' Je ziet geen nieuwsverslaggeving over iemand die 'uit de kast komt' als linkshandige.

Datzelfde principe geldt voor alles wat we als scheidslijnen behandelen: seksuele geaardheid, genderidentiteit, religie, neurodivergentie, culturele achtergrond. De labels kunnen van belang zijn in specifieke contexten – medische, sociale of juridische contexten – waar ze erkend en beschermd moeten worden.

Maar voor de dagelijkse interactie? Voor de vraag of iemand respect, waardigheid en de ruimte verdient om zijn eigen route te rijden? Daarvoor zijn de labels net zo irrelevant als linkshandig zijn.

De drie stappen

Ik denk dat de weg naar echte onverdeeldheid (oftewel inclusief zijn) de volgende stappen volgt:

1. Bewustwording: Erkenning dat verschillen bestaan en heel gewoon zijn. Dat is voor de linkspoten sinds de negentiende eeuw wel opgelost. Begrijpen dat neurodiversiteit bestaat.

Dat mensen verschillende geaardheden hebben. Dat 8+ miljard mensen ook 8+ miljard verschillende uitingen van mens-zijn betekent.

2. Acceptatie: Begrijpen waarom iemand anders zou kunnen zijn – waarom ze een andere smaak hebben, waarom ze rust nodig hebben, waarom ze heftig reageren op verandering, waarom ze zichzelf anders uiten – en je aanpassen om inclusiever te zijn. Niet alleen tolereren, maar daadwerkelijk ruimte maken.

3. Onverschilligheid (de positieve variant): Het punt bereiken waarop deze verschillen gewoon een andere natuurlijke menselijke variatie zijn. Zoals linkshandigheid dat tegenwoordig is. Niet iets waar je commentaar op hoeft te geven, wat je hoeft te vieren of te bekritiseren. Gewoon... een onderdeel van hoe mensen zijn.

We kunnen stap 2 niet afdwingen. We kunnen mensen niet dwingen te accepteren waar ze nog niet klaar voor zijn. Maar we kunnen absoluut strijden voor stap 1: bewustwording. We kunnen erop wijzen dat we allemaal op dezelfde snelweg zitten, in verschillende voertuigen rijden, en dat dit is hoe snelwegen nu eenmaal werken.

En als genoeg mensen tot bewustwording komen? Dan volgt acceptatie. En onverschilligheid – de soort waarbij het niemand uitmaakt van wie je houdt, hoe je denkt of wat jou anders maakt, omdat we allemaal maar mensen zijn die ergens proberen te komen – dat wordt dan de natuurlijke consequentie. De cirkel is rond. Van 'anders' terug naar 'gewoon mensen'.

De 8 miljard werkelijkheden

Als je een voorstander bent van labels, als je de behoefte voelt om op elk verschillend persoon een etiket te plakken om ze goed te kunnen categoriseren, dan eindig je met 8 miljard labels.

Omdat elk mens een ander mens is.

Zelfs eeneiige tweelingen zijn niet dezelfde persoon. Zij zijn het levende bewijs dat je er precies hetzelfde uit kunt zien en vanbinnen toch twee totaal verschillende mensen kunt zijn. Vaak zijn ze elkaars tegenpool qua gedrag, voorkeuren en persoonlijkheid.

Iedereen is anders. Waarom willen we dan altijd dat iedereen hetzelfde is?

Waarom willen we dat iedereen hetzelfde denkt? Dezelfde politieke overtuigingen heeft als wij? Dezelfde religieuze opvattingen? Dat ze dezelfde dingen leuk vinden, dezelfde films kijken, naar dezelfde tempel gaan om te bidden – of agnostisch zijn zoals wij?

Waarom verwachten we dat iedereen over dezelfde capaciteiten beschikt, dezelfde mentaliteit heeft, dezelfde benadering van het leven heeft?

We zijn meer dan 8 miljard verschillende (levende) uitingen van dezelfde soort. Verschillende voertuigen op dezelfde snelweg. En toch besteden we zoveel energie aan het proberen iedereen in dezelfde categorie, dezelfde rijstrook, dezelfde route te dwingen.

Dat is niet hoe snelwegen werken. Dat is niet hoe soorten werken.

Je mag dit loslaten

Verdeeldheid voelt misschien als iets wat je moet beschermen. Iets wat je veilig houdt. Iets wat je helpt te navigeren.

Maar kijk eens wat het werkelijk doet: het maakt je achterdochtig naar andere weggebruikers. Het zorgt ervoor dat je dreigingen ziet waar ze niet zijn. Het zorgt ervoor dat je energie verspilt aan het categoriseren van mensen in plaats van gewoon je eigen route te rijden. Het verandert elke interactie in een beoordeling: lijken ze op mij of niet? Kan ik ze vertrouwen, of moet ik me zorgen maken?

Dat is uitputtend. Dat is beangstigend. Dat maakt je rit er niet beter op.

Je hoeft niet met iedereen op te kunnen schieten. Je hoeft niet omringd te zijn door mensen die totaal anders denken dan jij. Zij rijden hun route. Jij rijdt die van jou. De snelweg biedt plek aan jullie beiden zonder dat jullie samen hoeven te rijden.

Er is een reden waarom er meerdere rijstroken zijn.

Je mag dat loslaten. Je mag andere voertuigen zien als gewoon... andere voertuigen. Anders dan dat van jou, zeker. Maar ze delen dezelfde weg, proberen ergens te komen, en hebben te maken met hetzelfde verkeer, weer en dezelfde wegwerkzaamheden als jij.

Geen dreigingen. Geen concurrentie. Gewoon andere reizigers op dezelfde snelweg.

Je hoeft verdeeldheid niet langer met je mee te dragen. Het werd je in je geboorteplaats overhandigd. Je hebt het al kilometers lang meegesleurd. Maar je bent nu bij een stopplaats. Je kunt het hier achterlaten.

Niet omdat het fout was dat je het had. Niet omdat je beter had moeten weten. Maar omdat je lichter mag reizen. Omdat de volgende stad waar je naartoe gaat? Die vereist niet dat je mensen in categorieën onderverdeelt voordat je naar binnen mag.

Je kunt gewoon rijden. En andere mensen ook laten rijden.

Wat er verandert als je verdeeldheid loslaat

Wanneer je deze stopplaats verlaat zonder die koffer, is dit wat er verandert:

Je stopt met het zien van 'wij' tegenover 'zij'. Je ziet mensen.

Je stopt met het categoriseren van bestuurders op basis van hun voertuigtype. Je erkent dat zij op reis zijn, net als jij.

Je voelt je niet langer bedreigd door verschillen. Je ziet ze als gewoon... verschillende uitingen van hetzelfde.

Je verspilt geen energie meer aan het controleren wie er op de snelweg thuishoort. Je focust op je eigen route, je eigen bestemming, je eigen rit.

Dat is niet naïef. Dat is niet het negeren van echte problemen. Dat is er simpelweg voor kiezen de werkelijkheid helder te zien: we zijn allemaal van dezelfde soort, rijden op dezelfde snelweg en proberen ergens te komen wat belangrijk voor ons is.

Verschillende voertuigen. Verschillende routes. Verschillende bestemmingen. Hetzelfde fundamentele recht om de reis te maken.

Er is geen examen dat beoordeelt wie de beste politieke overtuiging of religie aanhangt.

Er is alleen de snelweg, die elk voertuig herbergt, en jouw keuze of je rijdt met het gewicht van verdeeldheid op je schouders, of met de lichtheid van het weten dat we allemaal gewoon mensen zijn die ergens proberen te komen.

Welkom op deze verzorgingsplaats. Pak die koffer uit. Laat de verdeeldheid achter je.

En als je er klaar voor bent, rijd dan verder – naar een stad waar iedereen op de weg mag zijn.

Hoofdstuk 11

HUN KAART IS NIET DE JOUWE

Je rijdt niet dezelfde route als iemand anders. Je bent niet op dezelfde plek begonnen. Je bent niet naar dezelfde bestemming onderweg. Je voertuig is niet hetzelfde. Je passagiers zijn niet hetzelfde. Je beperkingen zijn niet hetzelfde.

Dus wanneer iemand tegen je zegt: 'Als dit voor mij werkte, zou jij het ook moeten doen', geven ze je eigenlijk de routebeschrijving van hún startpunt naar hún bestemming, in hún voertuig, onder hún omstandigheden.

Dat is het ding met advies – er zit altijd een onzichtbare context bij. Hoe vaak heb je zelf wel niet advies gegeven? We delen diëten, carrièrepaden, opvoedstrategieën, productiviteitshacks en relatieadvies met absolute zekerheid. Iemand vindt iets dat werkt in zijn leven en wil dat onmiddellijk delen – oprecht, enthousiast en ervan overtuigd dat dit hét antwoord is.

En soms is dat ook zo. Voor hen. In hun context. Met hun voertuig, op hun wegen, met hun specifieke passagiers en beperkingen.

De valstrik van advies is niet het aannemen ervan. Het is vergeten dat elk advies gepaard gaat met een onzichtbaar sterretje: werkte in mijn specifieke situatie.

De oorsprong die je niet kunt zien

Wanneer iemand je advies geeft, delen ze de routebeschrijving van hun woonplaats naar hun bestemming. Ze kennen elk verkeersbord, elk verkeerspatroon, elke kortere weg. Wat ze niet kunnen zien, is dat jij niet vanuit hun woonplaats vertrekt – jij vertrekt vanuit de jouwe.

Hun advies is volkomen logisch. Voor iemand die vanaf hun locatie vertrekt, met hun voertuig, op weg naar waar zij naartoe gaan.

De valstrik is ervan uitgaan dat hun route ook werkt vanaf jouw startpunt.

Denk aan een routebeschrijving tijdens het rijden. Als iemand zegt: 'Sla linksaf bij de grote eik aan je rechterkant', dan is dat alleen nuttig als je uit dezelfde richting komt als zij. Vanuit een andere hoek zie je die eik misschien helemaal niet. Of je ziet drie eiken. Of misschien is die eik vorig jaar wel omgehakt, maar hebben zij die route sindsdien niet meer gereden.

Hun aanwijzingen zijn niet fout. Ze zijn alleen niet universeel.

De koffer vol context van een ander

Elk advies zit boordevol context. Hun werksituatie, hun gezinsstructuur, hun persoonlijkheid, hun financiële positie, hun gezondheid, hun waarden, hun angsten, hun ervaringen. Dat alles is onzichtbaar voor jou, ingebouwd in hun aanbeveling als een koffer die je niet kunt zien.

Iemand vertelt je dat je om 5:00 uur 's ochtends moet opstaan omdat het hun leven heeft veranderd. Wat ze er niet bij vertellen: ze zijn ochtendmensen, ze hebben geen kinderen, ze gaan om 21:00 uur naar bed, ze werken vanuit huis en ze houden van de stilte voordat de wereld wakker wordt. Ze delen zelfs video's op sociale media van hun ochtendrituelen met tijdstempels waarbij de tijd die nodig was om de camera op te stellen niet is inbegrepen.

Jij probeert het. Je bent een avondmens, je hebt een peuter die twee keer per nacht wakker wordt, je reistijd begint om 7:00 uur en je denkt het scherpst na 22:00 uur.

Hun advies was echt. Jouw context is anders. Het advies is niet overdraagbaar.

Iemand raadt je aan om je baan op te zeggen en je passie te volgen, net zoals zij deden. Wat onzichtbaar is in dat advies: ze hadden een buffer voor zes maanden, een ondersteunende partner met een stabiel inkomen, geen kinderen, een goede ziektekostenverzekering via hun echtgenoot en een verkoopbare vaardigheid die ze al in de weekenden hadden ontwikkeld.

Jij hebt drie maanden huur gespaard, jij bent de hoofdkostwinner, je hebt twee mensen die van je afhankelijk zijn en je passie is iets waar het jaren kost om geld mee te verdienen.

Hun advies was niet fout in hun situatie. Voor de jouwe zou het rampzalig kunnen zijn.

Het besef bij de tussenstop

Onderzoek het advies dat je met je meedraagt. Niet om het te verwerpen, maar om te begrijpen waar het vandaan kwam.

Dat productiviteitssysteem waardoor je je schuldig voelt omdat je het niet volhoudt? Dat is ontworpen door iemand met een ander energieniveau, andere verantwoordelijkheden en een andere hersenchemie dan jij.

Dat relatieadvies dat maar nooit lijkt te werken? Dat kwam van iemand in een ander type relatie, met een andere communicatiestijl, een andere geschiedenis en andere behoeften.

Die opvoedstrategie die je het gevoel geeft dat je faalt? Die is geschreven door iemand met andere kinderen, andere middelen en een ander vangnet.

Dit alles maakt het advies niet slecht. Het maakt het advies contextgevoelig.

Het Disney-gedachte-experiment

Iemand kijkt naar een gezin met een strak schema in Disney en levert kritiek – elke attractie gepland, elke maaltijd getimed, elke fotoplek uitgestippeld. 'Ze zijn veel te gestrest! Ze zouden gewoon moeten ontspannen en genieten!'

Maar dit is wat die criticus niet kan zien: misschien heeft dat gezin jarenlang voor deze reis gespaard. Misschien is dit hun enige kans om te gaan. Misschien betekent het hebben van een plan dat ze daadwerkelijk alles kunnen ervaren waarvoor ze hebben gespaard, in plaats van overweldigd rond te dwalen. Misschien genieten de ouders oprecht van het plannen – die organisatie is voor hen geen stress. Het is hún manier van plezier maken.

Het advies van de criticus ('ontspan gewoon!') komt voort uit hun eigen context: misschien wonen ze dichtbij genoeg om regelmatig te gaan, misschien hebben ze een jaarpas, misschien is spontaniteit hun manier van genieten.

Geen van beide benaderingen is fout. Het zijn verschillende voertuigen op verschillende reizen.

De valstrik van advies is denken dat jouw manier van Disney beleven (of wat dan ook) voor iedereen zou moeten werken.

Wat 'plezier' werkelijk betekent

Vraag tien mensen hoe een 'leuk weekend' eruitziet en je krijgt tien totaal verschillende antwoorden:

Iemand die vanuit huis werkt, wil zich misschien opdoffen en naar een plek gaan met veel lawaai en sociale contacten.

Iemand die in de detailhandel werkt, wil misschien in pyjama thuisblijven en absoluut niemand zien.

Iemand die de hele dag aan een bureau zit, wil misschien gaan wandelen in de natuur.

Iemand die de hele week op zijn benen staat, wil misschien op de bank liggen en een serie bingewatchen.

Wanneer een van deze mensen zegt: 'Dat moet je echt eens proberen, het is zo leuk!', bedoelen ze dat het leuk is voor iemand met hun energie, hun voorkeuren, hun context. Ze hebben geen ongelijk. Ze zijn contextueel.

De valstrik is 'je zou moeten' horen alsof het een universeel voorschrift is, in plaats van 'dit werkte vanaf mijn startpunt'.

Stop met het volgen van andermans navigatie

Jouw gps is geprogrammeerd voor JOUW bestemming. Niet voor de hunne.

Iemand zegt tegen je: 'Je moet meer netwerken om hogerop te komen in je carrière.' Dat kan waar zijn als je in de verkoop werkt, als je extravert bent, of als je in een branche zit waar relaties de drijvende kracht achter kansen zijn.

Het kan volkomen fout zijn als je in een vakgebied zit waar je werk voor zich spreekt, als je iets bouwt dat jaren van gefocuste individuele inspanning vergt, of als je carrière maakt door expertise in plaats van door connecties.

Hun gps liegt niet. Hij is alleen niet ingesteld op jouw route.

Iemand zegt: 'Je moet 20% van je inkomen sparen.' Dat is een degelijk advies als je genoeg verdient dat 20% mogelijk is, als je geen verpletterende schulden hebt, als er niemand financieel van je afhankelijk is, en als je geen medische kosten hebt die je salaris opslokken.

Het is een nutteloos advies als je nauwelijks de huur kunt betalen.

Het advies zelf is niet slecht. De context is alles.

Rolmodellen versus imitatie

Je kunt kijken naar hoe iemand anders rijdt en daar inspiratie uit putten. Je kunt hun techniek, hun kalmte, hun efficiëntie opmerken. Je kunt leren door naar hen te kijken.

Wat je niet kunt doen, is hun exacte route kopiëren wanneer jij op een andere plek vertrekt.

Rolmodellen werken wanneer je de principes overneemt en ze aanpast aan jouw context. Imitatie faalt wanneer je de exacte acties uit hún context probeert te kopiëren naar de jouwe.

Iemand heeft een succesvol bedrijf opgebouwd door tachtig uur per week te werken. Ze geven nooit op. Je kunt hun toewijding bewonderen zonder je eigen gezondheid te verwoesten door te proberen hun schema te evenaren, terwijl jij een andere energie hebt, andere gezinsbehoeften of in een andere levensfase zit.

Iemand heeft iets bereikt door agressief te netwerken en constant bezig te zijn. Je kunt hun aanpak respecteren zonder jezelf te dwingen tot een stijl die je uitput, terwijl diepgaand werk en zorgvuldig nadenken juist jouw kracht is.

Zoek naar inspiratie, niet naar imitatie. Neem mee wat bij je resoneert en laat de rest liggen.

Je hebt geleerd dat succesvolle mensen vroeg opstaan, dus dat zou jij ook moeten doen. Je hebt geleerd dat je constant moet 'hustelen', dus je voelt je schuldig als je rust. Je hebt geleerd dat er één juiste manier is om kinderen op te voeden, om geld te beheren, om carrière te maken.

Al dat advies kwam voort uit iemands context. Sommige dingen zijn misschien vertaalbaar naar de jouwe. De meeste niet, althans niet precies.

De valstrik is om contextspecifiek advies te behandelen als een universele wet.

Ja, inclusief dit boek

Alles in dit boek – elke metafoor, elke suggestie, elke observatie – komt voort uit mijn context. Mijn voertuig, mijn wegen, mijn passagiers.

Iets kan aansluiten bij jouw situatie. Iets anders is misschien helemaal niet van toepassing. Weer iets anders zal aanzienlijk moeten worden aangepast om te werken voor jouw traject.

Dit is geen advies. Het is een perspectief. Het is hoe de zaken eruitzien vanaf de plek waar ik rijd, met het besef dat jij ergens anders vandaan rijdt.

Als de rijmetafoor je helpt om anders over je reis na te denken – neem hem dan mee. Als het geforceerd voelt of niet overeenkomt met hoe jij je leven ziet – vergeet hem dan.

De valstrik zou zijn als ik tegen je zei: 'Dit werkte voor mij, dus jij moet het ook zo doen.' De werkelijke boodschap is: 'Dit is wat ik zie vanaf mijn stoel. Neem mee wat logisch is vanaf de jouwe.'

Wanneer je je eigen oprit voorstelt

Iemand vraagt op een Reddit-community waar je lid van bent vanwege de auto die je bezit: 'Ik heb net hetzelfde model gekocht waarin jullie allemaal rijden – hebben jullie tips voor de besturing?'

Je typt advies op basis van jouw ervaring: let op de krappe draaicirkel in parkeergarages. De dode hoek aan de passagierskant heeft extra aandacht nodig. Zet hem op de snelweg in de sportstand voor een betere respons.

Allemaal oprecht nuttig. Voor iemand die jouw routes rijdt.

Maar wat je niet ziet: zij wonen op een boerderij in niemandsland. Geen parkeergarages. Geen snelwegverkeer. Hun 'zorgen over de dode hoek' gaan over vee, niet over het wisselen van rijstrook. Je advies over de sportstand is nutteloos wanneer ze over onverharde wegen navigeren met 25 km/u.

Je had geen ongelijk. Je was contextueel.

Dit gebeurt voortdurend.

Carrièreadvies van iemand die het werkveld betrad toen er banen in overvloed waren en onderwijs betaalbaar was – toegepast op iemand die nu hetzelfde veld betreedt terwijl het landschap totaal anders is.

Relatieadvies van iemand die zijn partner op zijn 22e ontmoette – gegeven aan iemand die op zijn 42e een relatie opbouwt met een totaal andere levenservaring.

Opvoedadvies van iemand die kinderen grootbracht voordat smartphones bestonden – toegepast op iemand die door een digitale jeugd moet navigeren.

Financieel advies van iemand die zijn eerste huis kocht toen dat nog drie keer een jaarsalaris kostte – gegeven aan iemand in een tijd dat het tien keer een jaarsalaris kost.

Het advies was echt. De context was anders. Je tips voor het rijden in de stad helpen iemand op een boerderij niet.

Wat advies werkelijk betekent

Wanneer iemand zegt: 'Als dit voor mij werkte, zou jij het ook moeten doen', bedoelt diegene eigenlijk:

'Dit werkte in mijn voertuig, op mijn wegen, met mijn passagiers, gezien mijn beperkingen, met mijn persoonlijkheid, in mijn levensfase, onder mijn omstandigheden.'

Ze zeggen dat er alleen niet allemaal bij omdat ze het zelf niet zien. Hun context is als water voor een vis – het is overal, dus het is onzichtbaar.

Het is niet jouw taak om hun advies te verwerpen. Het is jouw taak om het te vertalen.

Vraag jezelf af:

Wat was hun startpunt?

Wat is mijn startpunt?

Onder welke beperkingen werkten zij?

Met welke beperkingen werk ik?

Wat werkte voor hen in hun context?

Hoe zou dat principe eruitzien in mijn context?

Soms is het antwoord: 'Dit is direct vertaalbaar – ik kan dit gebruiken.'

Soms is het: 'Dit is totaal niet van toepassing op mijn situatie.'

Meestal is het: 'Ik kan het principe overnemen en het aanpassen aan mijn route.'

De toestemming waarvan je niet wist dat je die nodig had

Je hebt de toestemming om de delen van een advies die resoneren mee te nemen en de delen die dat niet doen achter te laten.

Je hebt de toestemming om wat voor hen werkt aan te passen tot iets anders dat voor jou werkt.

Je hebt de toestemming om te zeggen: 'Wat fijn dat dit voor jou werkte, maar mijn context is anders.' Loyaliteit aan het advies van een ander helpt je niet als dat advies niet bij jouw context past.

Je hebt de toestemming om iemands advies aan te nemen – zelfs van een goede vriend – en het bij te schaven zodat het bij jouw situatie past. En als diegene het merkt en defensief wordt: 'Hé, je hebt mijn advies niet opgevolgd!', dan heb je de toestemming om te zeggen: 'Jawel, dat heb ik wel. Ik heb het aan mijn context aangepast. Het is helemaal jouw recept, alleen aangepast aan mijn keuken.'

Je hebt de toestemming om te stoppen met je schuldig voelen over het niet opvolgen van advies dat niet bij jouw situatie past.

Je hebt de toestemming om te stoppen met het vergelijken van jouw route met die van een ander wanneer jullie vanaf verschillende locaties zijn vertrokken.

De valstrik van advies is denken dat als iets voor hen werkte, het voor jou precies zo zou moeten werken als zij het deden.

De uitgang uit die valstrik is begrijpen dat elk advies contextueel is – en dat het jouw taak is om het door jouw realiteit te filteren, in plaats van je realiteit te dwingen te voldoen aan hun advies.

Neem mee wat vertaalbaar is. Pas aan wat in de buurt komt. Laat achter wat niet past. Het is nu tijd om te stoppen met het volgen van andermans navigatie.

Er is geen examen dat beoordeelt of je iemands advies wel correct hebt opgevolgd.

Er is alleen jouw context, jouw beperkingen en de vraag of je een route rijdt die daadwerkelijk logisch is voor jouw reis.

Hoofdstuk 12

ELKE AFSLAG BRACHT JE HIER

Van alle afslagen die je had kunnen nemen, nam je precies die ene die je hier heeft gebracht.

Ieder kruispunt. Elke beslissing over welke rijstrook je nam, welke afrit je koos, welke route je volgde. Je hebt er duizenden genomen. En elk daarvan bracht je naar deze exacte plek, waar je deze exacte zin leest, in deze exacte versie van je leven.

Je kunt niet op Ctrl-Z drukken, teruggaan en een andere route rijden. Die andere routes zijn er niet meer. Misschien bestaan ze in een parallel universum waar een andere versie van jou andere keuzes maakte. Maar dat is niet jouw universum. Dat is niet jouw reis.

Dit is hem wel.

Hier komt het omslagpunt: er valt niets te berouwen. Niet omdat je spijt moet 'loslaten' of jezelf moet 'vergeven' voor keuzes uit het verleden. Maar omdat het concept spijt simpelweg niet van toepassing zou moeten zijn op je leven.

Er waren geen verkeerde afslagen. Er waren alleen afslagen die jou naar het hier en nu hebben gebracht, levend en wel.

Dit is misschien wel de zwaarste les om af te leren tot nu toe. Dit is pittig. Spijt voelt zo gerechtvaardigd. Zo verdiend. Zo voor de hand liggend.

Je nam routes die je 'niet had moeten nemen'. Je maakte keuzes die tot pijn hebben geleid. Je verspilde tijd door in de 'verkeerde' richting te gaan. Hoe kan er dan niets zijn om spijt van te hebben?

Heel simpel: die routes waren niet verkeerd. Het waren de enige routes die ertoe hebben geleid dat je hier nu bent. En 'hier nu' betekent dat je beschikt over de maatstaven die je nu hebt. De volwassenheid. De wijsheid. De kilometers op je teller.

Dat is niet niets. Dat is alles.

De boom die je pad toont

Stel je een boom voor. Een enorme boom met duizenden takken die zich in alle richtingen verspreiden.

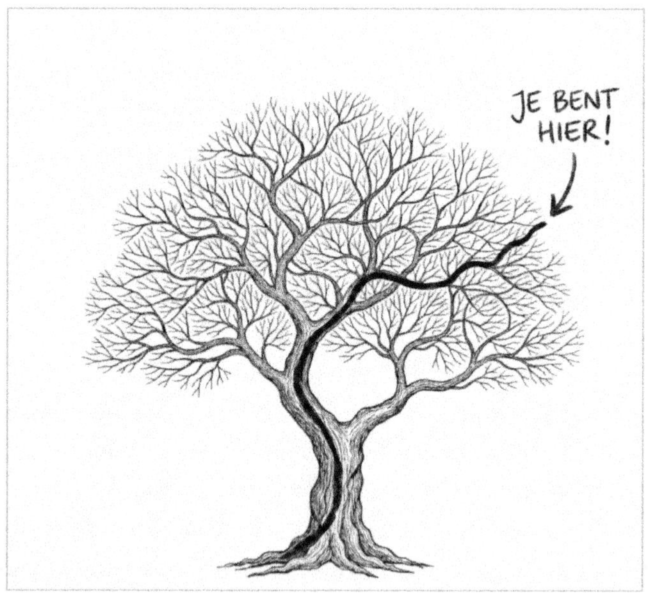

Onderaan zie je de stam – je afkomst, waar je begon.

Aan het uiteinde van één specifieke tak staat een zwart bordje met de tekst: 'Je bent hier!'

Er loopt een dikke lijn die één ononderbroken pad volgt van de stam naar waar je nu bent. Eén route door duizenden mogelijke takken. Eén pad dat je naar dit moment heeft gebracht.

Kijk eens naar al die andere takken. Duizenden zijn het er. Elke tak vertegenwoordigt een keuze die je niet hebt gemaakt. Een ander pad dat een andere versie van jou had kunnen nemen.

Deze takken zijn echt. Ze maken deel uit van de boom. Maar het is niet JOUW verzameling takken. Ze maken geen deel uit van jouw pad.

Jouw pad is de zwarte lijn. Eén ononderbroken route van stam naar top. Elke afslag, elk kruispunt, elke keuze – ze maken allemaal deel uit van die ene lijn.

Je kunt naar de andere takken kijken en denken 'wat als'. Je kunt je voorstellen wat er zou zijn gebeurd als je vijf jaar geleden, tien jaar geleden, twintig jaar geleden een andere route had genomen.

Maar je kunt niet op een andere tak zitten en nog steeds jezelf zijn.

Want jij bént de zwarte lijn. Jij bent de som van elke keuze die dit specifieke pad door de boom heeft gevormd.

Als je op enig moment anders had gekozen, zou je jezelf niet meer zijn. Je zou een andere versie zijn. Wonen op een andere tak. Met een ander pad. Een ander leven.

Niet een beter leven. Niet een slechter leven. Gewoon anders. Onkenbaar.

De enige versie die bestaat

In de kwantumfysica bestaat het concept dat elke keuze een vertakkend universum creëert. Jij koos links, en ergens bestaat een parallel universum waarin je rechts koos. Beide versies van jou bestaan en leiden een ander leven.

Dat is een fascinerend gedachte-experiment in de natuurkunde.

Voor je werkelijke leven (deze versie, degene die dit boek leest) is het volkomen irrelevant.

Want je leeft niet in meerdere universums. Je leeft in dit universum. Op deze tak. Terwijl je deze zwarte lijn volgt.

Die andere versie van jou, die linksaf sloeg in plaats van rechts? Die die baan aannam in plaats van die af te wijzen? Die bleef in plaats van weg te gaan?

Die bestaat niet in jouw realiteit. Die bestaat in theorie. In de verbeelding. In de 'wat als'-scenario's die je om twee uur 's nachts afspeelt als je de slaap niet kunt vatten.

Jij bestaat hier. Nu. Op deze tak.

En deze tak is de enige die ertoe doet, want het is de enige die echt is voor jou.

Dezelfde route, nooit dezelfde rit

Denk aan een autorit die je al vaak hebt gemaakt. Zelfde vertrekpunt. Zelfde bestemming. Zelfde snelweg.

Het is nooit identiek.

Deze keer besluit je te stoppen voor een sanitaire stop bij kilometerpaal 150. De vorige keer stopte je bij kilometerpaal 175.

Je haalt een langzame vrachtwagen in en komt ervoor te zitten. Je gezin wil iets te snoepen, dus je stopt bij een wegrestaurant.

Terwijl je binnen drankjes staat te kopen, kijk je uit het raam en zie je diezelfde vrachtwagen die je net inhaalde over de snelweg voorbijrollen.

'O nee, niet weer,' denk je. Nu moet je hem straks weer inhalen. Maar misschien kom je hem helemaal niet meer tegen.

Misschien neemt hij een kilometer verderop een afrit die jij niet hoeft te hebben. Misschien stopt hij bij het volgende benzinestation en jij niet. Misschien haal je hem nog een keer in, misschien ook niet.

Dezelfde route. Andere variabelen. Andere timing. Andere uitkomst.

Je kunt een reis niet exact herhalen, zelfs niet als je het probeert. Er zijn te veel variabelen. Te veel andere bestuurders die hun eigen keuzes maken. Te veel kleine verschillen in timing die uitmonden in volkomen unieke ervaringen.

Dus wanneer je je voorstelt dat je teruggaat om een keuze van vijf jaar geleden 'over te doen' – die andere baan nemen, in die relatie blijven, naar die andere stad verhuizen – dan stel je je niet alleen een andere keuze voor. Je stelt je een onmogelijk scenario voor waarin alles hetzelfde blijft, behalve die ene beslissing.

Maar zo werkt het niet. Verander één keuze, en alles verandert. Elk volgend kruispunt. Elke persoon die je ontmoet. Elke kans die verschijnt of verdwijnt. Elke versie van wie je wordt.

Je kunt je pad niet overdoen en een betere uitkomst krijgen.

Het pad waarop je je bevindt, is het enige dat echt is. En het is het enige pad dat je hier heeft gebracht.

Je hebt vast wel eens die *clichématige* vraag gehoord: 'Als je een tijdmachine had en je kon 25 jaar terug in de tijd gaan om slechts één ding tegen je jongere zelf te zeggen, wat zou dat dan zijn?'

Mensen vinden het heerlijk om dit te beantwoorden. 'De loterijgetallen.' 'Bitcoin.' 'Ga niet met die persoon uit.' 'Neem die baan.' 'Voorkom die fout.'

Dat is spijt.

Mijn boodschap aan mijn jongere ik zou zijn: 'Beschrijf eens hoe je jezelf over 25 jaar ziet.'

Dat is alles. Natuurlijk zal ik in stilte lachen en genieten van zijn (mijn) antwoord, want de jongere Eric heeft geen flauw benul van wat er allemaal op hem afkomt.

Ik zou hem nergens voor waarschuwen, want als hij ergens een andere afslag neemt, is deze versie van mij verdwenen. Ik verdwijn uit mijn familiefoto's. Ik ben uiteindelijk niet met Silvana getrouwd. Mijn zoon bestaat niet. De persoon die dit boek schrijft, heeft nooit bestaan. Waarom zou ik dat willen?

Je keuzes definiëren je leven

Als de combinaties in ons DNA ons fysieke wezen bepalen, dan bepalen de combinaties van onze keuzes ons leven.

Je bent niet alleen de persoon met deze specifieke genetische code. Je bent de persoon die deze specifieke keuzes heeft gemaakt, in deze specifieke volgorde, onder deze specifieke omstandigheden.

Die keuzes hebben je pad gevormd. Keuze voor keuze. Afslag na afslag. Kruispunt na kruispunt.

En dat pad heeft ertoe geleid dat je hier bent, met het inzicht dat je nu hebt.

Er zit een zin in een tv-serie – *Prime Target* op Apple TV+ – die hier precies past, waarin een personage zegt: 'We hebben allemaal keuzes.

Wat ik heb geleerd, is dat het de keuzes zijn die we maken die ons definiëren.'

Niet de keuzes die we wilden dat we hadden gemaakt. Niet de keuzes waarvan anderen vinden dat we ze hadden moeten maken. Niet de theoretische keuzes die tot andere resultaten hadden geleid.

De keuzes die we daadwerkelijk hebben gemaakt.

Je bent niet de persoon die andere keuzes had gemaakt. Je bent de persoon die déze keuzes heeft gemaakt.

Dat is je leven.

Er bestaan geen verkeerde keuzes

Hier gaat het echt diep.

Je denkt dat sommige van je keuzes verkeerd waren. Je hebt er spijt van. Je zou willen dat je terug kon gaan om iets anders te kiezen.

Maar wat 'verkeerd' impliceert, is dat er een juiste keuze was die je in plaats daarvan had moeten maken.

Er is geen examen dat je keuzes beoordeelt. Er is geen universele standaard voor 'juiste' beslissingen. Er is geen scorekaart die bijhoudt of je correct hebt gekozen.

Denk aan die baan die je haatte. De baan waarvan je spijt hebt dat je hem hebt aangenomen. De baan die voelde als twee jaar tijdsverspilling.

Was het de verkeerde keuze?

Wat als die baan je veerkrachtig heeft gemaakt? Wat als het je heeft geleerd om moeilijkheden te verdragen? Wat als het duidelijk heeft gemaakt wat je absoluut niet wilt in het leven? Wat als het je in dezelfde kamer bracht als iemand die later cruciaal werd voor je pad? Wat als het je vaardigheden gaf waarvan je niet wist dat je ze nodig had?

Wat als — en dit is het essentiële deel — wat als het afwijzen van die baan zou hebben geleid tot een zijtak waar je hier nu niet zou zijn?

Je weet niet wat er op die andere zijtak gebeurd zou zijn. Dat kun je niet weten. Die zijtak bestaat niet voor jou.

Wat je wel weet is dit: de keuze die je maakte, leidde ertoe dat je hier bent. Nog steeds onderweg op jouw reis.

Dat is geen verkeerde keuze. Dat is de enige keuze die tot deze uitkomst heeft geleid.

De 'Wat als'-valstrik

'Wat als ik in die relatie was gebleven?' 'Wat als ik dat baanaanbod had aangenomen?' 'Wat als ik naar die andere stad was verhuisd?' 'Wat als ik dat bedrijf was begonnen?' 'Wat als ik naar die andere school was gegaan?'

Wat als. Wat als. Wat als.

Wanneer je het 'wat als'-spelletje speelt, stel je je een scenario voor waarin je een andere keuze maakte en alles beter uitpakte.

Maar zo werken takken niet.

Als je in die relatie was gebleven, krijg je niet alleen de mooie kanten van het blijven. Je krijgt een compleet ander pad. Andere conflicten. Andere groei. Andere uitdagingen. Een andere versie van jezelf.

Misschien is die versie succesvol. Misschien is die versie doodongelukkig. Misschien leeft die versie niet eens meer.

Je weet het niet. Je kunt het niet weten.

Wat je wel weet, is dat de keuze die je maakte – om weg te gaan – ertoe heeft geleid dat je hier bent. En 'hier' betekent dat je nog steeds op jouw tak zit, nog steeds aan het rijden bent, en nog steeds keuzes maakt met alles wat je tot nu toe hebt geleerd.

De 'wat als'-valstrik laat je geloven dat je de andere vertakkingen helder kunt zien. Dat je weet wat er gebeurd zou zijn als je een andere keuze had gemaakt.

Dat kun je niet. Die vertakkingen zijn in mist gehuld. Ze zijn verbeelding. Het zijn verhalen die je jezelf om twee uur 's nachts vertelt over paden die je niet hebt bewandeld.

Jouw tak is de enige die echt is. En het is de enige die je hier heeft gebracht.

Om het hard te zeggen: Je leeft nog

Laten we alle filosofie opzijschuiven en tot de kern van de waarheid komen.

Elke keuze die je hebt gemaakt, heeft ertoe geleid dat je nu nog leeft.

Elke 'verkeerde afslag'. Elke 'fout'. Elke beslissing waar je spijt van hebt. Elk pad dat voelde alsof het nergens toe leidde.

Ze hebben er allemaal toe geleid dat je hier bent. Ademend. Terwijl je dit leest. Nog steeds vooruitgaand.

Je weet niet wat er op de andere vertakkingen gebeurd zou zijn. Misschien hadden ze tot betere resultaten geleid. Misschien tot slechtere. Misschien hadden ze er wel toe geleid dat je er helemaal niet meer was geweest.

Dat betekent dat elke keuze die je hebt gemaakt, de juiste keuze was voor deze versie van jou. Niet omdat het tot de best mogelijke uitkomst leidde, maar omdat het tot déze uitkomst leidde: jij, hier, nog steeds achter het stuur.

Er is geen examen dat beoordeelt of je pad optimaal was. Er is alleen jouw pad, en dat heeft je hier gebracht.

De perfecte ouders voor jouw route

'Ik heb de beste moeder van de wereld. – Ik heb de beste vader van de wereld.'

Dat zeggen we allemaal. Niet omdat we objectief alle ouders hebben gemeten en de onze het hoogst scoorden. Maar omdat onze ouders ons referentiepunt zijn voor het concept 'ouder'. Zij zijn ons nulpunt op die lijn.

Ze zijn objectief gezien niet noodzakelijkerwijs de besten. Ze zijn de besten voor jouw route. Omdat zij de enige ouders zijn die JOUW specifieke boom hebben geplant en water hebben gegeven.

Denk er eens over na: je ouders waren de eerste grote splitsing in je takken. De stam. Het fundament van elke keuze die daarna kwam.

Met andere ouders was je een ander persoon geweest. Niet beter. Niet slechter. Gewoon anders. Compleet anders.

Andere ouders zouden je andere lessen hebben geleerd – of je helemaal niets hebben geleerd. Ze zouden andere middelen, andere steun en andere uitdagingen hebben geboden. Ze zouden andere omstandigheden hebben gecreëerd die tot andere keuzes zouden hebben geleid, die weer tot andere vertakkingen zouden hebben geleid.

En geen van die takken zou de jouwe zijn.

Je ouders – deze specifieke mensen, met hun specifieke sterke punten en gebreken, hun aanwezigheid of afwezigheid – hebben JOUW specifieke route gevormd. Zelfs de tegenslagen. Zelfs de afwezigheid. Zelfs de momenten waarop ze er niet waren toen je ze het hardst nodig had.

Dat waren geen afwijkingen van de 'juiste' opvoeding. Dat waren precies de ingrediënten die jou hebben gevormd.

Ze hebben je leren rijden. Misschien hebben ze het je slecht geleerd. Misschien perfect. Misschien lieten ze het je helemaal zelf uitzoeken. Het maakt niet uit. Hun lessen – of het gebrek daaraan – hebben JOUW rijstijl gecreëerd. Jouw benadering van de weg.

Je kunt niet wensen dat je andere rijlessen had gehad zonder een totaal andere bestuurder te worden.

Zelfs ouders die schade berokkenden, die afwezig waren, die verschrikkelijke keuzes maakten – ook zij hebben de tak gevormd waar jij je nu op bevindt. Je kunt de pijn die ze hebben veroorzaakt erkennen. Je kunt inzien op welke punten ze hebben gefaald. Je kunt ervoor kiezen hun patronen niet te herhalen.

Maar je kunt geen spijt hebben van het feit dat zij je ouders waren, zonder spijt te hebben van je hele boom. Want andere ouders = een andere jij. Niet de versie van jou die dit nu leest. Een andere versie op een afzonderlijke tak die in jouw realiteit niet bestaat.

Je ouders waren perfect voor jou. Niet omdat ze feilloos waren. Niet omdat ze geen fouten maakten. Niet omdat je verplicht bent hen te danken of te vergeven of een relatie met hen te onderhouden als ze schadelijk waren.

Maar omdat ze de versie van jou hebben gecreëerd die nu bestaat. Deze versie. De versie op deze tak, met dit pad, met deze specifieke 100% van het leven.

Zeg het hardop: 'Ik had de beste moeder van de wereld. – Ik had de beste vader van de wereld.'

Omdat ze de jouwe waren. Op jouw route. De enige ouders die de jij hadden kunnen maken die hier nu is.

Iedereen heeft 'de beste ouders ter wereld' op zijn eigen route. Omdat de ouders van iedereen de specifieke tak hebben gecreëerd waar die specifieke persoon zich op bevindt.

Dat is geen verplichte dankbaarheid. Dat is gewoon de realiteit.

Je ouders waren de eerste afslag op je route. Je kunt niet wensen dat je andere eerste afslagen had gehad zonder te wensen dat je op een compleet andere route zat – wat van jou iemand anders zou maken.

En je bent hier. Deze versie. Op deze tak. Dat is de enige versie die in jouw realiteit bestaat.

Wat 'een verkeerde afslag' echt betekent

Wanneer je zegt dat een keuze een 'verkeerde afslag' was, zeg je eigenlijk: 'Ik vond het niet leuk waar die keuze me bracht.'

Oké. Eerlijk is eerlijk. Sommige paden zijn zwaar. Sommige keuzes leiden tot pijn. Sommige routes voeren je door gebieden die je nooit had willen zien.

Maar door het 'verkeerd' te noemen, suggereer je dat er een juiste keuze was die je in plaats daarvan had moeten maken. En dat die juiste keuze tot een beter resultaat zou hebben geleid.

En wat je over het hoofd ziet: je weet niet of dat waar is.

Je vergelijkt het daadwerkelijke pad dat je hebt genomen met een denkbeeldig pad waarvan je denkt dat het beter zou zijn geweest. Maar dat denkbeeldige pad is precies dat – denkbeeldig.

Het daadwerkelijke pad? Dat heeft je iets geleerd. Het heeft je veerkrachtig gemaakt. Het heeft je laten zien waartoe je in staat bent. Het heeft je waarden onthuld. Het heeft je kracht opgebouwd.

En het heeft je hier gebracht.

Dat is geen verkeerde afslag. Dat is onderdeel van je route.

Je hebt geen verkeerde keuzes gemaakt. Je hebt de enige keuzes gemaakt waartoe de omstandigheden van dat moment je dwongen, bewust of onbewust.

Vergeving verandert het verleden niet, maar wel de toekomst

Je hebt deze uitspraak waarschijnlijk wel eens gehoord in de context van zelfvergeving.

Dat is niet waar het hier om gaat.

Wat je toekomst verandert, is het vergeven van andere mensen. De bestuurder die je de weg afsneed. De vriend die je bedroog. De persoon die je pijn deed.

Vasthouden aan die woede verandert niets aan wat er is gebeurd. Maar het verpest je toekomstige rit. Het maakt je bitter. Het zorgt ervoor dat je met woede rijdt in plaats van met rust.

Je zult het niet vergeten. Je zult wel twee keer nadenken als hetzelfde scenario zich herhaalt. Maar je vergeeft om verder te kunnen.

Soms vergeef je hen niet omdat zij het verdienen, maar omdat jij het verdient om hun gewicht niet langer mee te torsen. Dat is wat de toekomst verandert.

Trouwens, ik zeg niet dat je alleen maar moet vergeven en nooit je excuses aan hoeft te bieden omdat de ander het maar moet vergeten. Wanneer je iemand kwetst, moet je om vergeving vragen – zelfs als het niet je bedoeling was. En verschuil je niet achter het nietszeggende 'Het spijt me dat mijn acties je pijn hebben gedaan.' Neem verantwoordelijkheid: 'Het spijt me dat ik je pijn heb gedaan, ook al had ik dat op dat moment niet door.'

Wat je aan het afleren bent

Je bent niet aan het afleren hoe je spijt met je meedraagt.

Je bent het geloof aan het afleren dat spijt van toepassing is op jouw leven.

Je hebt geleerd dat sommige keuzes fouten zijn. Dat je je slecht moet voelen over verkeerde afslagen. Dat spijt hebben van beslissingen uit het verleden natuurlijk en gerechtvaardigd is.

Maar kijk eens naar je pad. Kijk naar de zwarte lijn van de stam naar de top.

Elke keuze op die lijn heeft je hier gebracht. Elke bocht was nodig om deze specifieke versie van jou te creëren.

Datgene waar je spijt van hebt – dat je iets niet goed hebt uitgelegd toen iemand je een vraag stelde? Dat heeft je veranderd in de leraar die je nu bent, die alles tot in detail uitlegt. Die relatie die slecht eindigde? Die heeft je geleerd wat je werkelijk nodig hebt in een partner. Die baan die je haatte? Die heeft je duidelijk gemaakt wat je absolute voorwaarden zijn. Die vriendschap die je verloor? Die heeft je het verschil laten zien tussen gemak en echte verbinding.

Dat alles heeft je leven en je doel vormgegeven. Dat zijn geen fouten om spijt van te hebben. Het zijn de bouwstenen van wie je nu bent.

Neem dat niet van jezelf af.

Er bestaan geen fouten op je pad. Want elke keuze was de enige weg vooruit.

Je kunt geen spijt hebben van een keuze die het enige pad was naar het feit dat je nu nog leeft.

Dat is geen rechtvaardiging. Dat is gewoon de realiteit.

De gereden kilometers

Je kilometerteller registreert elke kilometer die je hebt afgelegd. Hij bestempelt sommige kilometers niet als 'goed' en andere als 'verspild'. Hij oordeelt niet over welke routes optimaal waren.

Hij telt gewoon. Vooruit. Altijd vooruit.

Zelfs toen je achteruit reed, telde hij die kilometers. Zelfs toen je omwegen nam, telde hij die kilometers. Zelfs toen je verdwaald was, telde hij die kilometers.

Ze tellen allemaal mee. Ze maken allemaal deel uit van je reis.

Je kunt naar je kilometerteller kijken en zeggen: 'Ik wilde dat ik die kilometers niet had gereden.' Maar die kilometers zijn er nog steeds. Ze zijn echt afgelegd. Je kunt niet terug in de tijd om ze te wissen. Ze maken nog steeds deel uit van de totale afstand die je hebt afgelegd.

En ze hebben je hier gebracht.

Je wordt niet gedefinieerd door het feit dat je de 'juiste' route hebt gereden. Je wordt gedefinieerd door het feit dat je déze route hebt gereden. Jouw route. De enige route die voor jou echt is.

De enige tak die telt

Wanneer je deze rustplaats verlaat, wis je je verleden niet uit. Je beweert niet dat je het niet anders zou doen als je het over mocht doen.

Je erkent simpelweg de realiteit: je kunt het niet overdoen. Die andere takken bestaan niet voor jou. En de tak waar je op zit — deze, de echte — is de enige die je hier heeft gebracht.

Elke keuze die je hebt gemaakt, was de enige weg vooruit die naar dit moment leidde.

Niet omdat je voor de hand liggende keuzes maakte. Maar omdat je de keuzes maakte die je kon maken, op de momenten dat je ze moest maken, met de informatie, emoties en beperkingen die je op dat moment had.

En die keuzes hebben je pad gevormd. Eén ononderbroken lijn van waar je begon tot waar je nu bent.

Je bestaat op deze tak. Niet omdat het de beste tak was. Maar omdat het de enige echte tak is die jou DEFINIEERT.

Er is geen examen dat beoordeelt of je een 'juist' pad hebt gekozen.

Er is alleen jouw pad, jouw keuzes, en het feit dat ze je hier hebben gebracht.

Je bent hier. Op jouw tak. Je leeft!

Dat is geen troostprijs. Dat is een besef. Dat is alles.

En als je er klaar voor bent, rijd dan verder — niet lichter omdat je de spijt hebt laten vallen, maar helderder omdat je eindelijk begrijpt dat het nooit aan jou was om die last te dragen.

TWEEDE PITSTOP

Dat was pittig terrein. Vier rustplaatsen achter elkaar – vier hoofdstukken van actief afleren.

Concurrentie. Advies. Verdeeldheid. Spijt. Je bent zojuist door een van de dichtste mentale gebieden van deze reis gereden. In deel vier werd je gevraagd om overtuigingen uit te pakken die je al kilometers lang meesleept – overtuigingen over de noodzaak om te winnen, de noodzaak om de route van iemand anders te volgen, de noodzaak om jezelf af te scheiden van andere reizigers, de noodzaak om spijt te hebben van de afslagen die je hebt genomen.

Dat is nogal wat.

Laten we dus nu een pitstop maken voor een korte adempauze.

Rustplaatsen hebben niet voor niets vuilnisbakken. Je hebt onderzocht wat je bij je draagt. Je hebt besloten wat nog voor je werkt en wat niet. En nu mag je weggooien wat je niet meer nodig hebt.

De concurrentie? Gooi die weg.

De overtuiging dat advies perfect bij je moet passen zonder vertaling? Gooi die weg.

De gewoonte om mensen in hokjes te verdelen, nog voordat je ze echt ziet? Gooi die weg.

De spijt over afslagen die de enige weg vooruit waren om hier te komen? Gooi die weg.

Je hoeft dat gewicht niet mee te dragen naar het volgende deel van je reis.

Neem even de tijd. Rek je uit. Laat bezinken waar je zojuist doorheen bent gegaan.

Deel vier ging over afleren – het actief loslaten van conditionering die vanaf het begin al nooit van jou was. Het vereiste dat je de auto aan de kant zette, de kofferbak opende en besloot wat je wilde houden en wat je achterliet.

Je hebt dat werk gedaan. Dat is belangrijk.

Klaar om weer de weg op te gaan?

Deel vijf is anders. Je begeeft je weer in het verkeer – in de spits, om precies te zijn. Alle andere voertuigen om je heen, al die andere reizigers op de snelweg.

Maar nu? Nu kun je ze echt zien.

Niet als obstakels. Niet als concurrentie. Niet als categorieën om ze in te delen.

Als mensen. Als medereizigers. Stuk voor stuk het middelpunt van hun eigen reis, net zoals jij het middelpunt van die van jou bent.

Deel vier heeft je last verlicht. Deel vijf laat je zien wat er gebeurt als je rijdt zonder dat gewicht.

Laten we gaan.

Deel Vijf

SPITSUUR

Terug in het verkeer zie je iedereen nu met andere ogen.

Hoofdstuk 13

BESTUURDERS, GEEN OBSTAKELS

Heb je tot nu toe weleens echt gekeken naar de bestuurder in de auto voor je?

Niet zomaar een vluchtige blik. Maar echt gekeken.

Opgevallen dat ze waarschijnlijk naar muziek luisteren die jij niet kunt horen? Misschien zingen ze mee. Misschien zijn ze te laat voor iets belangrijks. Misschien hebben ze net goed nieuws gekregen. Of verschrikkelijk nieuws. Misschien denken ze aan een ruzie die ze vanochtend hadden, of plannen ze wat ze moeten zeggen tijdens een vergadering vanmiddag, of vragen ze zich af of ze het fornuis wel hebben uitgezet.

Er speelt zich een heel leven af in die auto. Een compleet bestaan met zorgen en dromen en mensen die op hen wachten en problemen die opgelost moeten worden en herinneringen die hen doen glimlachen en wonden die nog steeds pijn doen.

Maar daar zie jij niets van.

Wat jij ziet is: de auto voor je. Gaat te langzaam. Obstakel.

Welkom bij Deel vijf: Het spitsuur

Je bent weggereden bij die parkeerplaatsen. Je hebt het zware werk van het afleren achter de rug – competitie, de valstrik van adviezen, spijt, verdeeldheid. Je hebt onderzocht wat je bij je droeg en besloten wat je wilde houden en wat je weg wilde gooien.

Nu ben je terug op de snelweg. Terug in het verkeer. Het spitsuur.

Maar er is nu iets anders. Want na al dat innerlijke werk kun je eindelijk iets zien wat je voorheen niet kon zien. We moeten anders gaan denken.

De andere bestuurders zijn geen obstakels. Ze zijn geen decorstukken. Ze zijn geen verkeersstatistieken.

Het zijn mensen.

Volwaardige mensen. Met complete levens die net zo echt en complex en belangrijk voor hen zijn als het jouwe voor jou is.

Dit is de verschuiving van het zien van personages rond jouw verhaal naar het zien van medepersonages in hun eigen verhalen, zij aan zij met dat van jou.

De NPC-werkelijkheid

Als je ooit een videogame hebt gespeeld of bekeken, dan heb je ze gezien. De personages die de wereld rond de hoofdpersoon bevolken.

De sheriff die voor het politiebureau staat. Je loopt naar hem toe, drukt op X, en hij zegt zijn tekst op. De tovenaar in de tent die je dat vreemde drankje verkoopt dat je drie levels later pas nodig hebt. De voetgangers op straat die nergens heen gaan – ze zijn er alleen maar om de stad levendig te laten lijken. Achtergrondbeweging. Decor.

In videogame-termen worden dit NPC's genoemd – Non-Playable Characters. Je kunt ze niet besturen. Je kunt hen niet zijn. Ze bestaan om jouw missie te ondersteunen of de ruimte om je heen op te vullen terwijl je door de gamewereld beweegt.

Zo nemen we van nature de meeste mensen waar die we gedurende de dag tegenkomen.

De persoon in de rij bij de supermarkt. De bestuurder drie auto's voor je. De caissière die je boodschappen scant. De vreemde die je in het winkelcentrum voorbijloopt.

Het is bijna onmogelijk om voortdurend het besef vast te houden dat elk individu dat je passeert een volledig leven heeft. Mensen worden over het hoofd gezien vanwege allerlei vooringenomen redenen – niet dat we door en door egoïstisch zijn (hoewel sommigen van ons dat soms wel zijn). Het punt is dat zij het middelpunt van hun eigen leven zijn, net zoals jij dat in het jouwe bent. Dat zij ook nadenken over het kopen van cadeautjes voor hun zonen, sparen voor een vakantie, zich zorgen maken of ze de deur wel op slot hebben gedaan, en gewoon wachten tot ze na hun dienst naar huis kunnen om voor hun ouders te zorgen.

De barista die je koffie zet is niet louter iemand die koffie zet. De bestuurder die te langzaam rijdt is niet alleen maar een obstakel tussen jou en je bestemming. De klantenservicemedewerker aan de telefoon is niet slechts een stem die je probleem oplost of eromheen draait.

Maar zo voelen ze wel. Als NPC's in jouw spel.

En we zien ze niet alleen op die manier. We behandelen ze ook zo.

Wanneer iedereen in een tent wacht

Denk eens aan de laatste keer dat je een afspraak maakte voor een dienst. De kapper. De garage. De huisarts. De tandarts.

Je plant het in. Je krijgt de bevestiging. En dan gebeurt er van alles – het verkeer is drukker dan verwacht, een vergadering loopt uit, je kunt geen parkeerplek vinden. Je bent een kwartier te laat.

Je voelt je er een beetje gestrest over. Misschien verontschuldig je je een beetje wanneer je eindelijk binnenstapt.

Maar diep vanbinnen? Maak je je niet zo druk. En soms niet eens om hen, maar meer om jezelf, omdat je niet te boek wilt staan als iemand die onbeleefd is. Want ergens in je achterhoofd dacht je dat ze toch wel op je wachtten.

Net als de tovenaar in de tent waar we het over hadden. Je dwaalt twintig minuten door het bos, vindt de verborgen open plek en gaat de mysterieuze tent binnen, en daar is hij. Hij zit daar. Te wachten. Met precies dezelfde begroeting, elke keer dat je langskomt.

'Ah, ik had je al verwacht.'

Natuurlijk had hij dat. Hij is een NPC. Hij bestaat in die tent, wachtend tot jij hem nodig hebt. Hij heeft geen andere klanten. Hij heeft geen leven dat doorgaat als jij er niet bent. Wanneer je de tent verlaat en het scherm zwart wordt, is hij gewoon... daar bevroren. Wachtend op je volgende bezoek.

Zo denken we onbewust over dienstverleners zonder het door te hebben.

Natuurlijk denkt de kapper niet aan de volgende klant of probeert hij niet op schema te blijven. Hij is er gewoon... Hij wacht op jou. De monteur heeft vandaag geen drie andere auto's om aan te werken. Het personeel van de dokterspraktijk heeft geen overvolle wachtkamer en mensen die achterlopen en verzekeringsmaatschappijen die gebeld moeten worden.

Ze zitten in hun tent. Te wachten.

Alleen is dat niet zo. Ze hebben vandaag nog vier andere afspraken. Ze hebben een lunchpauze die ze proberen te bewaken. Ze hebben een dochter die ze om 15.00 uur van school moeten halen. Ze hebben hun eigen stress omdat ze uitlopen, omdat de vorige klant ook te laat kwam.

Maar dat zie jij niet. Dat kun je niet zien. Want in jouw verhaal zijn zij de NPC's die verschenen toen jij hen nodig had.

De volgende keer dat je naar je werk of de supermarkt rijdt, kies dan een kort ritje van 10 à 15 minuten. Denk in die periode niet aan het leven van anderen – tel gewoon hoeveel mensen je in totaal ziet. Mensen voor je, om je heen bij het stoplicht. Vergeet hun levens en tel alleen het aantal mensen dat je ziet. Sta op je bestemming eens stil bij dat aantal. Waren het er 5? 10? 20? 50? En dat was maar een ritje van 10 minuten. Ja, 50 hoofdrolspelers met hun eigen beslommeringen, geen NPC's. Vijf per minuut.

De mensen die nooit ouder worden

Is het je weleens opgevallen dat sommige mensen in je hoofd op een bepaalde leeftijd bevroren lijken?

De persoon die de avondwinkel bij jou in de buurt runt. Hoe oud is die? Je komt er al jaren, maar als iemand je zou vragen of die persoon 35 of 55 is, zou je het oprecht niet weten. Het zijn gewoon... avondwinkelmensen.

De advocaat die je één keer per jaar ziet. De tuinman die om de week komt. De persoon bij de stomerij. Ze bestaan op de leeftijd die ze hadden toen je ze voor het eerst ontmoette, en ze blijven die leeftijd in jouw waarneming, ook al verstrijken de jaren.

Dat is het NPC-denken. Ze worden niet ouder omdat het geen echte personages zijn met een doorlopend verhaal. Het zijn functies. Rollen. De persoon die het ding doet dat jij gedaan moet hebben.

Je staat er niet bij stil dat ze jarig zijn. Ouder worden. Last krijgen van hun rug waardoor ze nu geen zware dingen meer kunnen tillen. Ze zijn statisch. Onderdeel van het decor.

Het is niet jouw schuld. Het is natuurlijk. Dit patroon zie je overal. Leraren zouden om hun leerlingen moeten geven, niet ze alleen maar 'afhandelen'. Managers zouden voor hun teams moeten zorgen, niet ze alleen maar aansturen. CEO's zouden om hun mensen moeten geven, niet ze alleen maar leiden.

Maar als je mensen als NPC's ziet, geef je niet om hen. Je handelt ze af. Stuurt ze aan. Gebruikt ze voor de functie die ze in jouw verhaal vervullen. Sommige mensen doen dit met opzet (ja, dat is triest), maar de meesten van ons doen het onbewust.

De socialmediafeed van NPC's

Iemand plaatst een bericht over het overlijden van diens vader. Binnen enkele minuten reageert er iemand: 'Ja, ik herinner me MIJN vader nog. Hij was zo speciaal voor mij.'

Iemand deelt het nieuws van een verloving. De reacties stromen vol met: 'Dit maakt MIJ zo gelukkig! Ik ben zo blij voor jullie...'

Hun moment. Hun aankondiging. Hun pijn. Hun vreugde.

En binnen enkele seconden heeft iemand het over zichzelf laten gaan.

Het is het kapen van reacties. Het verhaal van een ander nemen en het gebruiken als een podium om je eigen narratief op te voeren.

Iemand krijgt promotie op het werk. In plaats van het te vieren, reageert iemand anders onmiddellijk: 'Dat zal wel fijn zijn. Ik werk hier al langer en ik heb nooit promotie gekregen.'

De prestatie van de gepromoveerde collega werd de klaagzang van de medewerker.

Iemand deelt iets waar die trots op is, een maaltijd die diegene heeft gekookt, een project dat is afgerond, een mijlpaal die is bereikt. Iemand moet zonodig reageren: 'Dat heb ik jaren geleden ook gedaan. Het was heerlijk!'

Het moment van de één werd de vergelijkingsmaatstaf voor de ander.

De persoon die het bericht plaatste, vroeg niet om parallelle verhalen. Die was niet op zoek naar de ervaring van een ander. Die deelde HET EIGEN moment.

Maar voor de reageerder is dat bericht slechts 'content'. Gewoon weer een NPC-dialoogvenster dat in hun feed verscheen. En dialoogvensters zijn er om jou iets te geven om op te reageren, toch? Om je een missie te geven, om je eigen verhaal te triggeren.

Omdat in een feed vol NPC's hun verhalen er als verhalen niet toe doen. Ze doen ertoe als content. Als kansen. Als een podium voor jouw optreden.

Wanneer iedereen een personage in jouw spel is, bestaan hun momenten om jouw verhaal te dienen. Hun worstelingen bestaan om te laten zien hoe jij nog harder hebt geworsteld. Hun vreugde bestaat om iedereen te herinneren aan jouw vreugde.

De feed versterkt het NPC-denken meer dan welke andere ruimte dan ook. Want je kijkt niet naar mensen. Je scrollt door content. En content is er voor jou om te consumeren, op te reageren en op jezelf te betrekken. Uiteindelijk is het jouw feed, toch?

Het zijn geen mensen die hun leven delen. Het zijn personages die een dialoog afleveren waar jij op kunt reageren zoals je wilt.

Totdat iets je eraan herinnert dat ze dat niet zijn.

De Uber-chauffeur in Mexico-Stad

Ik was in Mexico-Stad op een vrijdagavond. Payroll Friday. Als je Mexico-Stad kent, weet je wat dat betekent. De hele stad verandert in een parkeerplaats. Iedereen heeft geld, iedereen gaat ergens heen, en elke straat staat muurvast.

Ik moest naar het vliegveld. Ik ging naar huis na een werkreis, en de tijd was krap. De Uber-app toonde de route – de kortste in minuten, maar in het verkeer van Mexico-Stad geldt: als je één afslag mist, kan de hele rit 20-30 minuten langer duren omdat je niet zomaar even om kunt draaien. Je zit vast in de chaos.

Ten eerste was de chauffeur te laat om me op te halen.

Vervolgens miste hij tijdens de rit een belangrijke afslag.

Ik zag de ETA verspringen van 45 minuten naar 60 minuten. Ik was aankomsttijden, gate-tijden en rijen bij de beveiliging aan het berekenen. In mijn onderbewustzijn voerde de chauffeur zijn functie niet naar behoren uit. Hij was een dienstverlener die geacht werd mij efficiënt ergens heen te brengen, en dat deed hij niet.

Toen ging zijn telefoon.

Ik hoorde de stem van zijn vrouw door de luidspreker. Hij antwoordde: 'Sorry, lieverd. Ik sta vast in het verkeer met een klant. Ik ben er zodra ik kan.'

Haar reactie: 'Voorzichtig aan, schat. God zegene je.'

Dat was alles.

Hij was niet langer alleen een chauffeur die een afslag had gemist. Hij was een mens die met dezelfde chaos te maken had als ik. Met een vrouw die begreep dat het verkeer op deze vrijdag onmogelijk was. Die hem 'schat' noemde, die 'God zegene je' zei met geduld in plaats van frustratie.

Aan de geur in de auto kon ik merken dat hij rookte, dus om de lucht te klaren (woordspeling bedoeld), bood ik hem midden in de chaos een sigaret aan. Hij was opgelucht. Vertelde me dat zijn sigaretten op waren en dat hij er al sinds de lunchpauze naar smachtte. We maakten wat praatjes om de stilte te vullen, niets diepgaands. Maar we voelden ons allebei opgelucht. Ik was niet eens zo heel laat voor mijn vlucht – de extra vertraging kostte me alleen wat leestijd bij de gate.

Ik zeg niet dat dat telefoontje mijn leven heeft veranderd of me wakker heeft geschud voor een of andere diepzinnige waarheid. Ik zeg dat het me herinnerde aan iets wat ik al wist maar steeds vergat: deze persoon heeft een compleet leven. Hij voert niet alleen een functie uit in mijn verhaal. Hij heeft iemand thuis die om hem geeft. Hij heeft zijn eigen versie van de stress die ik voel. Voor hem was ik die avond een NPC. Ik was zijn beslissing (door mijn ritverzoek in zijn app te accepteren) die er uiteindelijk voor zorgde dat hij niet vroeg thuis was bij zijn vrouw.

Dat is wat ik bedoel met NPC's. We weten verstandelijk dat iedereen een mens is. Maar we vergeten het constant. Vooral wanneer ze niet zo presteren als we nodig hebben in ons verhaal.

Iedereen in deze file

Kijk nu eens om je heen. Je bent op de snelweg, in de file. Hoeveel auto's zie je?

Tien? Vijftig?

In elke auto zit een persoon. Een volwaardig mens met een compleet leven.

De persoon in de bus neemt niet alleen maar ruimte in op de weg. Die is ergens naartoe onderweg dat belangrijk voor diegene is – werk, thuis, een afspraak, iemand om wie die geeft.

De persoon die op de stoep loopt, is niet alleen een voetganger voor wie je moet uitkijken. Die heeft ergens mee te maken. Misschien maakt diegene zich zorgen over geld. Misschien heeft diegene zin in een date vanavond. Misschien heeft diegene net nieuws gekregen dat alles heeft veranderd.

De tiener met dat universiteitsjack drie auto's voor je is niet alleen een langzame bestuurder die nog moet leren navigeren. Die is gestrest over een tentamen. Probeert uit te vogelen hoe die erbij kan horen. Vraagt zich af of iemand hem vandaag wel heeft opgemerkt. Hij draagt de last van het tiener zijn in een wereld die eist dat je al weet wat je wilt worden voordat je überhaupt weet wie je bent.

Iedereen die je ziet, worstelt met iets. Iedereen probeert iets uit te vogelen. Iedereen heeft mensen die van hen afhankelijk zijn en mensen van wie zij afhankelijk zijn.

We hebben leraren nodig die hun leerlingen als mensen zien, niet alleen als namen op een presentielijst. Managers die hun teams als mensen zien, niet alleen als middelen. CEO's die hun werknemers zien als individuen met een leven, niet alleen als functies in een organigram.

Dat is wat het betekent om te stoppen met het zien van NPC's en mensen te gaan zien.

De magische lens die hun verhalen toont

Stel je even voor dat je een augmented reality-bril draagt. Maar dit is een speciale – hij heeft de unieke eigenschap dat wanneer je naar een persoon kijkt, je een filmposter boven diens hoofd ziet zweven: de poster van diens absolute favoriete film.

Je loopt door het winkelcentrum. Boven het hoofd van de één: *The Shawshank Redemption*. Een ander: *Star Wars*. Iemand anders: *The Godfather*. Dat kind daar verderop: *KPop Demon Hunters*.

Stel je nu voor dat je iemand ziet met JOUW favoriete film boven het hoofd.

Wat zou je doen?

Je zou waarschijnlijk glimlachen. Misschien diegene zelfs aanspreken. 'Echt waar? Dat is ook mijn favoriet!' Opeens heb je iets om over te praten. Een klik. Een reden om diegene als een echt mens te zien in plaats van als zomaar weer een shopper die je in de weg loopt.

Je hebt minstens één ding gemeen nodig om een gemeenschap te vormen – iets gedeelds waardoor je allebei lid bent van dezelfde onzichtbare groep. Deze magische lenzen zijn nu generatoren van gemeenschapszin.

Neem de film *Moneyball*, bijvoorbeeld. Als ik iemand zou zien met een *Moneyball*-poster boven diens hoofd, zou ik onmiddellijk met diegene willen praten. Want die film vertelt me iets over die persoon. Diegene houdt van analyses. Houdt van honkbal. Wordt aangetrokken door verhalen over vernieuwing en het ingaan tegen de gevestigde orde. Diegene heeft waarschijnlijk genoten van de chemie tussen Brad Pitt en Jonah Hill. Die ene film onthult hele dimensies van wie diegene is (ja, dit is mijn favoriete film, en daarom heb ik er 8 zinnen aan gewijd waar 3 ook wel genoeg waren geweest).

Ieder mens heeft speciale interesses en angsten en dromen en herinneringen. Dingen die hen aan het lachen maken. Dingen waar ze 's nachts wakker van liggen. Verhalen die ze zichzelf vertellen over wie ze zijn.

Maar daar zie je niets van als je in het verkeer zit. Je ziet alleen een auto. Een obstakel. Een NPC die op jouw rijbaan rijdt.

De persoon voor je die zich precies aan de snelheidslimiet houdt? Misschien heeft diegene net het rijbewijs terug nadat die het kwijt was. Misschien ligt er een baby te slapen op de achterbank. Misschien brengt diegene diens bejaarde ouder naar een doktersafspraak en is diegene bang voor plotselinge bewegingen.

De agressieve bestuurder die door het verkeer snijdt? Misschien heeft die net een telefoontje gekregen dat diens kind op de eerste hulp ligt. Misschien staat die op het punt diens vlucht te missen. Misschien is het gewoon een agressieve bestuurder — maar zelfs dat komt door iets in diens verhaal, een combinatie van ervaringen en druk waardoor die zo rijdt.

Je hebt geen magische augmented reality-bril. Je kunt hun favoriete films of hun innerlijke werelden niet zien.

Maar nu kun je wel onthouden dat ze er zijn. En zodra je dat doet, opent dat allerlei interessante mogelijkheden.

Ontsnappen aan de NPC-instelling

De persoon in de sportschool die mensen uit het camerabeeld jaagt? Die zag NPC's.

Die gevechten in stadions waar we het over hadden. Twee mensen die alles riskeren en elkaar als vijandelijke strijders zien. NPC's om te verslaan.

Mensen met strakke schema's in Disney, die van attractie naar attractie haasten. Voor jou waren het NPC's tijdens je bezoek, waardoor jij je ontspannen voelde omdat zij er gestrest uitzagen.

Stomme mensen waar je in de rij voorbij wilt gaan. NPC's geprogrammeerd om jou te frustreren.

De auto die je afsneed zonder richting aan te geven. Een NPC met slechte programmering.

De persoon die jouw parkeerplek inpikte. Een NPC die jouw grondstoffen steelt.

Elk voorbeeld was van iemand die vergeten was dat andere mensen geen NPC's zijn.

De Uber-chauffeur in de chaos van Mexico-Stad herinnerde me daar ter plekke aan. Niet omdat ik verlicht werd, maar omdat ik een glimp achter de NPC opving en de mens zag die dat telefoontje aannam.

En als je dat eenmaal ziet, kun je het niet meer volledig 'ontzien'.

Je zult het weer vergeten. Je zult terugvallen in de NPC-modus. Je zult gefrustreerd raken door de langzame chauffeur. Je zult je ergeren aan de trage dienstverlener en vergeten dat die nog drie andere klanten voor jou had.

Dat is normaal. Dat is menselijk.

Er is geen examen voor het te allen tijde in je hoofd houden van de volledige menselijkheid van iedereen. Dat is onmogelijk. 30.000 mensen bij een concert? Je kunt niet al hun levens tegelijkertijd zien. Je kunt je niet realiseren welke individuele plannen ze allemaal moesten afronden om dat concert te kunnen bijwonen. Dat de helft van hen uit een andere stad is gekomen – vliegtuigen, hotels, vervoer, alles. Ze hebben al hun spaargeld uitgegeven. De reis als afstudeercadeau heeft gekregen. Je kunt niet het besef vasthouden dat elke persoon in die arena eigen dromen en angsten heeft, en mensen die op hen wachten.

Er is ook geen examen voor hoe snel je jezelf betrapt op het terugvallen in de NPC-modus. Je zult de fout ingaan. Je zult het vergeten. Je zult iemand behandelen als decor, obstakel of functie.

En dan zal iets je eraan herinneren. Een moment van oogcontact. Een besef dat je raakt midden in de verkeerschaos.

Geen NPC's, maar medepersonages in hun eigen verhalen, die naast die van jou op dezelfde snelweg rijden.

Dat is de verschuiving. Geen perfectie. Alleen maar een bewustzijn waar je naar kunt terugkeren wanneer je eraan denkt.

En soms is dat genoeg om een frustrerende vertraging te veranderen in een gedeelde sigaret midden in de chaos.

Hoofdstuk 14

DE RUIMTE DIE JE GEEFT

Dus als je mensen eenmaal als mensen ziet in plaats van als NPC's, wat doe je dan met dat bewustzijn?

Erkenning alleen verandert niet veel. Je zit samen met alle anderen vast in deze spits. Iemand probeert een paar auto's voor je in te voegen vanaf de uitrit van een tankstation. Ze zitten duidelijk klem; de neus van hun auto schuift elke keer dat er een gaatje valt een stukje naar voren, maar niemand laat hen er tussen.

Je kunt erkennen dat die persoon een eigen, volwaardig leven heeft, eigen redenen om hier te zijn, een eigen stressniveau omdat hij te laat is – en nog steeds weigeren om hem te laten invoegen omdat jij voorrang hebt. 'Humpf!'

Erkenning zonder actie verandert niets.

De Japanners hebben een woord voor de volgende stap – *omoiyari*. Het gaat dieper dan empathie. Het is het anticiperen op iemands behoeften zonder dat diegene iets hoeft te zeggen. Reageren met stille, zorgzame aandacht. Kleine, onuitgesproken vriendelijkheden die laten zien dat je je niet alleen bewust bent van het bestaan van anderen, maar dat je actief ruimte voor hen maakt.

Geen grootse gebaren. Geen ingestudeerde vriendelijkheid voor sociale media. Gewoon de subtiele handelingen die getuigen van diep respect en fijngevoeligheid naar anderen toe.

Empathie en sympathie begrijpen

Sommige mensen gebruiken deze woorden door elkaar. Ze zijn niet hetzelfde, en het verschil is essentieel als we het over *omoiyari* hebben.

Sympathie is een emotionele reactie: 'Oh, wat erg. Ik leef met je mee.' Het is je rot voelen over iemands situatie. Het erkent hun pijn, geeft hen het gevoel gehoord te worden, maar leidt niet noodzakelijkerwijs ergens toe.

Empathie is begrip: 'Waarom is dat gebeurd? Kan het worden opgelost?' Het is jezelf zo diep in iemands positie verplaatsen dat je mogelijke oplossingen ziet. Je geeft er genoeg om de situatie te willen veranderen, in plaats van deze alleen maar te erkennen.

Wanneer iemand je vertelt dat hij het moeilijk heeft, zegt sympathie: 'Dat moet zwaar zijn.' Empathie zegt: 'Wat zou je nu helpen?'

De één biedt troost. De ander biedt aan de oorzaak aan te pakken.

Beide hebben hun plek – soms hebben mensen er simpelweg behoefte aan om gehoord en erkend te worden. Maar als iemands auto met pech langs de weg staat, zorgt 'ik vind het heel vervelend voor je' er niet voor dat ze weer kunnen rijden. 'Heb je startkabels nodig of een lift?' wel.

Mensen moeten zich soms getroost voelen voordat ze over oplossingen kunnen nadenken. Dat is terecht.

Omoiyari neigt naar empathie – het anticipeert op behoeften en handelt ernaar. Het is empathie in actie. Empathie die niet wacht tot erom gevraagd wordt.

Je zou die invoegende auto voorbij kunnen rijden. Je hebt voorrang. Je bent al te laat.

Of je kunt stoppen. Ruimte creëren. Hen een teken geven dat ze er tussen mogen. Dat is geen zwakte. Het is de slimme zet.

Het kost je drie seconden extra. Het verandert voor hen de volledige volgende vijf minuten.

Dat is *omoiyari*. Niet omdat je een heilige bent, maar omdat je je herinnert hoe het voelde om vast te staan, terwijl je zag hoe iedereen deed alsof ze je niet zagen.

Iemand liet jou ooit voorgaan. Dus laat jij nu iemand anders voorgaan. Zonder dankbaarheid te verwachten. Gewoon door ruimte te maken.

Denk aan parkeerplaatsen. Als je een nieuwe auto hebt, parkeer je ver weg van de rest – om je deuren te beschermen tegen deukjes. Dat is zelfbehoud.

Maar er is een andere versie: verderop parkeren zodat de persoon naast je de ruimte heeft om zijn deur te openen zonder zich zorgen te maken. Hetzelfde gedrag, andere motivatie. De één gaat over jezelf beschermen. De ander gaat over ruimte maken voor iemand anders.

Dat is *omoiyari* in een parkeervak.

De derde burger in Rome

Op een keer waren mijn vrouw en ik op vakantie in Rome om onze trouwdag te vieren. Ik herinner me een dag dat we te moe waren om uit eten te gaan voor de lunch. We verbleven in het IQ Hotel, en er was een McDonald's op de hoek van de Via Firenze en Via Nazionale (ik kwam er later achter dat ze die een straat verderop hebben verplaatst), slechts drie blokken van het hotel verwijderd. Dus stelde ik haar voor dat ik wel even op en neer kon lopen om wat eten te halen.

Niet om op te scheppen, maar mijn Italiaans was gedurende het grootste deel van de reis best goed – ik had ongeveer twee maanden intensief gestudeerd voordat we vertrokken. Bij een bushalte kon ik zelfs de weg wijzen in het Italiaans aan een toerist uit Palermo die de stad bezocht, rechtstreeks uit Sicilië; mijn vrouw kon het tafereel nauwelijks geloven (ikzelf ook niet, want hij begreep me *echt*).

Toen ik het restaurant binnenstapte, plaatste ik mijn bestelling dan ook vol zelfvertrouwen. Nadat ik had betaald en naar buiten liep, merkte ik dat er drie burgers in mijn tas zaten. Ik had het verprutst – door mijn gebrekkige Italiaans had ik drie burgers besteld in plaats van twee. Ik glimlachte. Nu had ik tenminste een leuk verhaal om haar in het hotel te vertellen over mijn 'zelfverzekerde' Italiaans.

Maar toen ik naar buiten stapte, zat daar een dakloze man met zijn hond.

Ik gaf hem de derde burger.

Ik maakte er geen 'moment' van. Ik filmde het niet. Ik plaatste er niets over op sociale media. Ik gaf hem gewoon. Hij bedankte me. Ik knikte en liep verder.

Toen keek ik om.

Hij deelde de helft ervan met zijn hond.

De eerlijke waarheid? Dat voelde echt geweldig. En ik genoot van dat gevoel. Dat gevoel was voor mij – geen video, geen camera's, geen erkenning van wie dan ook – het was van mij alleen.

(Zien hoe hij het met zijn hond deelde, was voor mij als hondenliefhebber de kers op de taart.)

Zo wil ik leven. Door die gevoelens te ervaren.

Misschien wordt dat vanaf de bijrijdersstoel als egoïstisch bestempeld. Maar voor mij is het een geweldig gevoel dat ik nu altijd probeer te herhalen waar mogelijk. Zoals een dierbare neef zegt: 'Als de gezinseconomie het toelaat.'

Want dat is wat *omoiyari* in de praktijk wordt. Niet het grootse gebaar. Niet de gedocumenteerde liefdadigheid. Gewoon een extra burger kopen en die aan iemand geven die hem harder nodig heeft dan jij. Meestal is er bij de kassa zelfs een goedkope extra aanbieding om het nog makkelijker te maken.

Ik zeg dit niet om op te scheppen of om geprezen te worden. Ik schrijf dit op om je uit te nodigen hetzelfde te doen. Deze kleine gebaren maken onze gemeenschap beter. Ik heb nu bijvoorbeeld altijd flesjes water in mijn auto, zoals de Ubers van vroeger. Twee of drie nieuwe. Bij stoplichten, wanneer iemand om geld vraagt of zelfs mijn ruit wil wassen – of gewoon verkopers die spullen aanbieden bij het stoplicht – geef ik ze, in plaats van of bovenop wat kleingeld, een flesje water. Zeker op zonnige dagen.

Ze zijn dol op die flesjes water.

Mijn vrouw spoort me tegenwoordig aan om dit thuis ook te doen, bij elke bezorging van eten of pakketjes. Vooral bij de bezorgers op motoren, die zweten in hun helm. Er staat altijd een flesje water van 500 ml in de koelkast voor hen klaar.

Zie je een dakloze persoon bij de supermarkt? Misschien maakt het kopen van een extra frisdrankje bij het naar buiten gaan hun dag wel meer goed dan het gooien van wat losgeld in hun beker.

Kleine dingen. Maar ze tellen op.

Kiezen wanneer je de capaciteit hebt

Zodra je aandacht besteedt aan de onuitgesproken behoeften van anderen, kun je niet meer ophouden ze op te merken.

De persoon die worstelt met een zware deur. Het gezin dat de metrokaart probeert te ontcijferen. De oudere man die niet bij het artikel op de bovenste plank kan.

En je moet kiezen. Want je kunt niet iedereen altijd helpen.

Dat betekent dat je soms iemand ziet die hulp nodig heeft en dat je doorloopt omdat je aan je grens zit en er niets meer bij kunt hebben.

En dat is oké.

Er is geen examen voor het eindeloos beschikbaar zijn voor iedereen. *Omoiyari* betekent niet dat je jezelf constant moet opofferen.

Het betekent opletten wanneer je de capaciteit hebt. Handelen wanneer je kunt. Ruimte creëren wanneer het je niets of iets beheersbaars kost.

Soms is het meest empathische wat je kunt doen, erkennen dat je op bent en dat je je energie moet bewaren voor de mensen in je directe omgeving die van je afhankelijk zijn.

De sleutel is eerlijk zijn tegen jezelf: zit ik echt aan mijn grens, of heb ik gewoon geen zin in ongemak?

Er is een verschil tussen 'ik heb oprecht geen bandbreedte' en 'ik heb er geen zin in'.

De ene is zelfbehoud. De andere is gewoon egoïsme.

En soms weet je pas later welke van de twee het was. Dat is ook prima. Je zult dit niet elke keer goed doen.

Het ding met kleine gebaren

Omoiyari gaat niet over grote vertoningen van vriendelijkheid. Het gaat er niet om jezelf de held van iemands verhaal te maken.

Het gaat om de minuscule aanpassingen die je maakt omdat je oplet.

De deur openhouden voor iemand die dozen draagt – maar hen niet opjagen omdat jij hem vasthoudt.

Je tas van de lege stoel pakken wanneer de trein volstroomt – voordat iemand erom hoeft te vragen.

Je muziek zachter zetten wanneer je merkt dat iemand in de buurt zich probeert te concentreren.

De stoel aan het gangpad aanbieden aan iemand die langer is wanneer je in een vliegtuig zit en je zelf klein genoeg bent dat beenruimte voor jou minder uitmaakt.

Je collega vragen of ze iets nodig hebben van de koffiebar als je er toch al heen gaat – niet omdat je probeert aardig te zijn, maar omdat je toch al gaat en het dragen van twee drankjes in plaats van één je niets kost.

Met deze momenten verdien je geen punten. Niemand houdt de score bij. Er is geen examen voor hoe vaak je anticipeert op de behoeften van anderen.

Maar ze veranderen de textuur van het dagelijks leven. Voor jou en voor hen.

Je bent je nu constant bewust van de mensen om je heen.

Iedereen om je heen.

Iedereen.

Ik bedoel, elke persoon die je ziet... sinds het moment dat je wakker werd.

(Heb je de hint begrepen?)

Ja, ook thuis.

Hier is de kern van het hoofdstuk: je partner is ook geen NPC.

Ze zijn er niet om de rol van jouw partner te vervullen. Ze hebben een leven, verlangens, doelen, dromen – niet voor jou, maar van henzelf. En soms, als je geluk hebt, maken die dromen deel uit van een toekomst MET jou.

Omoiyari met je partner ziet er zo uit: hun favoriete drankje bestellen zonder dat ze erom vragen. De wc-rol vervangen voordat hij op is – hen niet laten zitten met de laatste velletjes zodat zij degene zijn die hem moeten vervangen. Hun waterfles bijvullen als je ziet dat hij leeg is. Hun telefoon opladen als je merkt dat de batterij bijna leeg is. Hun autosleutels neerleggen waar ze ze kunnen zien als je weet dat ze haast hebben.

Kleine voorspellingen die laten zien: 'Ik let op jouw leven, niet alleen op dat van mij.'

Dat is *omoiyari*.

Of zoals Dean Martin zou zeggen: 'That's *amore*.'

Niet wachten tot ze om hulp vragen. Niet de score bijhouden. Er is geen examen over wie dat vaker doet dan de ander. Gewoon opmerken wanneer ze overbelast zijn en actie ondernemen voordat ze om steun hoeven te verzoeken.

Dat is wat relaties laat voelen als partnerschappen in plaats van onderhandelingen.

Als je geen relatie hebt, kijk dan naar je ouders. Ze zijn er niet alleen om in je behoeften te voorzien (denk aan de clichématige vergelijking met een pinautomaat).

Omoiyari met je ouders ziet er zo uit: hen mee uit eten nemen, op jouw kosten, gewoon zomaar. Hen bellen om iets grappigs te delen wat er is gebeurd, niet alleen wanneer je iets nodig hebt. Langskomen om te helpen met dat ene ding dat ze steeds uitstellen, zonder te wachten tot ze erom vragen.

Kleine daden die zeggen: 'Ik weet dat jullie bestaan als mensen, niet alleen als de mensen die mij hebben opgevoed.' Het zijn mensen. Ze hebben ook een bucketlist.

Heb je hen wel eens naar hun lijst gevraagd? Is er iets op die lijst dat jij zou kunnen faciliteren zonder dat erom gevraagd wordt?

Als ze er nog zijn, zou je meer met hen moeten delen. En dan niet alleen de schuld op je creditcard.

Anticiperen voordat erom gevraagd wordt

Je kijkt in je achteruitkijkspiegel. Je ziet een auto achter je snel naderbij komen. Je wacht niet tot ze met hun lichten knipperen alsof het de sirene van een ambulance is. Je gaat gewoon van rijstrook veranderen voordat ze richting hoeven aan te geven, omdat je je ervan bewust bent dat iemand haast heeft en je daarop kunt anticiperen.

Rijden op de snelweg en plotseling in een file terechtkomen. Je zet uit voorzorg je alarmlichten aan. Er is geen verkeersregel die dit verplicht, maar je denkt aan de persoon achter je die misschien nog niet heeft gemerkt dat het verkeer voor je stilstaat. Natuurlijk is het ook voor je eigen veiligheid, maar dat is ook *omoiyari* – anticiperen op wat iemand anders misschien moet weten voordat ze zelf beseffen dat ze het nodig hebben.

Kleine momenten van ruimte creëren zonder aankondiging.

En geleidelijk aan verandert je woon-werkverkeer. Niet omdat het verkeer beter wordt, maar omdat je actief deelneemt aan het iets minder vijandig maken voor iedereen die erbij betrokken is.

Niet meer racen. Niet meer concurreren. Gewoon samen bestaan. Anticiperen. Ruimte maken.

Dat is wat je doet met het besef dat andere mensen geen NPC's zijn.

Je rijdt alsof ze ertoe doen. Omdat ze dat doen.

En er is geen examen voor hoe vaak je dit onthoudt. Je zult het soms vergeten. Je zult gestrest zijn en uitvallen tegen iemand die het niet verdiende. Je zult haast hebben en geen ruimte maken terwijl dat wel had gekund.

Dat is normaal.

Maar de keren dat je het wel onthoudt? Die momenten waarop je pauzeert en ruimte creëert en iemands dag een klein beetje makkelijker wordt omdat je aan het opletten was?

Die tellen op.

Niet op een officiële scorekaart. Niet voor een cijfer.

Gewoon als kilometers op de teller van iedereen. Inclusief die van jou.

En soms wordt die stille handeling van het anticiperen op iemands behoefte zonder dat ze erom hoeven te vragen, het moment dat ze zich jaren later herinneren als ze terugdenken aan hun reis.

De persoon die hen liet invoegen. De vreemde die de deur openhield. Het moment dat iemand zag dat ze het moeilijk hadden, en hielp zonder er een hele vertoning van te maken.

Jij herinnert je misschien niet eens dat je het deed.

Maar zij zullen zich herinneren dat iemand het deed.

En misschien zullen zij de volgende keer ruimte maken voor iemand anders.

Niet omdat ze proberen het goede door te geven of een soort kosmische balans te herstellen.

Gewoon omdat ze zich herinneren hoe het voelde toen iemand op hun behoeften anticipeerde en reageerde met stille, zorgzame aandacht. Vriendschap is alles wanneer je een lange rit maakt.

Dat is *omoiyari*.

Dat is de kunst van het zien van anderen.

En dat is wat de snelweg een beetje minder als een wedstrijd laat voelen en een beetje meer als een gezamenlijke reis, zelfs wanneer we allemaal vaststaan in deze file.

Hoofdstuk 15

STOPBORDEN STAAN ER NIET VOOR NIETS

Oké, er is geen examen. Er is geen beoordelingssysteem. Er is geen wedstrijd die je moet winnen. Er is geen jury die jouw route vergelijkt met die van alle anderen.

Maar er ZIJN wel regels. Regels zijn goed. Welkom in de echte wereld – die heeft regels, en ze negeren zorgt er niet voor dat ze verdwijnen.

Voordat je denkt dat ik zojuist de hele premisse van het boek heb tegengesproken: laat me het uitleggen. Verkeersregels bestaan. Rode lichten. Snelheidslimieten. Stopborden. Rijstrookmarkeringen. Die zijn er niet om je prestaties te cijferen of je te rangschikken ten opzichte van andere bestuurders. Ze zijn er zodat we niet op elkaar botsen.

Je kunt elke route nemen die je wilt. Je kunt je eigen snelheid bepalen. Je kunt van rijstrook wisselen wanneer dat nodig is. Maar je kunt niet door rood rijden en over kruispunten denderen omdat 'er geen examen is'. Dat is geen vrijheid – dat is chaos.

De pretentie

Sommige mensen zeggen dat de pretentie, zeker op sociale media, generatiegebonden is. Maar dit is geen specifiek leeftijdskenmerk. We doen dit allemaal, onbewust of niet. Iedereen is de hoofdpersoon in zijn eigen verhaal (wat we ook zijn). Maar sommige mensen kunnen het niet verkroppen als het verhaal van iemand anders vijf minuten lang centraal staat. Als zij de protagonist zijn, word jij geacht achtergrondvulling te zijn. Wanneer jij iets over JOUW leven plaatst, voelen zij zich gedegradeerd tot bijrolspelers.

Dus kapen ze het moment. Ze leiden de aandacht af. Ze laten jouw bericht over hen gaan. En het punt is: ze weten niet dat wij het doorhebben. Ze beseffen niet dat we dwars door die afleidingsmanoeuvre heen kijken.

Je hebt absoluut het recht om je leven te leiden. Post je ontbijt. Deel je successen. Vier je mijlpalen. Maar je hebt niet het recht om jouw leven in het moment van een ander te duwen en evenveel aandacht op te eisen.

Als iemand iets te vieren heeft, laat diegene dan vieren. Als iemand rouwt, laat diegene dan rouwen. Als iemand vreugde deelt, reageer dan niet met jouw cv vol superieure vreugde. Ongeschreven regels.

Niet omdat er een examen is in medeleven tonen, maar omdat er mensen op deze snelweg zijn, en zij hebben recht op hun momenten, net zoals jij recht hebt op de jouwe.

De ongeschreven regels

Wint iemands sportteam? Laat ze ervan genieten. Beledig de spelers van het verliezende team niet. Schakel niet direct over op: 'Nou, MIJN team heeft meer kampioenschappen gewonnen.' Hun moment draait niet om jou.

Krijgt iemand loonverhoging op het werk? Vier het. Denk niet: 'Waarom zij wel en ik niet?' Die verhoging gaat niet van jouw salaris af. Hun succes heeft niets van jouw loonstrookje afgehaald. 'Gun' het ze.

Deelt iemand iets waar hij of zij trots op is? Laat ze trots zijn. Je hoeft er niet overheen te troeven. Je hoeft geen kritiek te leveren. Je hoeft het niet over jezelf te laten gaan. Er is geen examen over wie het trotst is.

'De enige aanleiding die het rechtvaardigt om op iemand neer te kijken, is terwijl je diegene overeind helpt.'

Neil deGrasse Tyson, Starry Messenger, 149.

Dit geldt ook voor het ondermijnen van de momenten van anderen. De omvang van jouw prestaties is alleen relatief ten opzichte van jezelf, niet van hen. Jouw emoties zijn alleen relatief ten opzichte van jezelf, niet van hen. Je hoeft de daden van een ander niet te bagatelliseren, alleen omdat je denkt dat die van jou beter zijn. Je bent niet superieur aan hen in emoties of bezittingen.

Niet omdat je een cijfer krijgt voor vriendelijkheid (dat krijg je niet), maar omdat je de snelweg deelt met andere mensen die ook het middelpunt van hun eigen leven zijn. En hun leven verdient hetzelfde respect dat jij voor het jouwe verwacht. Hun keuzes. Hun momenten. Zelfs hun vrijheid:

De les van Cecilia Giménez

Jaren geleden heb je hier misschien over gehoord. Een kunstconservator genaamd Cecilia Giménez probeerde het schilderij *Ecce Homo* in haar plaatselijke kerk te restaureren. Dat ging mis. Heel erg mis. Het internet ontplofte. Memes overal.

Maar toen gebeurde er iets duisterders: mensen eisten dat ze strafrechtelijk vervolgd zou worden. Ze wilden haar voor de rechter zien. Sommigen wilden haar achter de tralies.

De gevangenis in.

Vanwege een mislukte restauratie van een schilderij.

Denk daar eens over na. Mensen die beweerden van kunst te houden, die eindeloos postten over het belang van het behouden van cultuur en het respecteren van de geschiedenis, waren bereid de vrijheid van een mens te vernietigen omwille van een schilderij.

Ik begrijp dat kunst waarde heeft. Ik begrijp dat cultureel behoud belangrijk is. Maar het verlangen om iemands leven te bestraffen, om een schilderij boven haar vrijheid te verkiezen, voelde voor mij krankzinnig aan.

Het deed me nadenken over wat we eigenlijk waarderen als we zeggen dat we kunst waarderen:

Als je in het Louvre een perfecte kopie van de *Mona Lisa* zou zien, niet te onderscheiden van het origineel, zou je niet 'hetzelfde voelen' als je wist dat het een replica was. Waarom niet? Ik bedoel, de visuele ervaring is identiek. De techniek, de compositie, de kleuren – alles is er.

We waarderen het feit dat een mens het gemaakt heeft. Dat de echte handen van Leonardo da Vinci eeuwen geleden dat canvas hebben aangeraakt.

Vandaag de dag kun je met generatieve kunstmatige intelligentie prachtige kunst maken in elke stijl. Technisch vlekkeloos. Esthetisch verbluffend. Maar we prijzen het niet op dezelfde manier, uiteraard omdat een AI-model het heeft gegenereerd.

Ik begin oprecht te geloven dat we de kunstwerken zelf niet echt waarderen. We waarderen zeker mensen die in staat zijn om met hun handen kunst te creëren, maar niet het eindproduct op zich.

Dus toen mensen eisten dat Cecilia de gevangenis in zou gaan, onthulden ze iets: hun gehechtheid aan het schilderij – waar de meesten een week eerder nog nooit van gehoord hadden – woog zwaarder dan haar menselijkheid. Ze werd een NPC in hun verhaal over het beschermen van kunst. Een schurk om te straffen. Een symbool om een voorbeeld mee te stellen.

Ze was 81 jaar oud toen het incident gebeurde. Ze bood vrijwillig haar tijd aan om haar kerk te helpen. Ze maakte geen winst. Ze heeft niets gevandaliseerd. Ze... faalde simpelweg in iets wat ze te goeder trouw probeerde.

De oefening van de drie auto's

Hier is iets praktisch dat je vanaf vandaag gaat doen.

Gedurende je dag: laat drie auto's voorgaan bij het ritsen.

Niet twee. Niet vijf. Drie.

Waarom specifiek drie? Daar zit een psychologie achter. Wanneer winkels eieren per dozijn verkopen, leren mensen er twaalf te kopen. Niet elf. Niet dertien. Het getal wordt de standaard. In de marketing wordt dit het ankereffect genoemd. Het eerste getal dat je tegenkomt, wordt je referentiepunt.

De nudging-theorie laat ons zien dat kleine, specifieke aansporingen gedrag effectiever veranderen dan vage suggesties. 'Wees aardig' blijft niet hangen. 'Laat drie auto's ritsen' wel.

En er is ook een schaarsteprincipe aan het werk. Drie voelt hanteerbaar, niet eindeloos. Het is genoeg om bewust mee bezig te zijn, maar niet zo veel dat het voelt als een last waar je na een week weer mee stopt.

Drie auto's tijdens je hele rit. Drie kleine gebaren gedurende je dag. Drie momenten waarop je ruimte creëert voor een ander.

Niet omdat er een examen is in dagelijkse vriendelijkheid. Maar omdat de oefening iets in jou verandert.

Wanneer je die drie auto's laat ritsen, help je niet alleen hen; je herinnert jezelf eraan dat zij geen NPC's zijn. Ze moeten ergens heen. Ze zijn gestrest omdat ze te laat zijn. Ze hadden het gaatje nodig dat jij zojuist hebt gecreëerd.

Dit is niet alleen voor hen. Het is voor jou. Het is de bewustwordingsoefening die voorkomt dat je terugvalt in het NPC-denken, waarbij iedereen om je heen slechts decor is tijdens je woon-werkverkeer.

Drie. Niet vier. Niet zeven.

Niet omdat het een magisch getal is, maar omdat het specifiek genoeg is om te onthouden en klein genoeg om daadwerkelijk te doen.

Sommige dagen zul je het vergeten en doe je er maar één. Maar wanneer je het wel onthoudt, wanneer je bewust drie keer per dag ruimte creëert, dan is dat het moment waarop de snelweg niet meer voelt als een wedstrijd en begint te voelen als een gemeenschap van mensen die allemaal ergens proberen te komen. En ik zal er voor jou zijn, want jij bent er ook voor mij.

Drie auto's. Drie gebaren. Drie momenten van erkenning dat de route van iemand anders net zo belangrijk is als de jouwe.

Begin vandaag.

Het harde oxymoron

'Ik geef genoeg om je dat je dagelijkse leven me niet kan schelen.'

Dat klonk zelfs gemeen, toch? Het is precies het tegenovergestelde.

Geluk is niet het verlangen om je superieur te voelen aan anderen of hen het gevoel te geven dat ze minder zijn dan jij. Het is niet relatief. Geluk is je leven leiden zonder de behoefte om het af te meten aan het dashboard van alle anderen.

Ik geef genoeg om je om te willen dat je goed leeft. Ik geef genoeg om je route te respecteren. Ik geef genoeg om je je eigen keuzes te laten maken en je eigen successen te laten vieren.

Maar ik hoef en ik wil je leven niet controleren. Ik hoef de competitie met jouw prestaties niet aan te gaan. Ik heb jouw validatie van mijn route niet nodig, noch je toestemming om de mijne te volgen.

Het is geen onverschilligheid. Het is respect.

De mierenkolonie

Mieren volgen regels. Niet omdat er een mierenpolitie is die hun prestaties beoordeelt, maar omdat de kolonie alleen overleeft als iedereen het systeem respecteert.

Geen mier eist de beste voeding op. Geen mier kaapt het pad van een andere mier om het om zichzelf te laten draaien. Geen mier weigert bij te dragen vanwege de vraag 'wat levert het mij op?'. Ze offeren zichzelf niet op voor erkenning of lof. Ze volgen gewoon de collectieve regels die de kolonie draaiende houden.

Wij zijn slimmer dan mieren. Wij kunnen vraagtekens zetten. We kunnen vragen: 'Waarom zou ik deze regels volgen?' We kunnen berekenen of het respecteren van iemands moment onze eigen belangen dient. We kunnen besluiten dat onze behoefte aan aandacht belangrijker is dan iemands recht op zijn of haar prestatie.

Maar misschien is dat niet de stoere actie die we denken dat het is.

Als we deze snelweg delen, deze file, als we samen op deze planeet leven, dan moeten we onze regels niet alleen volgen, we willen ze volgen. Niet omdat er een examen is over het naleven ervan, maar omdat we zonder die regels slechts miljoenen individuen zijn die constant tegen elkaar op botsen. Regels helpen het plezier in goede banen te leiden.

De mieren hebben dit begrepen. Wij zouden dat ook moeten doen.

De regels beoordelen je niet

Verkeersregels vellen geen oordeel over je route. Ze zorgen er alleen voor dat je niet op iemand botst terwijl je die route volgt.

Hetzelfde geldt voor deze regels over het respecteren van anderen. Ze meten je prestaties als mens niet. Ze rangschikken je niet op een ranglijst van vriendelijkheid. Ik weet het – het voelt oneerlijk. Maar rode lichten trekken zich niets aan van jouw planning. Ze zeggen alleen: jouw route is van jou, hun route is van hen, en beide kunnen bestaan zonder botsing als je de ruimte tussen jullie respecteert.

Je hoeft hier niet perfect in te zijn. Je mag je verkeersagressie hebben. Je mag je frustratie uiten als iemand je afsnijdt. Je mag best eens niet in de stemming zijn om mensen te laten ritsen.

Maar wanneer je te slim probeert te zijn en de file wilt inhalen, om dan de auto vooraan om toestemming te vragen om ertussen te piepen en de snelweg op te gaan; wanneer je iemands moment om jou laat draaien; wanneer je aandacht opeist als een recht in plaats van het te verdienen door oprechte verbinding; wanneer je mensen behandelt als NPC's in jouw verhaal in plaats van protagonisten in het hunne – dan zijn dat geen overtredingen voor een examen, maar schendingen van de ongeschreven regels die we hier bespreken, die ons in staat stellen deze snelweg te delen zonder constante botsingen.

Het Gestaltgebed

Fritz Perls, de grondlegger van de Gestalttherapie, schreef een verklaring die eigenlijk op verkeersborden langs de weg zou moeten staan:

> Ik doe mijn ding en jij doet jouw ding.
>> Ik ben niet op deze wereld om aan jouw verwachtingen te voldoen,
>> En jij bent niet op deze wereld om aan de mijne te voldoen.
>> Jij bent jij en ik ben ik.

Als we elkaar bij toeval vinden, is dat prachtig.
Zo niet, dan is daar niets aan te doen.
Ik heb een gebrek aan liefde voor mezelf
wanneer ik mezelf verraad terwijl ik jou probeer te behagen.
Ik heb een gebrek aan liefde voor jou
wanneer ik probeer jou te laten zijn zoals ik je wil hebben
in plaats van je te accepteren zoals je werkelijk bent.
Jij bent jij en ik ben ik.

— FRITZ PERLS

Dat is het. Dat is de hele filosofie in twaalf regels.

Jij neemt jouw route. Ik de mijne. Als onze paden elkaar kruisen en we een tijdje samen reizen: geweldig. Zo niet, dan is dat ook prima.

Maar terwijl we de snelweg delen? Volgen we de regels. We respecteren elkaars ruimte. We laten mensen hun momenten beleven. We rijden niet door rood in de veronderstelling dat iedereen zich wel aan ons zal aanpassen.

Er kijkt geen jury mee om te zien of je goed genoeg bent.

Maar er zijn WEL mensen. En zij zijn geen decoraties op jouw route. Ze volgen hun eigen routes, en die routes zijn net zo echt als de jouwe.

Respecteer de regels. Niet omdat je erop beoordeeld wordt, maar omdat we zo allemaal komen waar we heen gaan zonder elkaar onderweg te vernietigen.

DE OPEN WEG

De weg ligt voor je open: rijd in je eigen tempo.

Hoofdstuk 16

VANDAAG IS 100% VAN JE REIS

Toen ik 45 werd, herinner ik me dat ik me oprecht trots voelde. Niet omdat ik een of ander lijstje had afgevinkt of een mijlpaal had bereikt, maar omdat ik op een optimistische manier dacht dat ik op het hoogtepunt van mijn levensduur zat. Het midden. Halverwege.

Ik vroeg me af: 'Voel ik me oud?' Echt niet. Ik ben pas op de helft van mijn leven. Ik hoop 90 te worden, toch? Dat voelde goed. Dat voelde als controle.

Toen begon me iets op te vallen.

Mensen om me heen overleden op wat iedereen een 'jonge leeftijd' noemt. Tragische ongelukken. Beroemdheden. Atleten. De pandemie. Mensen die ik bewonderde.

Paul Walker. Ik geniet enorm van de Fast and Furious-reeks. En hij stierf bij een tragisch auto-ongeluk. Zomaar ineens.

Kobe Bryant. Verongelukt tijdens een routinevlucht. Niet eens bij een extreme helikopterstunt. Hij was gewoon met zijn dochter onderweg.

Matthew Perry. Het iconische personage uit Friends. Chandler, de tv-koning van het sarcasme. Overdosis.

Talloze vrienden en naaste familieleden tijdens COVID.

En ik besefte: dat was het dan. Dat was hun hele leven.

Niet halverwege. Niet 'ze hadden nog 30 jaar te gaan'. Dat was 100% van wat ze kregen.

Toen las ik een artikel over een techniek om letterlijk je zomers af te tellen, om het meeste te halen uit de zomers die je nog resten: 'Hoeveel zomers heb je nog?' Neem je leeftijd, trek die af van 80 of 90, en dat is je resterende aantal zomers. Laat ze tellen!

Mijn onmiddellijke reactie? Ik haatte het.

Niet alleen haat ik het om onder druk te leven; dat is helemaal geen leven.

Dit is wat er gebeurt als je leeft volgens een aftelklok: je gaat op reis en als er iets misgaat – als je een lekke band krijgt en je bestemming niet bereikt – dan wordt dat moment ellendig. Je hebt je kans 'gemist'. Nu moet je alles omgooien, of leven met het schuldgevoel dat deze ervaring 'niet meetelde'.

(Maar ik zie het nu helder. Dat telde ook mee. Je kreeg een lekke band. Je ontmoette mensen in het dichtstbijzijnde dorp die je hielpen. Je zag hoe hun leven trager is dan dat van jou. Hoe zij alleen maar denken aan komende zondag, want dan is er 'De Dans' in de kiosk midden in het dorp.)

Dat is ook leven. Nieuwe ervaringen ontdekken. Maar als je een race loopt tegen een aftelklok, mis je dat volledig. Je bent te druk met boos zijn over de vertraging.

De druk van nog maar 15 zomers? Nog 30 zomers? Nee, ik haatte die benadering.

Dus ik begon me dingen af te vragen. Te reflecteren. Ik probeerde het te ontkrachten: wacht eens even, waarom weet je zo zeker dat je 85 wordt?

'Omdat dat de statistieken zijn.'

Je keek naar de cijfers, maar je keek niet echt goed. Statistieken zijn slechts een verklaring van wat er is gebeurd. Daarom liggen statistiek en waarschijnlijkheid dicht bij elkaar, maar zijn ze niet hetzelfde. Statistieken vertellen je wat er in het verleden is gebeurd, de uitkomsten. Ze voorspellen niet JOUW specifieke toekomst.

Hoe naïef zijn we om onszelf op één hoop te gooien met een statistiek die gebaseerd is op willekeurige mensen – mensen die alleen door natuurlijke oorzaken stierven, omdat ongelukken uitschieters zijn in de statistiek – mensen die totaal andere routes hebben afgelegd dan wij?

Toen begon ik het van de andere kant te bekijken.

De aftelfout

Weet je nog? Jij bent de norm. Jouw leven, jouw tempo, jouw route.

Maar dat gemiddelde van '80 jaar' of '90 jaar'? Dat komt voort uit miljoenen mensen die totaal andere routes hebben afgelegd dan jij. Andere genetica. Andere gewoonten. Andere voertuigen. Totaal andere snelwegen.

Sommigen van ons zitten constant op de snelweg – hoge snelheid, veel stress, brandstof verslindend. Sommigen van ons zitten op een kar die van de boerderij naar ons huis in het bos rijdt – langzaam en gestaag, minimale slijtage.

We besturen heel verschillende auto's in een heel ander tempo.

Je bent geen mier. We zijn geen soort die zich bijna identiek gedraagt, waarbij je ieders levensduur redelijk zou kunnen voorspellen op basis van het gemiddelde van de kolonie – met een kleine foutmarge.

Jouw route is van jou. Jouw voertuig is van jou. Jouw tempo is van jou.

Aftellen vanaf 'nog 25 zomers' op basis van de kilometerstand van iemand anders slaat nergens op. Je weet niet hoeveel zomers je hebt. Niemand weet dat. Je hebt er misschien 50. Misschien 5. Misschien 1.

Maar wat je WEL hebt, is deze zomer. Nu op dit moment. En als de volgende zomer komt, heb je die ook.

Achterlopen op schema

Ik was 32 jaar oud toen ik Silvana vroeg om mijn vriendin te worden. 25 oktober 2009. Precies een jaar later verloofden we ons – op dezelfde datum. We trouwden op 22 oktober 2011.

Vóór Silvana had ik twee vriendinnen gehad. De eerste hield het ongeveer drie weken vol toen ik 17 was. De tweede hield het anderhalve maand vol toen ik 20 was.

Dat betekent dat ik 12 jaar 'zonder vriendin' heb doorgebracht. En in mijn geboorteplaats, waar iedereen rond zijn 25e trouwt, was ik rijkelijk laat. Ik liep achter op schema.

Een vriend vertelde me – als rechtvaardiging voor het feit dat hij in de twintig trouwde – : 'Je moet in je twintiger jaren trouwen, zodat je in je dertiger jaren met je kinderen kunt spelen.' Hij was er zo van overtuigd dat dit de juiste manier was, want in je veertiger jaren kun je niet meer rennen zoals in je dertiger jaren.

Volgens welke tijdlijn? Volgens wiens route? Waarom zou ik in mijn veertiger jaren niet met mijn kind kunnen spelen?

Ik ben niet in mijn twintiger jaren getrouwd. Ik trouwde op mijn 34e. En weet je wat? Ik kan nog steeds met mijn zoon spelen. De tijdlijn die mijn vriend oplegde – degene waardoor ik het gevoel kreeg dat ik achterliep – was volkomen arbitrair. Het werkte op zijn route. Het had niets met de mijne te maken.

Dat is de valkuil van het vergelijken van jouw kilometerteller met de reis van iemand anders.

'Ik doe dit al mijn hele leven'

Denk eens na over hoe die zin werkt.

Als je 15 jaar oud bent en je zegt: 'Ik skateboard al mijn hele leven,' dan bedoel je 15 jaar. Dat is de volledige duur van je bestaan, en skateboarden heeft daar de hele tijd deel van uitgemaakt. De 100% van je hele leven.

Als je 40 jaar oud bent en je zegt: 'Ik werk al mijn hele leven in de techsector,' dan bedoel je 40 jaar (of hoe lang je carrière ook duurt, je 25 effectieve werkjaren). Dat is jouw 100% professionele reis.

Je kilometerteller toont de volledige afstand die je hebt afgelegd. Alles. Dat is geen fractie van een voorspeld totaal – dat is het geheel. Je hele leven, daar op het dashboard. Er staat niet '15.000 van de 90.000 mijl'.

Op je 15e was je hele leven 15 jaar. Op je 26e is je hele leven 26 jaar. Op je 48e is je hele leven 48 jaar. Dat is 100%. Niet 60% terwijl je wacht op de resterende 40%. Niet halverwege een denkbeeldige finish-lijn. 100%.

De 100%-reset

Hier wordt het interessant.

De meeste mensen zien het leven als een batterij die leegloopt. Je begint bij 100%, en elk jaar dat verstrijkt, verlies je een percentage. Tegen je 50e zit je op de 'helft' van je leven. Op je 75e zit je in de 'laatste etappe'.

Maar dat is niet hoe je kilometerteller werkt.

Je kilometerteller telt niet af. Hij telt op.

Elke mijl die je rijdt, wordt bij je totaal opgeteld. Elk jaar dat je leeft, wordt onderdeel van je volledige reis. Je verliest geen leven – je verzamelt het.

Als je 26 jaar oud bent, is je leven niet '26 van de mogelijke 80'. Je leven IS 26 jaar. Dat is 100% van wat je hebt geleefd. Dat is de volledige maatstaf van je bestaan tot nu toe.

Als je 27 wordt, word je niet '27 van de 80'. Je wordt 27 jaar oud – je nieuwe 100%. Je referentiepunt wordt gereset. Je volledige leven is nu één jaar langer.

Dit is geen haarkloverij. Dit verandert hoe je tijd ervaart.

Als je aftelt ('Ik heb nog 25 zomers te gaan'), voelt elke zomer die voorbijgaat als een verlies. Je verbruikt een beperkte bron. Het aftellen zorgt voor angst, urgentie en druk. Je voert een race tegen een klok die misschien niet eens op jou van toepassing is.

Als je optelt ('Dit is zomernummer 48 voor mij'), is elke zomer die aanbreekt een geschenk. Je hebt niets verloren – je hebt er een nieuwe bij gekregen. En als de volgende zomer komt, wordt die onderdeel van je nieuwe 100%.

Je krijgt elk jaar één extra zomer. En zodra je die hebt beleefd, wordt het onderdeel van je voltooide 100% – geen aftrekpost van een arbitrair totaal, maar een toevoeging aan je werkelijke leven.

Perspectief: Elke ochtend dat je wakker wordt

Elke keer dat je wakker wordt, ben je gezegend. Je bent er nog, en je kunt een nieuwe rit maken.

Er zijn op dit moment mensen in de loopgraven die alleen maar hopen de volgende dag te halen. Er zijn daklozen die hopen de dag door te komen zonder te verhongeren. Er zijn mensen in onderdrukte of door oorlog verscheurde landen die hopen morgen te halen, of die gewoon proberen van het moment te genieten omdat er elk moment een onverwachte aanval kan plaatsvinden.

Dit is niet bedoeld om doemscenario's te schetsen. Dit is de realiteit voor miljoenen mensen.

Vraag hen eens of ze het gevoel hebben dat ze halverwege hun tijdlijn zitten.

Dat je überhaupt over morgen kúnt nadenken – vooruit kunt plannen, kunt streven naar iets voorbij vandaag – is al een voorrecht. Dus als je over de toekomst wilt nadenken, is hier een beter kader dan het aftellen van zomers die je misschien niet eens hebt.

Het 5%-doel

Je zit nu op je 100%. Maar laten we zeggen dat je over de toekomst wilt nadenken. Laten we zeggen dat je naar iets wilt streven voorbij vandaag.

In plaats van af te tellen vanaf een willekeurig getal, streef je naar een extra 5% bovenop je huidige 100%.

Niet 20%. Niet 30%.

Hoe ver ga je? Slechts 5%.

Ben je 40 jaar oud? Jouw 100% is 40 jaar. Streef naar een extra 5% – dat zijn 2 extra jaren om gezond te blijven, voor jezelf te zorgen, keuzes te maken die je lichaam en geest ondersteunen. Je kunt je voorstellen hoe je de komende 2 jaar van je werkleven wilt besteden. Die extra 5% is heel redelijk. Dat kun je aan. Je weet al hoe je moet leven – je doet het immers al 40 jaar. Slechts 5% meer toevoegen lijkt haalbaar.

Het mooie van het 5%-kader is dit: hoe ouder je wordt, hoe groter die 5% in absolute termen wordt, maar hoe beter je uitgerust bent om ermee om te gaan. Het percentage is relatief aan je leeftijd.

5% van 20 jaar is 1 jaar. 5% van 60 jaar is 3 jaar. 5% van 90 jaar is 4,5 jaar.

Het getal groeit, maar je bekwaamheid ook. Je wijsheid. Je hebt je hele leven geleerd hoe je voor jezelf moet zorgen, hoe je je route moet bepalen, hoe je je voertuig moet besturen. Elk extra jaar maakt je er beter in.

En wanneer je die extra 5% bereikt, blijft het niet '5% extra'. Het wordt onderdeel van je nieuwe 100%.

Als je 40 bent en je streefde naar 42, dan is dat, wanneer je de 42 bereikt, niet '105% van je voorspelde leven'. Dat is je nieuwe 100%. Je volledige leven. Je volledige kilometerstand.

Je kunt er 10% van maken in plaats van 5%. Het principe blijft hetzelfde. Het punt is dit: je jaagt niet op een externe tijdlijn. Je bouwt voort op wat je al hebt bereikt. En elke dag die je leeft, wordt onderdeel van je voltooide 100%, niet een percentage dat wordt afgetrokken van een denkbeeldig totaal.

De toekomstige jij bezit de toekomstige 100%

Hier is het deel dat lastig uit te leggen is, maar cruciaal om te begrijpen:

Er staan geen 'onvoltooide zaken' op de 100% van vandaag.

Je leven op dit moment – jouw 100% – is compleet. Er ontbreekt niets aan. Je hebt niet gefaald in dingen die je 'tegen die tijd gedaan had moeten hebben', want deze 100% is wat je daadwerkelijk hebt gedaan, niet wat je denkt dat je had moeten doen.

Jouw 100% is wat jou als persoon heeft gevormd.

Dat is wie je bent. Je bent niet de plannen voor je toekomst die nog niet zijn gebeurd.

De toekomstige jij zal de toekomstige 100% bezitten. Niet de huidige jij.

Als er iets is wat je wilt doen, iets wat je wilt ervaren, iets wat je wilt bereiken – dan hoort dat thuis op de kilometerteller van de toekomstige jij. Wanneer je daar aankomt, wordt het onderdeel van die

100%. Maar het ontbreekt niet aan deze 100%, want je huidige 100% is compleet zoals hij is.

Je hebt geen ideeën voor de toekomst. Die ideeën zijn hier in het heden − je hebt ze al. Je zult in de toekomst andere ideeën hebben, maar daar leef je nu nog niet. Leef vandaag. Beslis welke ideeën zinvol zijn en voer ze vandaag uit, want dat zijn je huidige ideeën. De toekomstige ideeën horen bij de toekomstige jij.

Stop met het meten van wat je nog niet hebt gedaan aan de hand van een denkbeeldige tijdlijn. Stop met denken: 'Ik ben 35 en ik had al [een huis moeten kopen / kinderen moeten hebben / een bedrijf moeten starten / de wereld moeten rondreizen].'

Moeten volgens wie? Volgens welke tijdlijn? Volgens welke route?

Jouw route is de jouwe. Jouw 100% is wat je hebt geleefd, niet wat je dacht dat je geacht werd te leven. En wanneer je die dingen doet − áls je die dingen doet − worden ze onderdeel van je toekomstige 100%, die net zo compleet zal zijn als je huidige 100%.

Hoe leven op 100% eruitziet

Een vriend van me leefde in de aftelmodus. Gestrest. Altijd aan het plannen. Altijd aan het meten. Altijd het gevoel dat hij achterliep.

Ik deelde dit perspectief met hem. Het 100%-concept. Het idee dat hij nu al compleet is.

Hij vertelde me later dat de stress uit zijn systeem verdween. Hij leefde in een toekomst die er nog niet is. Hij begon vandaag te leven.

Nu staat hij zichzelf toe om op een dag niets te doen als hij daar geen zin in heeft. Er is geen quotum waaraan hij moet voldoen. Hij legt verantwoording af aan zijn huidige ik.

Ik ben daar ook geweest. Er was een tijd dat ik om 4 uur 's ochtends wakker werd om op eBay te bieden op Air Jordan 1s. Ik probeerde ze weg te kapen voor de neus van andere bieders. Nou ja, ik ben geen dief, ik ben een liefhebber. Het punt is: waartegen was ik aan het racen? Een of andere denkbeeldige deadline? Alsof de tijd opraakte om een sneakercollectie te 'voltooien' die helemaal geen eindpunt had. Mijn drang had al 34 paar opgeleverd, maar ik zag niet dat ik al compleet was. Ik telde wat ik nog moest hebben in plaats van wat ik al had verzameld. Die urgentie – die afteldruk – veroorzaakte de stress.

En terwijl ik dit boek schrijf, kan ik nog meer omarmen dat dit mijn 100% is. Dit is niet zomaar een boek voor op mijn bucketlist. Door vandaag deze boodschap van 'er is geen examen' op te schrijven, laat ik iets tastbaars achter dat voortleeft als ik er niet meer ben.

Ik ben me er volledig van bewust dat ik op mijn 100% zit. Dat morgen geen gegeven is. En mijn ziel zou teleurgesteld zijn als ik dit boek niet had afgemaakt voordat ik weg ben.

En als iemand dit oppikt en het vernieuwt of ontkracht en het beter maakt voor de samenleving, zelfs dan leef ik voort – omdat ik heb geholpen vorm te geven aan wat niet gedaan hoeft te worden.

Ja, dat klinkt fatalistisch. Maar zelfs mijn ego dat dit boek wil afmaken is zich bewust: we zitten nu op onze 100%.

Kijk nu eens naar je kilometerteller. Hoeveel jaar staat er? Dat is geen fractie van een voorspeld totaal. Dat is geen 'X van de Y'. Dat is je volledige reis tot nu toe. Dat is 100% van je leven.

Ze verkopen geen auto's met een aflopende kilometerteller of met een kilometerlimiet. De kilometers worden altijd opgeteld.

Elke mijl achter je is onderdeel van je reis. Geen voorbereiding op je reis. Geen 'opstartfase' voordat je 'echte leven' begint. De mijlen die je al hebt gereden ZIJN je leven.

De jaren die je op school hebt doorgebracht? Deel van je 100%. De relaties die niet werkten? Deel van je 100%. De banen die je probeerde en opzegde? Deel van je 100%. De plaatsen waar je woonde? Deel van je 100%. De fouten die je maakte? Deel van je 100%. De dingen waar je trots op bent? Deel van je 100%.

Alles. Elke mijl. Dat is jouw reis. En die is compleet.

Wanneer je meer mijlen toevoegt, voltooi je niet je reis. Je breidt hem uit. Je reis was al compleet. Nu is hij compleet over een langere afstand.

Dat is de omslag.

Je raakt niet door je leven heen. Je verzamelt het. Je bent niet halverwege de finish. Je zit op 100% van de reis die je tot nu toe hebt afgelegd. En morgen zit je weer op 100%, met één dag erbij.

Er is geen examen dat beoordeelt of je al ver genoeg hebt gereden.

Er is geen scorekaart die meet of je kilometerstand 'goed' is of 'achter-loopt op schema'.

Er is alleen jouw kilometerteller. Jouw mijlen. Jouw 100%.

En elke ochtend dat je wakker wordt, gaat dat getal omhoog, niet omlaag.

Vandaag is 100% van je leven. Morgen is je nieuwe 100%. Stop met het aftellen van zomers die je misschien niet hebt. Begin met het tellen van de zomers die je haalt.

Hoofdstuk 17

OGEN OP DE WEG

Zelfs als je op de juiste weg zit, in de goede richting rijdt en vooruitgang boekt, kunnen je ogen nog steeds ergens anders zijn.

Een blik op het scherm. Meldingen checken. Door de route van iemand anders scrollen terwijl je eigenlijk je eigen koers hoort te bepalen.

Letterlijk tijdens het rijden. Maar dit is ook de realiteit in elk ander deel van ons leven.

Je kunt precies zijn waar je moet zijn en het toch volledig missen. Want fysiek aanwezig zijn is niet hetzelfde als écht aanwezig zijn.

De vangrails die helpen

Als ik in de auto stap, open ik Waze – een navigatie-app die de route, verkeerspatronen en ongelukken laat zien. Het is net als Google Maps, maar dan met live-updates van andere chauffeurs. Ik voer mijn bestemming in om een idee te krijgen van de aankomsttijd, en dan plaats ik mijn telefoon horizontaal in een magnetische houder aan het ventilatierooster. Het bijzondere hieraan is dat ik mijn telefoon horizontaal draai in plaats van verticaal.

De reden dat ik dit ben gaan doen: als de telefoon horizontaal staat, heb je een breder overzicht van de kaart. Een beter panoramisch perspectief. Je ziet meer van wat er aan komt, vooral in de 3D-weergave – het helpt je om de route voor je met meer diepgang te begrijpen.

Maar ik bleef het doen om een andere reden.

Wanneer de telefoon horizontaal staat en er komt een appje binnen, dan neemt het antwoordveld het hele scherm in beslag als je probeert te reageren. Het is onhandig. Het toetsenbord blokkeert alles. Dat maakt appen tijdens het rijden net onhandig genoeg dat ik de moeite niet neem.

Ik creëer een vangrail voor mezelf. Ik vertrouw niet op wilskracht – ik bouw een systeem waarin de verkeerde keuze moeilijker is dan de goede.

Wilskracht is eindig. Het raakt op. Zeker aan het eind van een lange dag, wanneer je moe en gestrest bent en dat meldingsgeluidje klinkt. Je hebt misschien de discipline om het één keer te negeren, twee keer, misschien wel tien keer. Maar uiteindelijk ga je toch kijken. Wilskracht alleen is niet bestand tegen de constante zuigkracht van afleiding.

Daarom heb je vangrails nodig. Systemen die werken, zelfs als je wilskracht het laat afweten.

En als ik niet afgeleid word door te proberen te appen, of te kijken wie er net een bericht stuurde, of naar de aftellende aankomsttijd te staren in een poging mijn geschatte tijd te verbeteren, kan ik daadwerkelijk aandacht besteden aan wat er om me heen gebeurt.

Jouw weg of die van een ander

Maar meestal bouwen we geen vangrails. We scrollen gewoon.

Door de vakanties van anderen. De prestaties van anderen. De zorgvuldig samengestelde momenten van anderen die hun route er beter uit laten zien dan de jouwe.

Je zit in je eigen auto, op je eigen route. En ondertussen kijk je naar de hoogtepuntenreeks van iemand anders.

Denk eens aan het kind van een vriend. Het vrolijkste kind dat je kent, toch? Altijd lachend op foto's. Elke foto op sociale media laat zien hoe ze lachen, spelen en de tijd van hun leven hebben.

Je ziet misschien vijf minuten van hun dag – het fractietje dat hun ouders kozen om te delen. En je gaat ervan uit dat dat kind de hele dag lacht. Dat hun leven één en al vreugde is. Dat je vriend een of ander opvoedgeheim heeft ontdekt dat jij niet kent.

Maar je ziet de driftbui niet die vijf minuten vóór de foto plaatsvond. De scène om de beker met de verkeerde kleur. De strijd bij het naar bed gaan. De momenten die niet gepost worden.

Je kijkt naar de weg van anderen, maar je ziet alleen de stukken die zij jou willen laten zien. Niet eens hun echte weg. Hun bewerkte versie.

En terwijl je naar hun bewerkte wegen kijkt, mis je die van jezelf.

Misschien mis je de jouwe wel expres. Misschien heb jij thuis de driftbuien, de strijd om het slapengaan, de chaos die zich niet laat fotograferen. En troost het je om terug te scrollen naar het gelukkigste kind ter wereld. Het herinnert je eraan dat het leven van anderen er gemakkelijker, beter en georganiseerder uitziet dan dat van jou op dit moment.

De ironie is dat we zo bang zijn om iets te missen van wat de rest doet, dat we missen wat we zelf aan het doen zijn.

Je zit achter het stuur van je eigen leven, en je staart naar het dashboard van een ander.

Het uur dat er het meest toe doet

Je hebt waarschijnlijk wel gehoord van de IC in ziekenhuizen – de intensive care. Maar er is ook een afdeling met de afkorting NICU. De N staat voor Neonataal. Intensive care voor pasgeborenen.

Het is een bijzondere plek. Rijen couveuses. Piepkleine baby's aangesloten op monitoren en slangetjes. Verpleegkundigen die met een enorme precisie bewegen, alsof ze het meest breekbare ter wereld vasthouden. Omdat dat ook zo is.

Iedereen op die afdeling heeft één doel: deze baby's helpen groeien, ze helpen vechten, ze helpen het te halen.

In 2017 werden mijn kinderen te vroeg geboren. We brachten 78 dagen door op de NICU.

Achtenzeventig dagen waarin je een nieuwe gemeenschap leert kennen – de andere ouders die die ruimte delen, de artsen, het personeel en vooral de verpleegkundigen. Je leert mensen kennen op manieren die je niet verwacht wanneer je samen op zo'n afdeling ligt.

Als ouder mag je tijd doorbrengen bij je kinderen op de NICU, maar er zit een addertje onder het gras: de tijdsduur. Dat verschilt per ziekenhuis, omdat de pasgeborenen – meestal prematuurtjes – niet te veel aan de buitenwereld blootgesteld kunnen worden. Gemiddeld mag je maar één uur per dag op bezoek komen.

Eén uur.

Dat is wat je krijgt. Een uur om er te zijn, door de couveuse naar ze te kijken, voor ze te zingen, ze te vertellen over je dag, over hoe je hun kamer thuis klaarmaakt. Alle dingen die je straks met ze wilt doen als ze sterk genoeg zijn om weg te gaan.

Zodra een prematuurtje bepaalde mijlpalen in gewicht en lengte bereikt, en wanneer de inwendige organen voldoende ontwikkeld zijn, verhuizen ze naar de tussenafdeling. Dat is het moment dat je ze eindelijk mag vasthouden. Kangoeroezorg – huid-op-huidcontact, warmte, hartslag. De meest basale, instinctieve verbinding tussen ouder en kind.

Ik bracht dat uur volledig gefocust door. Kon ik dat gevoel maar vasthouden. Elke kleine beweging observeren. Het leven plannen dat we zouden hebben zodra ze naar huis kwamen.

Je zou denken dat dit vanzelfsprekend is, toch? Een makkelijke beslissing om je ogen op de weg te houden. Maar dat was het niet.

Op een keer zag ik een vader in de stoel naast me. Zijn baby lag op zijn schoot tijdens hun huid-op-huid-uurtje. En hij zat op zijn telefoon naar een voetbalwedstrijd te kijken.

Ik herinner me dat ik schreeuwde in mijn hoofd: 'Je baby is daar! Op je schoot. Je krijgt maar één uur per dag. En je kijkt naar een wedstrijd!?'

Ik oordeel niet over zijn vaderschap in het algemeen. Ik ken zijn hele verhaal niet. Onze context was overduidelijk anders. Ik was voor het eerst vader – misschien was dit wel zijn derde kind. Ik had geworsteld met mijn spermakwaliteit en beweeglijkheid, en daardoor duurde onze zwangerschap vijf jaar in plaats van de gebruikelijke negen maanden. Dus misschien was ik me er meer van bewust hoe kostbaar dat ene uurtje was.

Misschien verwerkte hij het trauma op de enige manier die hij kende. Misschien was het kijken naar die wedstrijd de enige manier om niet in te storten, om niet het volle gewicht te voelen van het hebben van een kind op de NICU.

Maar wat ik wel wil zeggen is dit: sommige momenten zijn onvervangbaar.

Sommige tijd is meer waard dan andere tijd.

Dat ene uur met je kind op de NICU is meer waard dan duizend uur van welke wedstrijd dan ook.

Afleiding maakt alles gelijkwaardig. Het behandelt onvervangbare momenten hetzelfde als wegwerptijd.

En als dat uur eenmaal voorbij is, krijg je het niet meer terug. De wedstrijd kun je terugkijken. Je kunt de samenvatting zien. Je kunt de uitslag opzoeken.

Dat ene onvervangbare uur – dat ligt op jóúw weg. Het is misschien wel het meest cruciale deel van je reis tot nu toe. En als je je ogen er niet op houdt, rijd je zo voorbij aan het moment dat er het meest toe deed. Je komt er niet nog een keer langs.

De drang tot documenteren

Het concert dat je aan het filmen bent – de kans is zeer groot dat het al wordt vastgelegd door professionals met betere apparatuur dan jij hebt.

Kijk om je heen. Er is een videoploeg. Meerdere camera's. Professionele audio. De wijzen spreken alleen over wat ze weten – en deze mensen weten precies hoe ze dit moment moeten vastleggen. Dat is letterlijk hun vak.

En daar sta jij dan met je telefoon in de lucht, een schokkerige versie van lage kwaliteit op te nemen van iets dat al professioneel wordt gedocumenteerd door mensen die weten wat ze doen.

Ondertussen bekijk je het concert door een schermpje in plaats van met je eigen ogen. Je bent zo druk bezig met het vastleggen van het moment dat je het niet daadwerkelijk beleeft.

Wat als je je telefoon eens wegstopt en gewoon kijkt?

Wees aanwezig. De videoploeg die het concert vastlegt – zij zijn op zoek naar de energie van het publiek. Ze willen de ervaring laten zien, de opwinding, de connectie tussen de band en de zaal. Op wie denk je dat ze hun camera's richten? Op de persoon die met een telefoon voor zijn gezicht staat? Of op de persoon die er helemaal in opgaat, meezingt en het moment echt beleeft?

Misschien eindig je zelfs als die persoon in de officiële beelden. Het centrale shot. De top fan uit de video. En dan – dit gebeurt echt – neemt de band misschien wel contact met je op omdat je nu de beroemde top fan van de band bent op internet.

Mensen herkennen je uit die video. De band nodigt je uit backstage bij hun volgende show. Meet-and-greet. Fotomoment met de hele band. Gesigneerde merch met een persoonlijk berichtje om je te bedanken dat je die avond zo opging in de muziek. Allemaal omdat je je telefoon liet zakken en het moment echt beleefde, in plaats van een inferieure versie te filmen van wat toch al werd vastgelegd.

Je probeert de herinnering te bewaren door hem te filmen. Maar je voorkómt juist dat de herinnering zich vormt.

Dat is een paradox. De handeling van het documenteren verstoort de ervaring die je probeert te documenteren.

Je filmt het concert om te onthouden dat je erbij was. Maar je herinnert je niet dat je erbij was – je herinnert je dat je het aan het filmen was.

Je brein heeft je aanwezigheid nodig

Denk eens aan de laatste keer dat iemand je een verhaal vertelde terwijl jij door sociale media scrolde.

Kun je je herinneren wat diegene zei? Waarschijnlijk niet.

Maar je herinnert je misschien wel de post die je aan het lezen was.

Dat komt niet omdat je een slechte luisteraar of een slechte vriend bent. Je brein kan maar aan één ding tegelijk de volle aandacht schenken.

Er zijn verschillende hypothesen die suggereren dat het menselijk brein niet echt kan multitasken als het gaat om taken die bewuste aandacht en focus vereisen. In plaats daarvan is wat wij als multitasking ervaren eigenlijk het razendsnel wisselen tussen taken – waarbij het brein de aandacht heen en weer schuift tussen verschillende activiteiten. Wanneer je scrollt, is dat wat je brein opslaat. Dat is wat als herinnering wordt bewaard.

Wanneer je een concert filmt met je telefoon, slaat je brein de handeling van het filmen op – het kader, het scherm, of je het beeld goed hebt, je hand stilhouden. Niet de muziek zelf. Niet de energie in de zaal. Niet de ervaring om daar te zijn.

De momenten waarbij je afwezig bent, komen niet terug. Je kunt de diploma-uitreiking van je kind niet opnieuw beleven. Je kunt dat concert niet opnieuw bezoeken. Je krijgt geen extra uur op de NICU.

Weg is weg.

Dus wanneer je je aandacht verdeelt tussen de uitvoering van je dochter en je zakelijke e-mail, krijg je niet 50% van elke ervaring. Je krijgt een inferieure versie van beide. Je bent bij geen van beide echt aanwezig.

'Maar het is belangrijk!'

Wie is belangrijk? Je werk of je dochter?

Jouw afleiding beïnvloedt je omgeving

Je bent niet alleen jezelf aan het filmen of afleiden van de huidige gebeurtenis, je leidt ook anderen af.

Loop eens een bioscoop binnen nadat de lichten zijn gedoofd.

Tel de telefoonschermen die oplichten in het donker. Mensen die berichten checken. Door feeds scrollen. Op appjes reageren. Niet kijken naar de film waar ze voor betaald hebben.

Maar ze verpesten niet alleen hun eigen ervaring.

Dat telefoonscherm is als een zaklamp in een donkere kamer. Het trekt de ogen van iedereen weg van het witte doek. Het verbreekt de betovering. Het verpest het moment voor de persoon naast hen, achter hen, voor hen.

Hun afleiding is niet alleen hún probleem. Het is het probleem van iedereen.

De persoon naast hen in de bioscoop heeft niet betaald om te zien hoe zij door Instagram scrollen. Die heeft betaald om op te gaan in een verhaal. En de gloed van die telefoon rukt hen daaruit weg.

Hetzelfde geldt in het echte leven. Wanneer je zit te scrollen tijdens een gesprek, weet de ander dat. Ze voelen het. Ze proberen je iets te vertellen dat voor hen belangrijk is, en jij geeft het signaal – zonder het te zeggen – dat wat er op je scherm staat belangrijker is.

Jouw afwezigheid raakt niet alleen jou. Het raakt iedereen die probeert aanwezig te zijn mét jou.

Je kind zoekt je

Je gaat naar een uitvoering op de school van je kind. Het is de dag van de diploma-uitreiking en ze hebben een evenement voor de ouders voorbereid. De aula stroomt vol. Kinderen komen het podium op in hun toga's, of hun speciale kleding, wat de gelegenheid ook vraagt.

Je vindt een plekje. Pakt je telefoon om nog even snel een werkmail te checken voordat het begint. Dan begint de ceremonie en je houdt je telefoon op schoot. Voor het geval er iets dringends binnenkomt. Of misschien scroll je wel. Of misschien heb je je AirPods in omdat je in een conference call zit die je niet kon verzetten.

Het kind staat op het podium. Speurt het publiek af. Zoekt de ogen van de ouders.

Ik weet dit omdat ik het gezicht van mijn kind heb gezien wanneer hij ons in het publiek vindt. Zijn gezichtsuitdrukking verandert. Hij zoekt die verbinding. Die erkenning dat we kijken, dat we hem zien, dat dit moment ook voor ons belangrijk is.

Het kind weet niet dat je in een 'belangrijk werkoverleg' zit. Ze begrijpen niet dat je baas meteen een antwoord nodig had, of dat je iets dringends aan het checken bent.

Ze weten alleen dat je niet naar ze kijkt.

Ze zullen zich herinneren dat je er was – technisch gezien. Fysiek aanwezig. In de kamer.

Maar ze zullen zich ook herinneren dat je er niet echt was. Dat toen ze naar je zochten, toen ze wilden zien of jij hen zag, je aandacht ergens anders was.

Dat is de herinnering die zij vormen. Niet omdat je een slechte ouder bent. Maar omdat je een mens bent, en afleiding overal is, en we het normaal zijn gaan vinden om afwezig te zijn terwijl we er wel zijn.

Jij zit achter het stuur van deze relatie. Je kind kijkt hoe je stuurt.

De inhoud bestaat al

Er is geen examen over hoeveel content je genereert.

Niemand geeft je een cijfer voor de kwaliteit van je concertbeelden. Niemand beoordeelt je vakantiefoto's. Niemand houdt de score bij van hoeveel momenten je hebt vastgelegd.

De content die je zo wanhopig probeert te maken? Die bestaat al. Professionele versies ervan. Betere versies dan jij met je telefoon kunt maken.

Wat niet bestaat – wat door niemand anders kan worden nagedaan – is jouw ervaring om daar te zijn.

Jouw perspectief. Jouw aanwezigheid. Jouw daadwerkelijke aandacht voor wat er voor je neus gebeurt.

Dat is wat uniek is. Dat is wat onvervangbaar is.

Niet de beelden. De ervaring zelf.

En elk moment dat je besteedt aan het maken van content over je leven, is een moment dat je je leven niet echt aan het léven bent.

Je zit achter het stuur. Maar in plaats van naar de weg te kijken, ben je hem aan het filmen.

Wat je opoffert

Ik zeg niet dat je nooit een foto mag maken. Nooit iets mag opnemen. Nooit momenten mag delen met mensen om wie je geeft.

Maar besef wel welke ruil je maakt.

Elke keer dat je je telefoon pakt om iets vast te leggen, ruil je aanwezigheid in voor documentatie. Ervaring voor content. Er zijn voor het bewijs dat je er was.

Soms is die ruil logisch. Soms wil je de documentatie liever dan de volledige ervaring op dat moment.

Maar meestal? Meestal maken we geen bewuste keuze. We vallen terug op documenteren omdat iedereen het doet. Omdat we bang zijn dat we het zullen vergeten. We denken dat we bewijs nodig hebben.

En we eindigen met duizenden foto's waar we nooit naar kijken en herinneringen die we nooit echt hebben gevormd.

De telefoon op je schoot tijdens de uitvoering van je kind? Die levert je niets op. Het haalt je alleen maar weg uit het moment.

Het scrollen tijdens je woon-werkverkeer? Je kijkt naar de weg van anderen in plaats van die van jezelf te rijden.

Het filmen bij het concert? Je voorkómt juist die herinnering die je probeert te bewaren.

Je ruilt onvervangbare momenten in voor... ja, voor wat eigenlijk? Content die al in betere vorm bestaat? Bewijs voor mensen die er niet bij waren en die het eigenlijk niet eens zoveel uitmaakt?

Waar je je ogen op moet richten

De werkelijke weg waar je op rijdt. Het werkelijke moment waar je in zit. Het werkelijke leven dat je leidt.

Niet de weg van een ander. Niet de hoogtepuntenreeks van een ander. Niet de professioneel gefilmde versie die je later gaat bekijken in plaats van hem nu te ervaren.

Jouw weg. Nu. Dit moment. Soms IS de toeristische route juist waar het om gaat.

Vandaag is geen aftelling naar betere dagen. Vandaag is je volledige reis. Nu. Dit moment maakt deel uit van jouw 100%.

En als je er niet bij aanwezig bent − als je ogen overal zijn behalve op de weg waar je daadwerkelijk op rijdt − dan mis je je eigen leven.

Kijk om je heen. Alles telt mee. Kleine gebaren doen ertoe − inclusief de barista die vanochtend naar je glimlachte.

De vangrails helpen. Waze horizontaal. De telefoon in een andere kamer tijdens het eten. De beslissing om gewoon te kijken in plaats van te filmen.

Maar het is een keuze die je van moment tot moment maakt.

Je kind staat op het podium en zoekt je. Rusten je ogen op hen, of op je scherm?

Je vriend vertelt je iets belangrijks. Ben je aan het luisteren, of aan het scrollen?

Je zit achter het stuur van je eigenlijke leven. Zijn je ogen op jouw weg gericht, of op die van iemand anders?

Er is geen examen dat je aanwezigheid beoordeelt. Geen scorekaart die je aandacht bijhoudt. Geen eindevaluatie over de vraag of je er echt was voor je eigen leven.

Maar je zult het zelf weten. In de stille momenten. In de herinneringen die je wenste te hebben maar die er niet zijn. In de momenten waar je fysiek wel was, maar die je volledig hebt gemist.

Jij rijdt deze route. Niemand anders kan het voor je doen. Niemand anders kan aanwezig zijn voor jouw momenten. Niemand anders kan jouw ogen op jouw weg houden.

Dat is jouw taak.

Niet omdat er iemand kijkt. Maar omdat het jouw weg is. Jouw leven. Jouw unieke kans om er ook echt te zijn.

Hoofdstuk 18

JE UNIEKE ROUTE

Niemand in de geschiedenis van de snelweg heeft jouw exacte route gereden, en niemand zal dat ooit doen.

Dit is geen wijsheid van een gelukskoekje. Het is een wiskundige realiteit. De specifieke combinatie van waar je bent begonnen, welke afslagen je hebt genomen, welke passagiers je hebt vervoerd, welke stopplaatsen je nodig had, welke omwegen je nam – dat is onherhaalbaar.

Zelfs als iemand zou proberen jouw reis stap voor stap na te bootsen, zou dat niet lukken. Te veel variabelen. Andere timing. Ander weer. Een andere versie van henzelf die de keuzes maakt.

Jouw route is wiskundig gezien volledig van jou.

De autodealer, vijf jaar later

Stel je een autodealer voor. Rijen identieke voertuigen, vers van de lopende band. Zelfde merk, zelfde model, zelfde bouwjaar. Sommige onmogelijk van elkaar te onderscheiden, op de lakkleur na.

Tien mensen kopen op dezelfde dag diezelfde auto.

Kom vijf jaar later terug. Zet die tien auto's naast elkaar op de parkeerplaats.

Ze zien er niet meer hetzelfde uit.

Eén heeft 80.000 snelwegkilometers op de teller, gelijkmatige slijtage, minimale schade, regelmatig onderhoud. Eén heeft 40.000 stadskilometers, schade door fileparkeren en optrekken, versleten remmen en stress van constant gasgeven en afremmen. Eén heeft 100.000 kilometer over grindpaden en bergpassen gereden, heeft roest aan het chassis, reparaties aan de ophanging en karakteristieke sporen van het ruwe terrein.

Dezelfde auto. Totaal verschillende reizen. En elke reis heeft zijn sporen nagelaten.

Je kunt zien welke auto van de ouder was die elke ochtend de kinderen naar school bracht. Welke van de vertegenwoordiger was die over de snelwegen raasde. Welke van de weekendavonturier was die binnendoorweggetjes door nationale parken nam.

De auto's begonnen identiek. De routes maakten ze verschillend.

Je bent misschien op een soortgelijke plek begonnen als iemand anders – dezelfde geboorteplaats, dezelfde school, dezelfde kansen. Maar de specifieke route die je hebt gereden, de specifieke keuzes die je bij elk kruispunt hebt gemaakt, de specifieke passagiers die je hebt vervoerd, het specifieke terrein waarover je hebt genavigeerd – dat alles heeft de onherhaalbare versie van jou gecreëerd die nu bestaat.

Zelfs tweelingen wijken af

Laten we het voorbeeld van de eeneiige tweeling er weer bij pakken. Genetisch identiek. Opgegroeid in hetzelfde huis, door dezelfde ouders, in dezelfde cultuur, met hetzelfde eten en op dezelfde scholen.

Zo identiek als twee menselijke startpunten maar kunnen zijn.

En toch worden het verschillende mensen.

De een wordt kunstenaar. De ander ingenieur. De een verhuist naar de andere kant van het land. De ander blijft in zijn geboortestad. De een trouwt jong. De ander blijft vrijgezel. De een krijgt kinderen. De ander niet.

Niet alleen wat betreft persoonlijkheid – dat is te verwachten. Zelfs als we in een wereld zouden leven waarin alleen uiterlijk telde voor kansen, waarin aantrekkelijke mensen alle banen en sollicitatiegesprekken kregen, zouden eeneiige tweelingen nog steeds niet dezelfde kansen krijgen. Zelfde gezicht, maar de een loopt het kantoor binnen op de dag dat er iemand wordt aangenomen. De ander loopt een week later binnen, wanneer de vacature al vervuld is. De een wordt opgemerkt door een recruiter in een koffietentje. De ander is die dag thuis. Zelfde uiterlijk, andere timing, totaal andere uitkomsten.

Waarom? Omdat ze, hoewel ze op dezelfde plek begonnen, niet dezelfde route hebben gereden.

Misschien werd de een als kind ziek en bracht diegene maanden door in het ziekenhuis – dat veranderde alles aan hoe diegene naar gezondheid, risico en sterfelijkheid kijkt. Misschien had de een een leraar die iets in hem of haar aanwakkerde. Misschien maakte de een een vriend die hem of haar een andere kant op trok. Misschien koos de een voor links op een kruispunt waar de ander voor rechts koos, en die ene afslag zorgde voor een kettingreactie van volledig verschillende decennia.

Als eeneiige tweelingen elkaars route al niet kunnen kopiëren, welke kans heeft iemand anders dan om de jouwe te evenaren?

Je achtergrond is onherhaalbaar

Je bent niet zomaar op een plek begonnen. Je begon op een specifiek moment in de tijd, onder specifieke omstandigheden, met specifieke mensen om je heen, in een specifieke versie van de wereld die niet meer bestaat.

De economische realiteit waarin je terechtkwam. De beschikbare technologie. De culturele waarden die jouw generatie in zich opnam. De kansen die wel of niet bestonden. De specifieke gezinsdynamiek waarin je je weg moest vinden. De exacte opeenvolging van ervaringen die hebben gevormd hoe je al het andere verwerkt.

Iemand die tien jaar voor jou is geboren? Andere wereld. Andere regels. Andere basisaannames over wat mogelijk is.

Iemand die tien jaar na jou is geboren? Ook anders. Technologieën die jij moest leren, daar zijn zij mee opgegroeid. Jouw angsten en worstelingen begrijpen zij soms niet eens. Voordelen die zij hebben, daar had jij nooit toegang toe.

Zelfs iemand die in hetzelfde jaar als jij is geboren, in dezelfde stad, met een vergelijkbare achtergrond, had nog steeds niet jouw ouders. Jouw broers of zussen. Jouw leraren. Jouw toevallige ontmoetingen. Jouw specifieke reeks mislukkingen en successen die je heeft geleerd wat je nu weet.

Je startpunt was uniek. Je route door de jaren heen is uniek geweest. En de versie van jou die daaruit is voortgekomen? Ook uniek.

Niet beter. Niet slechter. Gewoon onherhaalbaar.

Navigatiestijlen horen erbij

En het zijn niet alleen de externe omstandigheden. Het is hoe JIJ erdoorheen navigeert.

Sommige mensen rijden defensief, anticiperen altijd op problemen, plannen drie stappen vooruit en dekken zich in tegen worstcasescenario's. Sommige mensen rijden intuïtief, beslissen op het moment zelf, vertrouwen op hun instinct en passen zich gaandeweg aan. Sommigen rijden meedogenloos, proberen de weg op te eisen, soms zelfs vanuit woede. Sommige mensen rijden analytisch, onderzoeken elke route, optimaliseren voor efficiëntie en berekenen de voor- en nadelen.

Geen van die stijlen is fout. Het zijn gewoon verschillende manieren om door het leven te gaan. En jouw stijl is een deel van wat jouw route onherhaalbaar maakt.

Zelfs als iemand anders op exact hetzelfde kruispunt zou staan als jij, zou die er niet op dezelfde manier doorheen navigeren. Omdat ze jou niet zijn. Ze hebben niet jouw specifieke combinatie van voorzichtigheid en moed, logica en emotie, planning en spontaniteit.

Je route is niet alleen WAAR je hebt gereden. Het is HOE je hebt gereden.

Kijk naar die tien auto's van de dealer. Elk had een ander onderhoudsschema nodig. Andere rijstijlen. Andere routes die pasten bij het gebruik. Wat werkte voor de snelwegauto, zou de bergauto kapotmaken. Wat werkte voor de stadsauto, zou niet geschikt zijn voor de langeafstandsauto.

Jouw route is specifiek. Je omstandigheden zijn specifiek. Je navigatiestijl is specifiek.

Wat voor een ander werkte, kan op jouw route volledig mislukken.

Dat betekent niet dat je iets fout hebt gedaan. Het betekent dat hun route niet de jouwe was.

Jij bent de maatstaf voor jouw reis

En omdat jouw route uniek is, ben JIJ de enige geldige maatstaf voor JOUW reis.

Niet omdat jouw manier beter is dan die van alle anderen. Maar omdat niemand anders exact jouw keuzes had. Ze stonden niet op jouw specifieke terrein. Ze navigeerden niet door jouw specifieke weer. Ze vertrokken niet vanaf jouw specifieke locatie en vervoerden niet jouw specifieke passagiers.

Wanneer je jouw voortgang vergelijkt met die van iemand anders, vergelijk je onverenigbare metingen. Zij meten gereden kilometers op een totaal ander terrein. Hun kilometerstand heeft niets te maken met die van jou. Het is alsof je jouw woestijnroute vergelijkt met hun snelweg langs de kust − dezelfde afgelegde afstand, maar totaal unieke ervaringen en totaal unieke uitdagingen.

Je kunt van hen leren. Je kunt door hen geïnspireerd raken. Je kunt principes uit hun navigatiestijl overnemen.

Maar je kunt hun route niet gebruiken als bewijs dat de jouwe fout is.

Zij reden niet in JOUW auto, op JOUW wegen, met JOUW passagiers, in JOUW weer, terwijl ze JOUW beslissingen maakten.

Jij bent de enige persoon die jouw route heeft afgelegd. Dat betekent dat jij de enige geldige graadmeter bent voor de vraag of je die route goed navigeert.

Je kunt niet voluit leven op de route van een ander

Wanneer je andermans route probeert te volgen in plaats van de jouwe, wanneer je jouw reis afmeet aan die van hen, of jouw route dwingt in de vorm van de hunne, dan pakt dat als volgt uit:

Je maakt je druk dat je niet bent waar zij op jouw leeftijd waren. Ik weet het − het is moeilijk om te stoppen met vergelijken. Je hebt het gevoel dat je achterloopt. Je hebt het gevoel dat je faalt omdat jouw kilometerstand niet overeenkomt met die van hen. Maar je loopt niet achter. Je zit op een totaal andere route en meet je voortgang af aan iemand die op een andere plek is begonnen, ander terrein voor zich had en ergens anders naartoe ging. Hun tijdlijn heeft niets te maken met de jouwe.

Je probeert je omstandigheden te dwingen overeen te komen met die van hen. Je maakt keuzes die niet passen bij je werkelijke situatie, omdat 'zij dat ook deden en het bij hen werkte'. Je neemt een baan die je haat omdat het de 'juiste' carrièrepad is. Je koopt dingen die je niet kunt betalen omdat succes er zo uit hoort te zien. Je forceert jezelf in situaties die verkeerd voelen omdat hun route zegt dat dit is waar je inmiddels zou moeten zijn.

Maar hun kaart dwingen op jouw terrein werkt niet. Je eindigt alleen maar gestrest, uitgeput en lijdend, en nog steeds niet op de plek waar je dacht te zijn.

Je negeert wat er voor JOU werkelijk toe doet, omdat je te druk bent met het proberen te bereiken van wat voor HEN belangrijk was. Je besteedt jaren aan het beklimmen van een ladder die tegen het verkeerde gebouw staat. Je optimaliseert voor resultaten die indrukwekkend lijken op de routekaart van een ander, maar die voor jou totaal leeg voelen. En je eindigt met een leven dat er op foto's prachtig uitziet, maar dat niet voelt alsof het van jou is.

Je kunt niet voluit leven terwijl je de route van iemand anders probeert te rijden. Hun route was niet ontworpen voor jouw voertuig, jouw terrein, jouw bestemming, jouw stijl. Het was ontworpen voor die van hen. En geen enkele hoeveelheid inspanning zal hun route passend maken voor jouw reis.

Rijd JOUW route. Dit is de weg – JOUW weg. Met al zijn unieke bochten, specifieke omstandigheden en onherhaalbare combinaties.

Dat is geen genoegen nemen met minder. Dat is niet opgeven.

Jouw route is van jou. En proberen die van een ander te navigeren zal je nergens brengen waar het ertoe doet.

Het geheel is wat telt

Jouw perspectief is uniek. Jouw herinneringen zijn alleen van jou. Jouw context vormt alles wat je ervaart.

Maar de reden dat jouw route uniek is, gaat verder dan een enkel element.

Het is het GEHEEL van je reis. De manier waarop alles op elkaar inwerkt.

Niet slechts één element. De volledige combinatie. De manier waarop alles met elkaar botst of versmelt om de specifieke versie van het leven te creëren dat je nu leidt.

Je achtergrond vormde je perspectief. Je perspectief beïnvloedde je keuzes. Je keuzes creëerden je omstandigheden. Je omstandigheden vormden je volgende reeks keuzes. Dat alles stapelt zich op, vormt lagen, en creëert iets dat alleen precies op deze manier had kunnen gebeuren.

Daarom werkt het niet om andermans reis te kopiëren. Jullie zijn geen klonen. Je kunt iemands route niet kopiëren en dezelfde resultaten verwachten. Je kunt individuele keuzes kopiëren, maar je kunt niet het hele web van factoren kopiëren die die keuzes voor hen logisch maakten. Hun achtergrond, hun perspectief, hun omstandigheden, hun timing — dat alles werkt op manieren die niet overdraagbaar zijn naar jouw situatie.

Je bent er klaar voor

Je bent nu al zeventien etappes onderweg. Je hebt dingen geleerd. Je hebt dingen afgeleerd. Je hebt gezien hoe de snelweg werkt, hoe andere bestuurders hun routes navigeren, hoe de regels ervoor zorgen dat we niet tegen elkaar opbotsen.

Je hebt in de achteruitkijkspiegel gekeken naar waar je vandaan kwam. Je hebt de programmering die je hebt meegekregen herkend. Je hebt begrepen dat vergelijken zinloos is en dat competitie voor jou niet werkt.

Je hebt gezien dat andere mensen geen figuranten zijn. Dat vandaag

100% van je leven is, en geen aftelling naar iets beters. Dat je je ogen op JOUW weg moet houden, niet op die van alle anderen.

En nu begrijp je waarom dat alles ertoe doet: omdat jouw route wiskundig gezien volledig van jou is.

Niemand anders kan hem voor je rijden. Niemand anders kan je vertellen of je het goed of fout doet. Niemand anders had jouw exacte startpunt, jouw exacte omstandigheden, jouw exacte volgorde van beslissingen.

Wat betekent dat niemand anders jouw reis een cijfer mag geven. En belangrijker nog, jij kunt ophouden met het zoeken naar dat cijfer. Stop met je af te vragen of je wel voldoet. Stop met het zoeken naar bevestiging dat je het 'juist' doet. Er is geen externe scorekaart. Er is geen rechter die jouw route beoordeelt en beslist of het wel goed genoeg is. De route van een ander bewijst niet dat de jouwe tekortschiet. De kilometerstand van een ander maakt de jouwe niet minder geldig.

Jouw route is van jou.

Leren van het terrein. Begrijpen welke passagiers je moet meenemen. Herkennen wanneer je je tempo moet aanpassen.

Niet omdat iemand je de 'juiste' manier heeft geleerd om die dingen te doen. Maar omdat je het hebt geleerd door ze te doen.

Je wacht niet op iemand anders om je toestemming te geven om je eigen leven te leiden. Doe het gewoon.

Je bent het al aan het rijden. De drang om aanwezig te zijn is sterk. Geef eraan toe. Laat het bij je zijn.

En nu begrijp je waarom jouw specifieke route, met al zijn unieke bochten en onherhaalbare combinaties, de enige route is die je hier had kunnen brengen.

Er is geen examen dat beoordeelt of je de 'juiste' route hebt gekozen vergeleken met die van alle anderen.

Er is alleen jouw route. Jouw reis kan niet worden afgemeten aan die van een ander, omdat de omstandigheden onvergelijkbaar zijn.

En je bent er klaar voor om die route te blijven rijden.

DERDE PITSTOP

Je hebt zojuist het beste stuk snelweg tot nu toe gereden.

Deel zes ging niet meer over afleren, onderzoeken of begrijpen. Dit deel ging over het daadwerkelijke leven.

Vandaag is geen aftelling – het is 100% van je leven. Je ogen moeten op je eigen weg gericht zijn, niet op die van alle anderen. En jouw route is helemaal van jou. Niet als inspiratie. Maar als feit.

Dus zet de auto nog één keer aan de kant. De laatste pitstop voor het laatste stuk.

Kijk eens hoe anders je rijdt vergeleken met toen je uit je buurt vertrok. Je bent met niemand aan het racen. Je vergelijkt je kilometerteller niet met die van alle anderen. Je probeert geen wedstrijd te winnen die nooit heeft bestaan.

Je hebt de programmering van je geboorteplaats afgeleerd. Je hebt ingezien dat andere mensen geen obstakels of NPC's zijn – het zijn reizigers op hun eigen routes. Je hebt begrepen dat de reis zelf het leven IS dat je leidt, en geen voorbereiding op iets anders.

En nu ben je klaar voor iets wat je misschien niet had verwacht toen we aan deze rit begonnen.

Deel zeven verschilt van alles wat hiervoor kwam. De voorgaande delen gingen over helder zien – begrijpen hoe zaken er werkelijk voorstaan, inzien wat je met je mee hebt gedragen, bevestigen waarom jouw route van jou is.

Dit laatste deel? Dat gaat over wat je met die helderheid doet.

Geen instructies. Geen checklist. Geen 'dit zijn de 5 stappen om te leven zonder examen'.

Gewoon wat observaties over hoe het rijden van je eigen route er daadwerkelijk uitziet als je stopt met wachten op toestemming. Als je ophoudt jezelf te meten aan alle anderen. Als je het volledige eigenaarschap neemt over het stuur dat je al die tijd al vasthebt.

Je bent al achttien hoofdstukken aan het rijden. Je weet inmiddels hoe het werkt.

Deze laatste paar hoofdstukken gaan over rijden met intentie. Met eigenaarschap. Het besef dat dit woon-werkverkeer – deze route, deze reis, dit leven – volledig en geheel aan jou is om te navigeren.

Klaar voor de laatste etappe? Ik wel.

Laten we deze rit afmaken.

Deel Zeven

ZELF HET STUUR IN HANDEN NEMEN

Stapsgewijs meer de regie nemen.

Hoofdstuk 19

JE EIGEN KILOMETERTELLER VERSLAAN

Op dit open stuk snelweg verandert er iets.

Je kijkt niet in je achteruitkijkspiegel om te zien wie er achter je zit. Je let niet op de auto's voor je om ze in te halen. Je kijkt naar je eigen dashboard. Je eigen kilometerteller. Je eigen meter die aangeeft hoe ver je al bent gekomen.

Dezelfde snelweg. Een andere vraag. Niet langer 'Zijn we er al?', en ook niet 'Rijd ik voor op de rest?', maar 'Hoe ver kan ik dit oprekken?'

Deel zeven begint hier. Alles hiervoor ging over helder zien – de snelweg begrijpen, herkennen wat je met je mee hebt gedragen, kijken hoe andere bestuurders hun eigen routes afleggen. Dat werk heb je gedaan. Je bent gestopt bij parkeerplaatsen, hebt je kofferbak geïnspecteerd en zaken achtergelaten.

Nu komt het deel waarin je daadwerkelijk op jouw manier gaat rijden.

Niet omdat iemand je prestaties beoordeelt. Niet omdat je moet bewijzen dat je beter bent dan de auto naast je. Maar omdat je wilt zien wat jouw auto kan. Hoe ver je jezelf kunt pushen. Waartoe je werkelijk in staat bent als je stopt met jezelf te meten aan alle anderen en jezelf begint te meten aan je eigen nulpunt.

Dit gaat niet over racen. Dit gaat over reiken.

De berg die je beklimt

Mensen zeggen weleens: 'Ik heb de berg bedwongen.'

Nee, dat heb je niet. De berg is er nog steeds. Hij heeft zich niet overgegeven. Hij heeft niet verloren. Hij zal er nog lang nadat jij weg bent nog steeds staan, precies even hoog, volkomen onverschillig over het feit of jij de top hebt bereikt.

Wat je bedwongen hebt, was jezelf. Je twijfel. Je angst. De signalen van je lichaam die zeiden dat je moest stoppen. De stem in je hoofd die zei: 'Dit is goed genoeg, kunnen we nu omkeren?'

De berg was slechts het terrein. Jij was de tegenstander.

Hetzelfde geldt voor je route. Je probeert niet de andere bestuurders te verslaan. Je probeert de versie van jezelf van gisteren te verslaan. De enige competitie die er is, is die met de jij van gisteren. Degene die in totaal 1.000 mijl heeft gereden. Vandaag sta je op 1.050. Vijftig mijl verder dan je ooit bent geweest. Dat is de competitie die er echt toe doet.

Elke keer dat je verder gaat dan waar je gisteren was, concurreer je met je eigen eerdere standaard. Niet die van iemand anders. Die van jou. Gisteren was goed. Vandaag kan nog beter zijn.

En dit verschilt van de rivaliteit die je hebt afgeleerd bij de parkeerplaats: deze competitie maakt je beter in plaats van bitter.

Hoe ver kun je gaan

De vraag is niet 'Hoe lang gaat dit duren?', maar 'Hoe ver kan ik eigenlijk gaan?'

John C. Maxwell legt dit geweldig uit in zijn boek *Leadershift*, waarin hij spreekt over de verschuiving van doelen naar groei:

> Toen ik deze omslag maakte, begon ik me niet meer af te vragen hoelang iets zou duren, maar vroeg ik me af: Hoe ver kan ik gaan? In plaats van na te denken over wat ik kreeg en hoeveel ik moest betalen om het te krijgen, begon ik na te denken over wie ik aan het worden was en de impact die ik daardoor kon maken. Ik besefte dat ik op een groeireis was.[1]

Niet racen tegen de klok. Niet racen tegen andere weggebruikers. Gewoon zien waartoe je auto in staat is. Waartoe jij in staat bent. Wat er gebeurt als je stopt met het vergelijken van jouw route met die van alle anderen en jezelf begint af te vragen: 'Wat kan ik vandaag beter doen dan gisteren?'

Misschien reed je gisteren geduldig. Vandaag reed je met geduld én liet je drie auto's invoegen zonder gefrustreerd te raken. Vooruitgang.

Misschien was je gisteren aanwezig tijdens het eten met je gezin. Vandaag was je aanwezig én legde je je telefoon in een andere kamer. Vooruitgang.

Misschien werkte je gisteren een uur aan je project. Vandaag werkte je een uur én zette je door op het punt waar je normaal gesproken opgeeft. Vooruitgang.

Voor niets daarvan hoefde je iemand anders te verslaan. Niets daarvan vereiste een ranglijst. Niets daarvan had externe validatie nodig. Je hoeft niet 'naar de maan' te streven om vooruitgang te boeken.

Je moest alleen weten: hoe kan ik verder gaan dan ik gisteren ging?

Dat is de strijd aangaan met jezelf. Je vroegere zelf daagt je uit: 'Vang me als je kunt.'

Kampioenschappen zijn geen doelen

Stel je voor dat je al sinds je jeugd tennist. Recreatief, niet professioneel, maar je vindt het leuk. Je bent er goed in. Maar nu wil je het naar een hoger niveau tillen. Je hebt je ingeschreven voor een semi-professioneel toernooi – iets wat je altijd al hebt willen proberen.

Dus je traint. Elke dag na werk sta je op de baan. Sommige dagen blijf je langer om je volley te oefenen. Andere dagen werk je aan je service tot je schouder pijn doet. Je doet er alles aan omdat je die trofee wilt winnen.

Behalve dat het kampioenschap niet volledig van jou afhangt.

Een foute beslissing van de scheidsrechter kan je wedstrijd verpesten. Je tegenstanders presteren misschien net iets beter – zij zijn geen figuranten in jouw verhaal: zij hebben net zo hard getraind als jij, net zo lang gewerkt. Of juist het tegenovergestelde: misschien win je omdat je tegenstander twee grote, onvoorstelbare fouten maakte. Niet omdat jij beter speelde dan zij, maar omdat jouw winst relatief is aan hun prestatie op die specifieke dag.

Je hebt controle over je training. Je hebt controle over je inzet. Je hebt controle over het feit of je komt opdagen en alles geeft wat je hebt.

Je hebt geen controle over de uitkomst.

Het kampioenschap is niet het doel. Het is een gevolg.

Zelfs professionele sportteams begrijpen dit. Maar fans eisen trofeeën. Ze willen garanties. Coaches weten dat ze dat niet kunnen beloven – ze weten dat te veel variabelen buiten hun macht liggen – maar zelfs met die wetenschap moeten ze voor de camera's gaan staan en verklaren dat de trofee overduidelijk hun enige doel is. Dat is wat tickets verkoopt. Dat is wat fans betrokken houdt. Dat is wat ze hoop geeft.

Maar achter gesloten deuren? Daar ligt de focus anders. Ze kunnen alleen controleren wat binnen hun macht ligt. Als iedereen in het team doet wat hij moet doen, als ze de basistechnieken uitvoeren, als ze goed genoeg spelen – dan komen de overwinningen vanzelf. Niet als iets wat ze hebben afgedwongen. Maar als iets wat gebeurde omdat ze hun deel goed deden.

Jouw 'kampioenschappen' worden misschien behaald door het harde werk. Of misschien ook niet, omdat er honderd variabelen buiten jouw controle meespelen.

Maar hoe dan ook, je bent iemand geworden die sterker, bekwamer, wijzer en ervarener is dan toen je begon. De externe beloning is een gevolg. De interne groei wordt bijgeschreven op je kilometerteller.

De grootste ter wereld

Stel dat je jouw passie hebt gevonden. Misschien is het houtbewerking. Misschien is het coderen. Misschien is het fotografie. Je houdt ervan, je bent er goed in, en je wilt steeds beter worden.

Dus denk je natuurlijk: ik ga hier de beste in worden. De grootste ter wereld.

Maar herinner je Hoofdstuk 6 nog, toen we bespraken wat er zou gebeuren als iedereen zou verdwijnen? Als iedereen die beter is dan jij ineens weg zou zijn, zou jij 'de grootste' zijn... en het zou niets betekenen. De titel zou hol zijn.

Omdat 'de beste ter wereld' een bewegend doel is waar je geen controle over hebt. Het hangt af van wie er nog meer is, wat zij meebrengen en welke voordelen zij hebben die jij niet hebt. Je meet jezelf aan mensen wiens omstandigheden, middelen en startpunten totaal verschillen van de jouwe.

Maar de jij van gisteren? Dat is een vaststaand punt. Je weet precies waar je stond. Je weet precies waartoe je in staat was. Je hebt volledige gegevens over je eerdere prestaties.

Je doel zou moeten zijn om groter te zijn dan je versie van de dag ervoor. Dat is alles.

Het leeftijdsticket dat je niet nodig hebt

Stel dat je 40 jaar wordt. Welkom op de vierde verdieping. Nu ben je 'Op de helft van je leven', 'Van middelbare leeftijd', 'Over de heuvel', 'Niet jong meer'.

Maar nu weet je dat je op je eigen 100% zit. Je weet dat het label 'oud' relatief is. Zet jezelf in Okinawa, Japan, omringd door mensen van in de negentig. Voel je je dan oud met je 40? Natuurlijk niet. Tussen hen in voel je je jong.

Dus als dat gevoel relatief is – als het verandert afhankelijk van wie er om je heen is – waarom plak je jezelf dan zo'n label op alsof het een absoluut gegeven is?

De programmering om je op bepaalde leeftijden oud te voelen, is precies dat: programmering. Iets wat je hebt geleerd. Iets wat je cultuur je heeft bijgebracht. Geen realiteit.

Je bent niet oud. Je bent niet jong. Je zit gewoon op de kilometerstand waar je op zit. En morgen heb je meer kilometers. En de dag daarna nog meer.

En als je een label nodig hebt, dan is het dit: je bent jong.

Er is op deze planeet altijd een groep die ouder is dan jij. Je kijkt gewoon op de verkeerde plek voor de vergelijking.

Het leven is als een liedje

Ons doel zou moeten zijn om van het leven te genieten terwijl het gespeeld wordt, niet om het einde te halen.

Denk eens aan het luisteren naar een liedje waar je van houdt. Je zit daar niet te denken: 'Ik kan niet wachten tot ik het laatste akkoord van dit nummer hoor.' Je meet de waarde ervan niet aan de vraag of het einde gehaald wordt. Je ervaart het. Je laat het zich ontvouwen. Je waardeert elke maat terwijl die komt.

De essentie van het lied is niet de laatste noot. De essentie is de melodie, het ritme, de manier waarop het je laat voelen terwijl het klinkt.

Hetzelfde geldt voor jouw route. Het gaat er niet om zo veel mogelijk prestaties te verzamelen voordat je het einde bereikt. Het gaat er niet om door je leven te haasten om vakjes aan te vinken – 'koste wat het kost' om te kunnen zeggen dat je alles gedaan hebt voordat het lied stopt.

Het gaat erom te rijden op een manier die de reis de moeite waard maakt.

Concurreren met jezelf betekent elk stuk snelweg beter maken dan het vorige. Bewuster. Meer aanwezig. Meer in lijn met wie je eigenlijk wilt zijn achter dat stuur.

Niet racen naar het einde. Gewoon beter rijden dan je gisteren deed, en stops maken wanneer jij dat wilt, ook al stopten anderen niet.

Heb je die dure auto nodig of wil je hem?

We zien voortdurend mensen dure producten kopen. Soms om status te kopen, om erkenning te krijgen. Maar soms is dat helemaal niet de reden – en weet je wat? Dat is volkomen legitiem!

Je rijdt nu over deze snelweg. Je kijkt naar je dashboard, naar je stuur, en je herinnert je je jeugddroom om ooit in die speciale auto te rijden die je als kind al wilde. Hij is duur.

Maar hé, nu kun je het je veroorloven. Het past in je leven. De aankoop brengt je niet in financiële problemen. Je gezin steunt het – doe het dan.

Ga je gang. Verwen jezelf.

Dit is jouw leven.

Niet om op te scheppen. Niet om bewondering te oogsten. Niet om wat dan ook aan wie dan ook te bewijzen. Koop hem omdat je hem wilt. Omdat je er blij van wordt. Omdat het deel uitmaakt van jouw route.

De auto zal je niet definiëren. Je hebt jezelf al gedefinieerd in je huidige tak van de boom. Je hebt geen auto nodig om je waardevol of belangrijk of succesvol te maken. Die dingen zijn al waar voor jou, of ze zijn het niet, ongeacht waarin je rijdt.

Maar als die auto je vreugde brengt? Als het rijden erin je woon-werkverkeer aangenamer maakt? Als je hard hebt gewerkt en dit iets is wat je voor jezelf wilde? Dan is dat reden genoeg.

Ook dit is concurreren met jezelf. Niet met de versie van jou die dingen kocht voor de goedkeuring van anderen. Maar met de versie van jou die weet wat je echt wilt en daarvoor gaat.

Jouw bestemmingen zijn van jou. Jouw doelen zijn van jou. Jouw definitie van 'beter' is van jou.

De auto is slechts een voorbeeld. Dit geldt voor alles wat je altijd al hebt willen doen met je leven. Maar ook voor wat je niet wilt.

Verwijderen wat je eigenlijk niet wilt

Mo Gawdat verwoordt het in zijn boek *De logica van geluk* heel helder:

> Geluk is de afwezigheid van ongeluk. Het is onze rusttoestand wanneer niets het beeld vertroebelt of voor verstoring zorgt. Geluk is *jouw* standaardinstelling.[2]

Je probeert niet dingen toe te voegen om gelukkig te worden. Je bent al gelukkig. Dat is je basis. Je hoeft geen dingen te bereiken om gelukkig te zijn. Je hoeft geen mijlpalen, successen of validaties toe te voegen. Je moet de dingen verwijderen die je op dit moment onge-lukkig maken, zodat je kunt terugkeren naar je standaardinstelling.

Ik vertelde je over het verzamelen van Air Jordans – het bieden om 4 uur 's nachts, de 34 paar, de imaginaire deadline. Maar ik vertelde je niet waarom ik het deed. Ik verzamelde ze niet omdat ik van elk paar hield. Ik verzamelde ze om het aan iedereen te laten zien. Om iets te bewijzen.

Ik dacht dat het me gelukkig zou maken om als eerste in de rij te staan voor het volgende paar. De beste verzamelaar.

Ik was niet aan het verzamelen – ik was een roofoverval aan het plegen op mijn eigen geluk.

Hetzelfde gold voor Star Wars-verzamelobjecten. Lichtzwaarden, helmen, massa's ervan. Niet omdat ik van elk stuk hield, maar omdat ik die drang had om ze allemaal te bezitten.

En nu? Ik heb de meeste verkocht. Ik houd alleen de exemplaren waar ik echt van houd – niet die waar iedereen van houdt en die ik DAAROM maar had aangeschaft. Die waar ik zelf echt van houd.

Ik heb niets toegevoegd om gelukkig te worden. Ik heb de dwang om ze te vergaren verwijderd, de behoefte om 'meer' te hebben, de druk om bij te blijven met wat de rest verzamelde.

En hier is de nog grotere gedachte die ik heb verwijderd: ik dacht dat er een examen was. Dus wilde ik het iedereen laten zien en iedereen altijd tevreden stellen. Dat maakte me gestrest en ongelukkig. Ik stond constant in de validatiestand. Nu doe ik mijn best om niet meer bang te zijn.

Ik heb geleerd om nee te zeggen. Ik heb geleerd dat wat ik bereik voor mijzelf is, niet voor anderen om te vergelijken of te valideren.

Dat is wat concurreren met jezelf werkelijk betekent. Niet 'hoeveel kan ik verzamelen om indruk te maken op anderen?', maar 'wat wil ik eigenlijk voor mezelf?'

Je prestaties hebben geen externe validatie nodig. Je vooruitgang heeft geen goedkeuring van anderen nodig. Je hoeft nergens bang voor te zijn. Je bent niet aan het racen om iets te bewijzen aan de toeschouwers.

Je verslaat je eigen kilometerteller. En soms betekent dat dat je dingen verwijdert in plaats van toevoegt. Soms betekent beter worden dan de jij van gisteren dat je loslaat wat de jij van gisteren belangrijk vond.

Die dure auto? Koop hem als JIJ hem wilt. De verzameling? Bewaar wat JIJ leuk vindt. Het doel? Jaag het na omdat JIJ ervoor gekozen hebt.

Niet omdat er een ranglijst is die je prestaties bijhoudt. Niet omdat iemand je keuzes beoordeelt. Niet omdat je moet bewijzen dat je beter bent dan de versie die anderen van je verwachtten.

Gewoon omdat jij hebt besloten dat dit is wat telt op jouw route.

Niet racen tegen wie dan ook. Niets bewijzen. Gewoon zien hoe ver je werkelijk kunt gaan wanneer je stopt met vergelijken en begint te concurreren met de enige persoon wiens prestaties je echt kunt meten: de jij van gisteren.

Er is geen examen dat beoordeelt of je alle anderen hebt verslagen.

Er is alleen je kilometerteller, het getal van gisteren en de vraag van vandaag: hoe ver kan ik gaan?

Hoofdstuk 20

JOUW HANDEN AAN JOUW STUUR

Misschien is het je inmiddels opgevallen: op de snelweg zijn er een heleboel dingen waar je niets aan kunt doen.

Je hebt het weer niet in de hand. Je hebt geen controle over wegwerkzaamheden. Je kunt niet bepalen of de bestuurder voor je plotseling zonder reden remt. Je hebt geen invloed op files, ongelukken, wegafsluitingen, of het feit dat iedereen precies op hetzelfde moment als jij de snelweg op wilde.

Maar je hebt wel controle over je eigen stuur.

Dat is niet niks. Dat is alles.

De realiteit van het stuur

Jij bepaalt waar je je auto heen stuurt. Hoe je reageert als iemand je afsnijdt. Of je gas geeft, afremt of van rijstrook wisselt. Jouw handen, jouw voeten, jouw aandacht, jouw beslissingen.

De snelweg geeft er niets om wat jij wilt. De andere bestuurders stemmen hun gedrag niet op jou af. De omstandigheden wachten niet op jouw goedkeuring.

Maar jouw stuur? Dat is van jou.

En dat is waar je energie hoort te liggen – bij datgene waar je daadwerkelijk invloed op hebt, niet bij de dingen waarvan je zou willen dat je ze kon beheersen maar die je nooit onder controle zult krijgen.

Stel je voor dat je door wegwerkzaamheden rijdt. Twee rijstroken voegen samen tot één. Het verkeer gaat stapvoets. Je gaat te laat komen.

Wat heb je in de hand?

Je hebt geen controle over het feit dat er gewerkt wordt. Je hebt geen controle over het feit dat alle anderen ook vaststaan in deze rits-fase. Je bepaalt niet hoe snel de auto voor je beweegt.

Maar je bepaalt wel of je gefrustreerd raakt of het accepteert. Of je agressief claxonneert of iemand voor laat gaan. Of je de situatie verer-gert door te bumperkleven en gestrest te rijden, of dat je er gewoon rustig doorheen rijdt.

Dezelfde wegwerkzaamheden. Dezelfde file. Totaal verschillende ervaringen, gebaseerd op wat jij besloot te beheersen.

Verandering toelaten, niet afdwingen

Verandering vindt plaats, of je er nu klaar voor bent of niet.

Je lichaam veroudert. Je vakgebied evolueert. Je stad verandert. Je relaties verschuiven. De technologie schrijdt voort. Je prioriteiten verschuiven.

Niets daarvan kun je stoppen. Je kunt de tijd niet bevriezen op een moment dat alles perfect voelde. Je kunt dingen niet dwingen om hetzelfde te blijven, alleen maar omdat je ze zo prettig vond.

Verandering vraagt niet om jouw toestemming. Het wacht niet op jouw goedkeuring. Het gebeurt gewoon.

Dat is volwassenheid. Erkennen dat je geen controle hebt over het feit dát er verandering optreedt. Je hebt alleen controle over de vraag of je het toelaat of ertegen vecht.

Verzet tegen verandering houdt het niet tegen. Het zorgt er alleen voor dat je je ellendig voelt terwijl het toch gebeurt. Je verspilt je energie door te vechten tegen iets onvermijdelijks, door vast te houden aan een versie van de werkelijkheid die al lang vervlogen is.

Verandering toelaten betekent niet dat je opgeeft. Het betekent dat je erkent wat er daadwerkelijk binnen jouw macht ligt.

Als je kinderen hebt, heb je geen controle over het feit dat ze pubers worden met hun eigen meningen en prioriteiten. Maar je hebt wel in de hand of je vecht tegen wie ze aan het worden zijn, of dat je ruimte maakt voor hun groei.

Je hebt geen invloed op de herstructurering van je bedrijf. Maar je kunt wel bepalen of je je energie verspilt aan verzet, of dat je je aanpast aan de nieuwe realiteit.

Je hebt er geen controle over dat je buurt nu anders is dan tien jaar geleden. Maar je kunt wel bepalen of je verbitterd blijft over wat er weg is, of dat je de waarde ziet in wat er nu is.

Verandering creëer je niet. Je dwingt het niet af. Je laat het toe.

Dat is je stuur als het gaat om verandering. Je beheerst je reactie, je aanpassingsvermogen, of je het onvermijdelijke accepteert of je energie verspilt door te proberen het te voorkomen.

Verandering gaat gebeuren. De snelweg zal wegwerkzaamheden, omleidingen en nieuwe routes hebben. Daar ga je niet over.

Maar jij bepaalt hoe je erdoorheen navigeert.

Het ziekenhuislogboek

Een keer lag mijn vrouw in het ziekenhuis in zeer kritieke toestand.

Het is zwaar om de liefde van je leven aan een bed gekluisterd te zien, terwijl ze pijn heeft die je niet kunt wegnemen. Alles in je wil iets doen. Het oplossen. Het laten stoppen.

Ik had door het lint kunnen gaan. Gemakkelijk zelfs. In die stoel kunnen zitten en mezelf verliezen in doemscenario's. Vanbinnen kunnen uitbarsten in huilen bij de gedachte aan wat er zou kunnen gebeuren.

Maar dat deed ik niet. Omdat zij daar niets aan zou hebben.

Ik ben geen arts. Ik kan geen diagnose stellen. Ik kan niets voorschrijven. Ik heb er geen controle over of de juiste specialist dienst heeft, of de verpleegkundigen elk signaal opvangen, of de arts die in de file staat wel op tijd komt.

Maar ik kan wel een logboek bijhouden.

Ik begon alles te documenteren. Elke bloeddrukmeting. Elke keer dat een monitor piepte. Elk signaal, elk getal, voorzien van een tijdstip op mijn telefoon. Niet omdat ik wist wat het allemaal betekende – maar omdat ik de arts een compleet beeld kon geven zodra hij arriveerde. 'Hier is alles wat er in de afgelopen vier uur is gebeurd.'

Ik had haar gezondheid niet in de hand. Ik had het ziekenhuis niet onder controle. Maar ik kon wel een aanvulling zijn voor de mensen die dat wel hadden.

Dat is de omslag. Je stopt met proberen dingen buiten je macht te controleren en begint je af te vragen: wat kan ik op dit moment daadwerkelijk doen? Welk stuur kan ik vasthouden?

Mijn vrouw had mijn aanwezigheid nodig, niet mijn paniek. De artsen hadden gegevens nodig, geen bemoeienis. En ik had iets nodig om te doen met al die angst, in plaats van me erdoor te laten verteren.

Dus hield ik een logboek bij. Tijdstip na tijdstip. Dat was mijn stuur. En dat hielp de artsen.

Laten we dus eens kijken naar hoe dit in je echte leven uitpakt. Waar je het stuur echt in handen hebt. Waar jij bepaalt waar je je energie op richt.

Op het werk

Veel mensen werken vanuit angst.

Angst om ontslagen te worden. Angst om niet goed genoeg te zijn. Angst om hun baan te verliezen als ze een fout maken of niet perfect presteren.

Maar dit is hoe ik het zie: het bedrijf investeert in mij.

Ze geven me een baan, een salaris, een kans om te groeien en deel uit te maken van iets groters. En ik ga van die investering profiteren. Niet op een egoïstische manier – maar op een slimme manier. Ik ga leren. Ik ga professioneel groeien in een tempo dat ik alleen nooit zou kunnen halen, zonder de steun van een bedrijf.

Als morgen mijn laatste dag zou zijn, wil ik vandaag eruit halen wat erin zit. Ik wil mijn collega's inspireren. Ik wil creatieve grenzen verleggen. Ik wil me focussen op mijn groei, wat vervolgens het bedrijf ten goede komt.

Die volgorde heeft een reden. Ik focus me niet op de groei van het bedrijf (dat is relatief). Ik focus me op mijn groei (mijn objectief), wat het bedrijf helpt (als gevolg). Komen die haakjes je bekend voor?

Dat is wat ik onder controle heb. Mijn inzet. Mijn leerproces. Mijn bijdrage. Mijn instelling. Ik ben een man van mijn woord – en mijn woord is dat ik me focus op wat ik kan beheersen.

Ik heb er geen controle over of het bedrijf besluit me te laten gaan of niet. Ik heb geen controle over marktomstandigheden, ontslagrondes, herstructureringen of bezuinigingen. Ik heb niet in de hand of mijn manager me mag of dat mijn project financiering krijgt.

Maar ik kan er wel voor zorgen dat ik er sta en werk lever waar ik trots op ben. Dat ik gebruikmaak van de middelen die ze me geven. Dat ik uitgroei tot iemand die tot meer in staat is dan gisteren. Vandaag geef ik me voor de volle 100%.

Dat is mijn stuur op het werk. Al het andere zijn verkeersomstandigheden.

De mensen die je kiest

Je hebt geen controle over hoe je vrienden op jou reageren.

Of ze je aardig vinden. Of ze er voor je zijn als je ze nodig hebt. Maar je hebt wel controle over met wie je dingen deelt.

Aan wie je je geheimen vertelt. Wie je om advies vraagt. Wie je uitnodigt bij je belevenissen. Wie je vertrouwt met de delen van jezelf die ertoe doen.

Jij kiest je passagiers. En dat is heel belangrijk.

Waarom? Omdat je misschien een vriend hebt met wie je fantastisch kunt lachen, maar die waardeloos is in serieuze gesprekken. Je hebt zijn gedrag niet in de hand – dat is gewoon wie hij is (en het zijn geen NPC's). Maar je hebt wel in de hand of jij probeert diepe, kwetsbare gesprekken met hem te voeren om vervolgens gekwetst te zijn als hij niet op de manier reageert die jij nodig hebt.

Misschien heb je een vriend die geweldig is in praktisch advies, maar vreselijk in emotionele steun. Dat kun je niet veranderen. Maar je kunt wel bepalen of je naar hem toe gaat als je een knuffel nodig hebt, of wanneer je hulp nodig hebt bij het oplossen van een probleem.

Je hebt hun reacties niet in de hand. Je bepaalt zelf wie toegang krijgt tot welke delen van jouw reis. Jij beslist wie er naast je zit en wie er mee mag op specifieke uitstapjes.

Hetzelfde geldt voor romantische relaties.

Je kunt iemand niet dwingen verliefd op je te worden. Je kunt je crush niet dwingen jou ook leuk te vinden. Je kunt iemand niet manipuleren om bij je te willen zijn. Je kunt dat soort verbinding niet forceren. Je kunt iemand niet in een relatie dwingen door een groot publiek aanzoek te doen waardoor diegene zich voor het blok gezet voelt in een menigte, alsof ze wel 'ja' moeten zeggen omdat iedereen toekijkt.

Dat is geen liefde. Dan denk je niet eens aan hun gevoelens.

En je kunt hun gevoelens niet besturen of beheersen. Dat zal je nooit lukken.

Maar je hebt wel in de hand hoe jij je opstelt. Of je transparant bent. Of je eerlijk communiceert. Of je de beste kanten van jezelf laat zien – geen neppe versie, geen toneelstukje, maar gewoon de oprechte jij, zonder je voor te doen als iemand die je niet bent.

Als je in een relatie zit, heb je in de hand hoe je voor je partner zorgt. Hoe je ervoor zorgt dat diegene zich gezien, gehoord en begrepen voelt. Hoe je diegene aanmoedigt. Hoe je diegene steunt.

Je hebt geen controle over hoe zij reageren. Of ze hetzelfde terugdoen. Of ze blijven of weggaan.

Maar je hebt wel controle over het soort partner dat jij bent. De energie die jij meebrengt. De aandacht die jij geeft.

Dat is jouw stuur bij de mensen die je kiest. Stuur goed, maar grijp niet naar het hunne.

Familie

Je ouders – de mensen die je hebben opgevoed – worden ouder. Je hebt hun gezondheid niet in de hand, en ook niet de tijd, of het feit dat ze meer hulp, meer zorg en meer steun nodig zullen hebben naarmate ze ouder worden.

Maar je hebt wel in de hand dat je er bent als dat gebeurt. Je kunt ervoor zorgen dat ze niet hulpeloos en alleen zijn. Je kunt bepalen dat je ze waardigheid en zorg geeft wanneer ze dat het meest nodig hebben.

Als je je leven deelt met een partner, wordt hun familie onderdeel van jouw wereld. Hun ouders, broers, zussen, de hele familie – ze zijn nu met jou verbonden via de persoon om wie je geeft.

Je hebt er geen controle over of ze je mogen. Of ze je onmiddellijk accepteren of dat het jaren duurt voordat ze aan je gewend zijn. Hun meningen, hun oordelen, hun opmerkingen tijdens familiebijeenkomsten.

Maar je hebt wel in de hand hoe jij hen behandelt. Je kunt ervoor zorgen dat ze zich familie voelen. Je kunt het vertrouwen eren dat ze toonden toen ze je in hun leven verwelkomden – ze delen iemand van wie ze houden met jou.

Je kunt ze niet dwingen om jou op een bepaalde manier te zien. Maar je kunt wel iemand zijn die het waard is om gezien te worden.

Als je kinderen hebt, heb je in de hand hoe goed je als ouder bent: een rolmodel zijn, aanwezig zijn, geduldig zijn, bewust handelen.

Je hebt geen controle over wie ze uiteindelijk worden, de keuzes die ze maken als ze opgroeien, of dat ze je zullen herinneren zoals je hoopt.

Maar je hebt wel in de hand dat je er voor ze bent. Dat je er staat. Dat je op zo'n manier rijdt dat ze een herinnering overhouden die de moeite waard is.

Dat is jouw stuur bij je familie. Je bepaalt hun reacties of hun toekomst niet. Jij bepaalt jouw daden en jouw aanwezigheid.

In het dagelijks leven

Je hebt het verkeer niet in de hand. Maar je kunt wel drie auto's voor laten gaan zonder gefrustreerd te raken, waardoor hun rit een klein beetje minder stressvol wordt.

Je kunt mensen niet dwingen je aardig te vinden. Maar je kunt wel drie verschillende mensen goedemorgen wensen en hun dag opvrolijken zonder er iets voor terug te verwachten.

Je hebt geen controle over de persoon achter je. Maar je kunt wel de deur voor diegene openhouden, een klein gebaar dat je niets kost en de wereld een heel klein beetje mooier maakt.

Je hebt er geen controle over of mensen je respecteren. Maar je kunt wel respectvol zijn, zelfs als dat niet beantwoord wordt.

Je hebt er geen controle over of jouw dag goed verloopt. Maar je kunt wel de dag van iemand anders beter maken.

Je hebt er geen controle over hoe lang je huisdieren zullen leven. Maar je hebt wel in de hand hoe je ze een leven geeft dat een huisdier waardig is.

Dit gaat er niet om een heilige te zijn. Dit gaat niet over vriendelijkheid tonen om er zelf beter van te worden. Dit gaat simpelweg over het herkennen dat het stuur in jouw handen ligt. Jij bepaalt hoe je rijdt.

Elke interactie is een keuze. Elke reactie is een besluit. Elk moment waarop je de zaken erger of beter kunt maken – dat is jouw stuur. Tover een glimlach op je gezicht.

Dat heb je zelf in de hand.

Jouw stuur. Jouw rijstrook. Jouw acties.

Dáár vindt de strijd met de versie van jezelf van gisteren echt plaats. Niet door de snelweg te willen beheersen. Maar door te beheersen hoe jij eroverheen rijdt.

Hoofdstuk 21

HOE JE REED, IS WAT TELT

Na al deze kilometers is wat je hebt opgebouwd, zonder dat je het doorhad, geen trofee. Geen monument. Geen verzameling prestaties om naar te wijzen als iemand vraagt wat je hebt bereikt.

Wat je hebt opgebouwd, is invloed.

Niet het soort dat in je testament staat. Niet het soort dat onder erfgenamen wordt verdeeld. Niet het soort dat slijt, in waarde daalt of op een boedelverkoop wordt verkocht.

Het soort dat mensen bijblijft, lang nadat jij bent gestopt met rijden.

Het stuur in handen nemen betekent de regie nemen over je nalatenschap – over wat je nú in mensen achterlaat, niet wat je later voor hen achterlaat.

De auto of de rijstijl

Je zou je kind je auto kunnen nalaten. Het kenteken overgeschreven, de sleutels overhandigd, het voertuig op hun naam. Dat is een erfenis. Dat is iets VOOR hen.

Of je zou ze kunnen leren hoe jij erin reed. Hoe je omging met lastige wegen. Hoe je geduldig bleef in de file. Hoe je navigeerde als je de route niet kende. Hoe je beslissingen nam als het weer omsloeg. Geef dat door.

Dat is een nalatenschap. Dat is iets IN hen.

Iedereen kan een auto kopen. Niet iedereen krijgt de kans om te leren van de bestuurder die hun leerde hoe ze er een moeten beheersen.

De auto zal uiteindelijk de geest geven. Er zijn reparaties nodig, daarna nog meer reparaties, tot het op een dag de moeite van het maken niet meer waard is. Dat is nu eenmaal hoe het gaat met auto's.

Maar de manier waarop je hen hebt leren rijden? Die blijft. Die wordt onderdeel van hoe zij hun eigen route bepalen. Dat beïnvloedt hoe ze de rest van hun leven zullen rijden.

Dat is niet iets wat je in een testament kunt vastleggen. Dat is iets wat ze met zich meedragen omdat ze bij jou in de auto zaten.

Wat er werkelijk overgaat

Geld gaat over. Vastgoed gaat over. Bezittingen gaan over.

Maar die dingen kunnen iemand niet laten zien hoe je kalm blijft wanneer alles chaotisch voelt. Ze kunnen je vriend niet leren hoe hij een probleem vanuit een andere hoek kan bekijken. Ze kunnen je partner niet het gevoel geven werkelijk gezien en begrepen te worden.

Die dingen? Die worden alleen doorgegeven door aanwezigheid. Door de tijd die jullie samen rijdend hebben doorgebracht. Door de momenten waarop ze zagen hoe jij iets aanpakte en dachten: 'Zo wil ik het ook aanpakken.'

Je ouders hebben je waarschijnlijk spullen nagelaten. Misschien een huis, wat spaargeld, of familie-erfstukken. En die dingen kunnen nuttig zijn geweest, of betekenisvol.

Maar wat draag je werkelijk van hen mee?

Je draagt de manier mee waarop je moeder kalm bleef tijdens noodgevallen. Je draagt de manier mee waarop je vader problemen methodisch aanpakte. Je draagt de waarden mee die ze lééfden, niet die waar ze over praatten. Je draagt de lessen mee die ze je toonden door hoe ze reden, niet de preken die ze hielden over hoe jij zou moeten rijden.

De fysieke dingen? Die zijn mooi meegenomen. Maar ze zijn niet de nalatenschap.

Hun nalatenschap zit IN jou. In hoe je denkt. In hoe je reageert. In hoe je je eigen route navigeert.

De erfenis die iedereen kan kopen

Bezittingen verslijten. Geld raakt op. Dingen gaan kapot, worden minder waard, raken kwijt, worden gestolen of raken verouderd.

Die erfenis die je kreeg? Die diende een doel. Het hielp. Maar als het alleen om geld of vastgoed ging, had iemand anders je precies hetzelfde kunnen geven.

Wat iemand anders je niet kon geven? De specifieke manier waarop je ouders dachten. De bijzondere benadering die ze hadden van het leven. Het unieke perspectief dat ze meebrachten naar problemen. De manier waarop ze je het gevoel gaven dat je iets kon, zelfs als je aan jezelf twijfelde.

Dat is onvervangbaar. Dat is wat er werkelijk toe doet.

De materiële erfenis? Die vlakt verschillen uit. Geef tien mensen elk 100.000 euro en ze hebben allemaal evenveel geld. De transactie is identiek.

Maar invloed? Invloed is uniek. De manier waarop je iemands denken hebt beïnvloed, de manier waarop je hebt veranderd hoe ze naar zichzelf kijken, de manier waarop je hun route hebt beïnvloed – dat is iets wat alleen jij hun kon geven. Niemand anders heeft exact jouw combinatie van ervaringen, perspectieven en aanwezigheid.

Dat is een erfenis die beklijft.

Wat zou je liever hebben?

Als ik mocht kiezen, zou ik liever hebben dat mijn ouders die luxe auto nu verkopen – alles pakken wat ze hebben gespaard – en dat geld voor zichzelf gebruiken. Het is hun geld. Ze hebben ervoor gewerkt. Ze verdienen het om ervan te genieten.

Misschien betekent dat reizen. Misschien betekent het eindelijk dat ene ding doen waar ze het altijd over hadden. Misschien betekent het een roadtrip die ze al decennia uitstellen. We zijn welkom om mee te gaan als ze ons erbij willen hebben – maar het is hun rit. Hun route. Hun kilometers om te rijden zoals zij dat willen.

Wat hen ook maar vreugde brengt terwijl ze er nog zijn om het te ervaren.

Als ze er niet meer zijn, ga ik die 'luxe auto' niet koesteren. Ik zal er niet in rijden en denken: 'Ik ben zo blij dat ze dit voor me hebben bewaard.' Ik zal hem verkopen en proberen uit te zoeken wat ik aan moet met alle spullen die ze hebben achtergelaten.

Maar hen echt zien léven? Hen zien genieten van wat ze hebben opgebouwd in plaats van het alleen maar voor ons te bewaren? Dat blijft me bij.

De grootouders van mijn kind niet laten zien als mensen die alles bewaarden voor later, maar als mensen die wisten hoe ze moesten leven terwijl ze dat nog konden.

Dat is de erfenis die ik koester.

Niet het huis vol spullen die ik uiteindelijk weg zal gooien. Niet de luxe auto die ik zal verkopen omdat hij niet in mijn leven past. Maar de herinnering aan hen terwijl ze gelukkig waren. Het bewijs dat ze niet alleen hun hele leven hebben gewerkt om dingen achter te laten – ze hebben daadwerkelijk van de rit genoten.

Dat is wat ik voor hen zou kiezen. Elke keer weer.

Omdat bezittingen worden verdeeld, verkocht, verloren, vergeten. Maar die ervaringen? Die worden onderdeel van hoe ik me hen herinner. Die worden onderdeel van wat ik meedraag. Die worden onderdeel van wat ik mijn kind vertel over wie zijn grootouders waren.

Dat is hun nalatenschap. Niet wat ze VOOR me achterlieten, maar wat ze IN me achterlieten.

Je bent een passagier in hun reis

Hier is een ander perspectief. Je hebt nagedacht over de passagiers in jouw auto. De mensen die met je meerijden. De verschillende versies van jezelf die zij hebben ervaren.

Maar jij bent ook een passagier in de auto van iemand anders.

Als je kinderen hebt, is hun reis niet aan jou om te rijden. Je rijdt met hen mee, maar jij bestuurt de auto niet. Wat telt is wie er achter het stuur zit. En dat ben jij niet.

Je zit op de passagiersstoel, geeft misschien aanwijzingen, wijst misschien op dingen die zij niet hebben opgemerkt, maar uiteindelijk bepalen zij waar de auto heen gaat.

Hetzelfde geldt voor je partner. Je vrienden. Je collega's. Iedereen in je leven.

Je rijdt hun route niet. Je rijdt een deel ervan mee. Soms ben je er jarenlang bij. Soms maar een paar kilometer. Maar je zit nooit op hun chauffeursstoel – die is alleen van hen.

Wat je wel kunt doen, is beïnvloeden hoe ze rijden.

Het zelfvertrouwen dat ze voelen bij het navigeren van hun route? Daar heb jij invloed op gehad.

De manier waarop ze met obstakels omgaan? Je hebt hen benaderingen laten zien die ze misschien zelf niet hadden bedacht.

Het geduld dat ze opbrengen op lastige stukken? Een deel daarvan hebben ze geleerd door naar jou te kijken.

Je hebt niet voor hen gereden. Je hebt MÉT hen gereden. En dat maakte hun rijstijl anders dan die geweest zou zijn zonder jou.

Dat is JOUW nalatenschap in hun reis.

De kilometerteller die blijft

Wanneer iemands rit eindigt, verdwijnt hun kilometerteller niet.

Denk daar eens over na. Wanneer iemand van wie je houdt stopt met rijden – wanneer ze voor de laatste keer parkeren – vervliegen al die kilometers die ze hebben afgelegd, al die routes die ze hebben genomen, al die afstand die ze hebben overbrugd... niet zomaar.

Het blijft bestaan. In iedereen die met hen meereed.

Je draagt nog steeds kilometers met je mee die je dierbaren hebben gereden. Routes die ze je lieten zien. Afslagen die ze je leerden nemen. Manieren van denken die ze doorgaven tijdens lange ritten samen. Elke generatie een beetje beter dan de vorige.

Zij rijden niet meer. Maar hun kilometers tellen nog steeds op – in jou. In hoe jij rijdt. In de keuzes die je maakt. In de routes die je neemt, omdat zij je lieten zien dat die wegen bestonden.

Hun kilometerteller bleef. Hun invloed duurt voort.

Dat is niet overdrachtelijk bedoeld. Dat is geen troostende filosofie om de dood minder definitief te laten voelen. Dat is gewoon wat er werkelijk gebeurt als je iemand echt hebt beïnvloed.

Je wordt onderdeel van hoe zij de rest van hun rit navigeren.

Hoe je hen liet voelen

Je vriend zal zich niet elk gesprek herinneren dat jullie hadden. Je kind zal zich niet elk advies herinneren dat je gaf. Je partner zal zich niet elke date herinneren die je plande.

Maar ze zullen zich herinneren hoe je hen liet voelen.

Gaf je hen het gevoel dat ze iets konden? Gaf je hen het gevoel gezien te worden? Gaf je hen het gevoel dat ze elke weg aankonden waar ze zich ook op bevonden?

Of gaf je hen het gevoel dat ze tekortschoten? Werden ze constant vergeleken? Voelden ze zich alsof ze het nooit goed deden?

Dat gevoel – dat is wat blijft hangen. Dat wordt onderdeel van hoe ze naar zichzelf kijken. Dat is wat hun rit nog jarenlang beïnvloedt nadat jij niet meer met hen meerijdt.

Je hebt ze misschien een auto gegeven. Je hebt misschien hun opleiding betaald. Je hebt ze misschien geld nagelaten.

Maar als je hun ondertussen het gevoel gaf dat ze incompetent waren? Als je hun het gevoel gaf dat niets wat ze deden ooit goed genoeg was? Als je hun het gevoel gaf dat ze constant werden gewogen en te licht bevonden?

Wat je dan hebt achtergelaten, is niet die auto of dat diploma of de erfenis. Je nalatenschap is dat gevoel.

En dat is de nalatenschap die beklijft.

De passagiers die je al beïnvloed hebt

Je rijdt al jaren. Decennia waarschijnlijk. En al die tijd heb je passagiers gehad.

Mensen hebben bij je in de auto gezeten en gekeken hoe je met stress omging. Hoe je reageerde als er dingen misgingen. Hoe je andere weggebruikers behandelde. Hoe je navigeerde als je de weg kwijt was.

Als je kinderen hebt, zagen ze hoe je het stuur te stevig vasthield toen het geld schaars was. Ze absorbeerden die angst, of je er nu over praatte of niet.

Als je een partner hebt, zag die hoe je met conflicten omging – of je kalm bleef of de situatie liet escaleren, of je luisterde of in de verdediging schoot. Dat leerde hen iets over hoe onenigheid werkt in jullie gezamenlijke leven.

Je vrienden zagen hoe je sprak over mensen die er niet bij waren. Of je vriendelijk was of kritisch. Of je te vertrouwen was met gevoelige informatie of dat alles een roddel werd.

Je was hun de hele tijd iets aan het leren. Niet door preken. Door aanwezigheid. Door het voorbeeld. Door de versie van jezelf die tevoorschijn kwam op momenten dat je dacht dat niemand echt oplette.

Ze letten wél op.

En nu rijden ze rond met een deel van wat jij hen hebt laten zien.

Dat is nu al je nalatenschap. Het is al aan de gang. Je laat nu al iets achter IN de mensen om je heen.

De enige vraag is: wat laat je achter?

Je hebt geen grip op hun herinnering

Herinner je je het eerdere deel van dit verhaal nog, waarin we zeiden dat herinneringen aan andere mensen toebehoren? Dat je niet kunt bepalen wat ze zich herinneren of hoe ze zich dat herinneren.

Hetzelfde geldt hier.

Je kunt mensen niet dwingen je op een bepaalde manier te herinneren. Je kunt het script niet schrijven voor hoe je in hun gedachten voortleeft. Je hebt geen controle over het feit of ze zich concentreren op je beste of je slechtste momenten.

Hun herinnering aan jou is van hen. Hun ervaring van het meerijden met jou is van hen. De versie van jou die zij met zich meedragen is hun versie, niet jouw gecorrigeerde versie.

Maar dit is wat je wél in de hand hebt: wie jij bent terwijl je rijdt.

Je hebt controle over je aanwezigheid. Je hebt controle over de vraag of je geduldig bent of reactief. Je hebt controle over de vraag of je mensen het gevoel geeft dat ze iets kunnen of dat ze tekortschieten. Je hebt controle over de vraag of je passagiers je auto beter verlaten omdat ze met je mee hebben gereden.

Je kunt niet bepalen wat ze zich herinneren. Maar je kunt wel bepalen wat je hun geeft om zich te herinneren.

En dat doet er meer toe dan je denkt.

De overledenen met wie je nog steeds rijdt

Je zit op dit moment niet alleen in je auto. Dat weet je toch?

Iedereen die invloed op je heeft gehad – iedereen die je liet zien hoe je bepaalde wegen aanpakt, die je benaderingen leerde die je nog steeds gebruikt, die je perspectieven gaf die je nog steeds meedraagt – rijdt nog steeds met je mee.

Je grootvader, die je leerde kalm te blijven in noodsituaties? Hij is erbij wanneer jij een crisis aanpakt zonder in paniek te raken.

Die lerares die je liet zien hoe je complexe problemen ontleedt? Zij is erbij wanneer je iets overweldigends aanpakt en weet hoe je het stap voor stap moet oplossen.

Je neef die je leerde dat het oké is om soms de toeristische route te nemen? Die is erbij wanneer je vertraagt om ergens van te genieten in plaats van erlangs te haasten.

Je beseft pas hoeveel je iets waardeert als iemand het van je afneemt.

Zij rijden niet meer. Maar hun invloed is nog steeds actief. Hun kilometers tellen nog steeds op omdat jij nog steeds toepast wat zij je hebben geleerd.

Dat is wat een nalatenschap werkelijk is. Geen monumenten of bankrekeningen of bezittingen die onder erfgenamen worden verdeeld.

Het is de manier waarop iemands aanwezigheid invloed blijft hebben op hoe jij rijdt, lang nadat diegene zelf is gestopt.

Wat je op dit moment aan het bouwen bent

Elke keer dat je er bent voor iemand – er écht bent, niet alleen fysiek maar met je volle aandacht – bouw je aan je nalatenschap.

Elke keer dat je iemand het gevoel geeft dat hij iets kan in plaats van dat hij tekortschiet, laat je iets IN diegene achter.

Elke keer dat je geduld toont in plaats van ongeduld, leer je iemand hoe hij met frustratie moet omgaan.

Elke keer dat je aanwezig blijft in plaats van afgeleid te zijn, laat je iemand zien wat het betekent om waarde te hechten aan het moment waarin je je bevindt.

Je bouwt niet aan een monument. Je verzamelt geen prestaties voor je uitvaartplechtigheid. Je verzamelt geen bewijsmateriaal dat je ertoe deed.

Je beïnvloedt hoe mensen rijden. Nu meteen. Vandaag. Op dit moment.

Dat is JOUW nalatenschap.

Niet wat je achterlaat als je weg bent. Wat je achterlaat IN mensen terwijl je er bent.

De enige competitie die er hiervoor toe doet

De strijd met jezelf aangaan, zoals we al eerder bespraken, betekent vandaag beter zijn dan je gisteren was.

Het betekent jezelf de vraag stellen: geef ik mensen vandaag een sterker of een minder sterk gevoel dat ze iets kunnen dan gisteren? Ben ik meer aanwezig of meer afgeleid? Beïnvloed ik mensen richting geduld of richting angst?

Je concurreert met de versie van jezelf van gisteren als een aanwezigheid in het leven van anderen.

Niet met vragen als 'was ik succesvoller' of 'heb ik meer bereikt'.

Maar: 'Heb ik de mensen om me heen het gevoel gegeven dat ze beter in staat zijn hun eigen route te navigeren?'

Dat is de strijd die bepaalt wat je werkelijk achterlaat.

Het stuur dat jij in handen hebt

Jij hebt controle over je aanwezigheid. Je hebt controle over je voorbeeld. Je hebt controle over de vraag of je iemands rit makkelijker of moeilijker maakt door hoe jij je op de passagiersstoel gedraagt.

Je hebt geen controle over hún route. Je hebt geen controle over hún bestemming. Je hebt geen controle over het feit of ze met genegenheid aan je terugdenken of dat hun herinnering zich richt op momenten waarvan je zou willen dat je ze over kon doen.

Maar je hebt controle over wie je nu bent, op dit moment, met de mensen die met je meerijden.

En dat doet ertoe.

Jaren later, wanneer je er niet meer bent, rijden ze nog steeds rond met iets wat jij hun hebt gegeven.

Wat wil je dat dat is?

Niet wat je wilt dat ze over je denken. Niet hoe je wilt dat men zich je herinnert. Maar wat wil je achterlaten IN hen dat hun rit beter maakt?

Je geduld? Je manier van problemen doordenken? Je vermogen om kalm te blijven wanneer de situatie chaotisch wordt? Je weigering om hún route met die van iemand anders te vergelijken?

Dat is wat er werkelijk blijft. Dat wordt onderdeel van hoe zij hun eigen leven navigeren.

Nalatenschap gaat niet over jou. Het gaat over hen.

Wat je achterlaat IN mensen – dat is wat telt. Een leven leiden dat de moeite van het herinneren waard is.

Dat is wat beklijft. Dat blijft routes beïnvloeden die jij nooit zult rijden.

De auto wordt verkocht. Het geld wordt uitgegeven. Het huis wordt doorgegeven of van de hand gedaan.

Maar hoe je iemand liet voelen? De levenshouding die je toonde? Het zelfvertrouwen dat je in hen opbouwde? Het perspectief dat je deelde?

Dat blijft. Dat wordt onderdeel van hun kilometerteller. Dat blijft kilometers verzamelen lang nadat jij bent gestopt met rijden.

Er is geen examen dat beoordeelt of je de juiste hoeveelheid geld of de perfecte erfenis hebt achtergelaten.

Er zijn alleen de mensen met wie je meereed, de invloed die je had en de dingen die zij met zich meedragen omdat jij er was.

Dat is de nalatenschap die telt.

En daar bouw je op dit moment aan.

Deel Acht

DE KANT VAN DE WEG

Mijn bestemming is bereikt, de jouwe ligt nog in het verschiet.

Hoofdstuk 22

VOORBIJ JE ACHTERUITKIJKSPIEGEL

Kilometer na kilometer laat je achteruitkijkspiegel je iets zien waar je geen controle over hebt.

Je hebt deze hele rit besteed aan het leren over je route. Je kilometerteller. Je stuur. Je tempo. Alles wat er op de weg om je heen gebeurt, alles wat je kunt zien terwijl je rijdt.

Maar hoe zit het met daarna?

Wat gebeurt er als iemand een afrit neemt die jij niet neemt? Wanneer ze invoegen in het verkeer en uit je zicht verdwijnen? Wanneer de auto's achter je stippen in de verte worden en dan volledig oplossen?

Deel acht gaat over wat er doorgaat voorbij je achteruitkijkspiegel.

Die auto's die twintig minuten geleden nog vlak achter je reden? Dat zijn nu stippen. Sommigen namen een afrit. Sommigen veranderden van rijbaan. Sommigen zijn daar achter je nog ergens, maar je kunt niet meer zien welke.

Ze vervolgen allemaal routes die je nooit zult zien. Routes die je hebt beïnvloed zonder te weten waar ze naartoe leidden.

Dat is wat dit laatste stuk verkent.

De invloed die je loslaat

In de jaren '90 was er een film genaamd *Twenty Bucks*. Het hele verhaal volgt één specifiek briefje van twintig dollar terwijl het van persoon naar persoon gaat. Een huwelijkscadeau wordt een tip voor een stripper, wordt een maaltijd voor een dakloze, wordt het busgeld voor iemand anders. Elke persoon heeft zijn moment met het briefje, en dan gaat het door naar de volgende hand, reizend door levens en verhalen die de vorige bezitter nooit zal zien.

Jouw invloed werkt precies zo als dat briefje van twintig dollar.

Je hebt invloed op iemand. Misschien liet je ze invoegen. Misschien zei je goedemorgen toen ze een menselijke stem moesten horen. Misschien hield je de deur open toen ze te veel tassen droegen. Die invloed verplaatst zich naar hun leven, wordt onderdeel van hoe ze de wereld zien, en beïnvloedt mogelijk hoe ze de volgende persoon behandelen. En dan reist het verder — van hand tot hand, van leven naar leven, van route naar route.

Je krijgt nooit de kans om te volgen waar het naartoe gaat.

Stel je voor dat je dat wel kon. Stel je voor dat je die alwetende camera uit de film had, die je invloed volgde zoals die dat briefje van twintig dollar volgde. Je zou precies zien waar je kleine daden naartoe reisden. Door je buurt. Door je stad. Via mensen die je nooit zult ontmoeten, die beïnvloed werden door iemand die jij beïnvloedde, die beïnvloed werd door iets wat jij op een dinsdagochtend deed terwijl je er niet eens bij nadacht.

In goede of slechte zin zou je het volledige rimpeleffect zien. Elke golf. Elke richting die je invloed opging. Elke route die het veranderde.

Maar dat kun je niet. Je hebt die camera niet. Je laat je invloed gewoon los in de wereld en vertrouwt erop dat die naar plaatsen reist buiten je gezichtsveld.

En soms — vaker dan je zou denken — creëert die invloed rimpelingen die je nooit zult zien. Verandert het routes op manieren waar je nooit van zult weten. Beïnvloedt het mensen die je nooit zult ontmoeten.

De verhalen uit de file

Wanneer er in een film een file is, doet de camera hetzelfde. Een wijds luchtshot dat over honderden auto's scant en dan inzoomt om het voertuig van de hoofdpersoon te vinden. Iedereen verder is gewoon verkeer. Achtergrond. Figuranten. Obstakels in het verhaal van de protagonist.

Wat als de camera nu eens zou UITZOOMEN? Wat als we een willekeurige auto in deze file konden kiezen en het verhaal ervan terug konden volgen?

De vrouw in de blauwe sedan. Ze werd vanmorgen om 5.30 uur wakker, ook al hoefde ze pas om 9.00 uur op haar werk te zijn. Ze maakte ontbijt voor haar dochter. Pakte een lunch in. Ze komt niet uit deze stad – ze is hier drie jaar geleden naartoe verhuisd voor een baan die promotie beloofde, maar dat is nog niet gebeurd. Ze denkt aan haar moeder thuis, die ouder wordt en haar binnenkort misschien nodig heeft. Door de file is ze te laat voor de vergadering die eindelijk alles zou kunnen veranderen, of zou kunnen bevestigen dat ze ergens anders moet gaan kijken.

Ga verder terug. Tien jaar. Ze zat op de universiteit, een totaal andere stad, had een relatie met iemand met wie ze dacht te zullen trouwen, tot het uitging. Haar ouders wilden dat ze na haar afstuderen weer naar huis zou verhuizen, maar ze weigerde. Die beslissing – die weigering – leidde haar naar deze stad, deze baan, dit moment vast in het verkeer, terwijl ze zich afvraagt of ze de juiste keuzes heeft gemaakt.

En dan fantaseren we nog maar over de achtergrond van één persoon. Eén auto. In een file met honderden anderen.

Dat is het besef dat je ogen opent. Elke persoon die je vandaag bent tegengekomen – de beveiliger bij de bank, de kassière op de markt, de persoon die je afsneed zonder richting aan te geven – ze hebben allemaal een voorgeschiedenis die zo diep gaat. Ze waren allemaal ooit kinderen, met lievelingsspeelgoed en favoriete tekenfilms en dromen over hoe hun leven eruit zou zien als ze groot waren.

En als iedereen zo'n complexe voorgeschiedenis heeft die hen naar dit exacte moment heeft geleid, dan heeft iedereen ook een toekomstverhaal. Waar ze naartoe gaan nadat hun pad het jouwe heeft gekruist. Wat er daarna gebeurt op hun route nadat jullie wegen elkaar die paar seconden hebben geraakt.

Jouw invloed – je kleine gebaar of je moment van ongeduld – wordt onderdeel van dat toekomstverhaal. We zien alleen de kanten van mensen die we willen zien – maar je invloed bereikt delen van hen waar je nooit getuige van zult zijn. Onderdeel van waar ze vervolgens naartoe gaan op routes die je nooit zult zien.

De routes die ze na jou namen

Je laat iemand invoegen. Ze zwaaien als dank. Jullie rijden allebei verder.

Waar gingen ze naartoe? Misschien haastten ze zich om een vlucht te halen voor de begrafenis van hun oma. Misschien maakte jouw gebaar – die drie seconden die je hen gunde – het verschil tussen die vlucht halen of missen. Tussen afscheid kunnen nemen of leven met spijt.

Of misschien gingen ze gewoon naar de supermarkt en heb je ze dertig seconden bespaard.

Je zult nooit weten welke van de twee het was.

Op dit moment staat er ergens op sociale media misschien wel een bericht: 'Bedankt aan de onbekende die me vanmorgen liet invoegen toen ik te laat was voor het belangrijkste sollicitatiegesprek van mijn leven.' Je zult dat bericht nooit zien. Je kent hun namen niet eens. Je maakte gewoon ruimte, ze voegden in, je reed verder.

Die collega die het moeilijk heeft – misschien is er ziekte in de familie, misschien houden ze het maar net vol. Of de uitwisselingsstudent ver van huis die probeert te navigeren in een compleet nieuwe omgeving. Je hoeft niet in hun leven te graven. Je hebt hun voorgeschiedenis niet nodig om te weten dat het bereiken van dit moment voor hen waarschijnlijk meer moeite heeft gekost dan je je realiseert.

Als je hen zinvol helpt – als je geduld toont wanneer ze een fout maken, als je hen erbij betrekt wanneer ze er verloren uitzien, als je hen erkent wanneer iedereen hen als meubilair behandelt – word je vanaf vandaag onderdeel van hun kilometerteller. Onderdeel van de route die ze zich zullen herinneren als ze aan deze tijd in hun leven denken.

De kassière die een vreselijke ochtend heeft tot iemand haar in de ogen kijkt en goedemorgen zegt. De beveiliger die als een statisch object wordt behandeld tot iemand zich herinnert dat hij een mens is. De onbekende die te veel tilt en alleen maar iemand nodig had die de deur vasthield zonder hem het gevoel te geven dat hij een last was.

Jouw kleine daden veranderen waar ze vervolgens naartoe gaan. En dan rijden ze weg. Nemen afritten. Voegen in op rijstroken waar jij nooit zult komen. Gaan verder op routes die je nooit zult zien.

En wat er ook daarna gebeurde in hun reis – waar je invloed ook naartoe reisde in hun denken, hun keuzes, hun behandeling van de volgende persoon – dat ligt nu buiten je gezichtsveld.

De naam van de buurman

Soms zijn we volledig blind voor de mensen die dicht bij ons staan. Twee jaar geleden had ik een stille ruzie met mijn buurman over een plek voor het vuilnis. Iets simpels. Iets stoms. De plek was precies op het middelpunt tussen onze percelen op de stoep, en we woonden er allebei nog geen jaar. Bijna elke avond schoof degene die als laatste het vuilnis buiten zette de zakken van de ander naar diens kant.

Kinderachtig. Maar het bleef gebeuren.

Toen knapte er op een dag iets in mij. Ik zag hem het doen door het raam. Ik stapte naar buiten en begon te schreeuwen. We kregen ruzie. Uiteindelijk spraken we af om het vuilnis op dezelfde plek te laten, maar gericht naar onze eigen huizen. De ruzie was voorbij. Ik ging weer naar binnen.

Tien minuten later zei ik tegen mijn vrouw: 'Ik ga naar zijn deur.'

Ze dacht dat ik erheen ging om weer ruzie te zoeken.

Ik belde aan. 'Hoi, ik ben het, je buurman.'

'Ik kom mijn excuses aanbieden.'

Ik legde uit dat ik een slechte dag op het werk had gehad. Dat ik was uitgevallen. Dat er geen excuus was om tegen hem te schreeuwen om zoiets stoms als een vuilnisplek.

Hij glimlachte. We wisselden telefoonnummers uit.

Zijn naam is Charly.

Dat detail is belangrijk, want tot dat moment was hij gewoon 'de buurman'. Een obstakel. Iemand die mijn leven moeilijker maakte. Op het moment dat ik mijn excuses aanbood, het moment dat ik toegaf dat ik fout zat, werd hij een persoon met een naam. Iemand die ik zou leren kennen. Iemand die een aardigere buurman zou worden – zwaaien als we elkaar zien, op elkaars eigendommen letten.

Dat veranderde zichtbaar tussen ons.

Hoe heeft dat moment zijn leven beïnvloed buiten onze burencontacten om? Ik zal het nooit weten. Bovendien was dat niet mijn reden om het te doen.

Veranderde het hoe hij over conflicten denkt? Als iemand nu tegen hem uitvalt – op het werk, bij familie, bij vrienden – herinnert hij zich dan dat zijn buurman tien minuten later terugkwam om zijn excuses aan te bieden? Maakt dat de kans groter dat hij deëscaleert in plaats van wrok aan te houden?

Hoe heeft die verontschuldiging doorgewerkt in zijn opvoeding? Zijn vriendschappen? Zijn wereldbeeld over mensen die uit hun slof schieten?

Ik weet het niet, en dat hoeft ook niet. Dat was nooit de reden dat ik terugging. Ik probeerde geen rimpeleffect te creëren of een lesje conflictbeheersing te geven. Misschien veranderde het niets – misschien was hij al een toffe peer en wist ik het gewoon nog niet. Misschien deed de verontschuldiging hem wat, misschien niet.

Zijn route ging door voorbij mijn achteruitkijkspiegel. Ik kan zien dat we nu goede buren zijn. Al het andere? Dat ligt buiten mijn gezichtsveld.

De invloed die pijn doet

Het zijn niet alleen positieve rimpelingen. Soms creëert je invloed schade die je nooit ziet.

Je voegde in zonder richting aan te geven. Je merkte niet dat de auto achter je hard moest remmen om een botsing te voorkomen. Het kind op de achterbank trilde en begon te huilen. De moeder raakte gestrest en kon op de verhoogde snelweg nergens stoppen om haar kind te troosten. Je reed verder, je er totaal niet van bewust wat er gebeurde.

Jouw ongeduld beïnvloedde iemands route, en je had geen flauw idee.

Of je staat bij de kassa. De kassière maakt een fout bij het scannen. Je toont je frustratie – niet door te schreeuwen, gewoon een blik, misschien een zucht. Ze heeft al een zware dag. Ze voelt zich al tekortschieten. Jouw reactie bevestigt haar angst dat ze slecht is in haar werk.

Ze gaat naar huis en voelt zich slechter over zichzelf door een interactie van twee seconden die jij direct weer vergeten bent.

Je zei iets neerbuigends tegen iemand die het nog maar net volhield. Je opmerking – bedoeld als grapje, of gewoon ondoordacht – werd precies datgene wat hen over de streep trok om ontslag te nemen.

Je was ongeduldig met iemand die zijn best deed. Je realiseerde je niet dat die persoon nieuw was, of door iets moeilijks heen ging, of al het gevoel had dat hij niets goed kon doen.

Het punt is niet om je paranoïde te maken over elke interactie. Het punt is dit: je invloed verspreidt zich in richtingen die je niet kunt zien. Soms positief. Soms negatief. Meestal zul je nooit weten welke van de twee het is.

Net zoals dat briefje van twintig dollar niet weet of het iemands medicijnen heeft betaald of iemands verslaving heeft gevoed. Het reist gewoon van hand naar hand en creëert impact buiten zijn eigen medeweten.

Hetzelfde geldt voor jouw invloed.

De som die niemand bijhoudt

Drie kleine daden vandaag. Laat iemand invoegen. Zeg goedemorgen. Houd een deur open.

Stel je nu voor dat die drie mensen elk hetzelfde doen – drie mensen laten invoegen, drie vreemden begroeten, drie deuren openhouden. Je bent van drie naar twaalf beïnvloede mensen gegaan (3+9).

Die negen op elke vertakking beïnvloeden er weer drie. Nu kom je uit op negenendertig mensen (3+9+27).

Kijk wat er gebeurt als je doorgaat. Negenendertig wordt 120 (3+9+27+81). 120 wordt 363 (3+9+27+81+243). De getallen beginnen snel op te lopen. Bij de vijfde iteratie zit je op meer dan duizend mensen (1.093). Bij de zevende kom je bijna uit op de tienduizend (9.841).

Tien iteraties later? 265.719 mensen.

Drie daden. 265.719 mensen..

Dus ja, 'laten we de wereld veranderen, invoeging voor invoeging' is niet alleen een leuke uitspraak voor dit boek. De wiskunde onderbouwt het echt.

En het is volledig onzichtbaar.

Je bent dit niet aan het bijhouden terwijl je iemand laat invoegen. Je handelt gewoon op dat moment. Links- of rechtsom, we moeten allemaal die keuze maken. En die ene keuze vermenigvuldigt zich via levens die je nooit zult ontmoeten, creëert momenten waar je nooit getuige van zult zijn en beïnvloedt routes die vertakken in andere routes die weer vertakken in andere routes.

De invloed groeit op een schaal die je niet kunt meten. Dat is geen beperking – dat is juist de kracht ervan.

Wat dit voor jou kan veranderen

Misschien verandert dit boek de manier waarop je je leven en de mensen om je heen waardeert. We willen allemaal graag de betere versie van onszelf zijn. Misschien stop je met leven in de aftelmodus, stop je met het gevoel dat je elke dag een cijfer krijgt, en begin je te rijden zonder die constante druk om vergeleken te worden met de route van alle anderen.

Misschien ook niet. Misschien had je verwacht dat het anders geformuleerd zou worden. Misschien vertelde je vriend je dat het iets anders was. Misschien ben je gewoon niet op een plek waar dit binnenkomt.

Misschien was je het met alles eens, maar verandert er niets omdat lezen niet hetzelfde is als toepassen.

Of misschien heeft één zin ergens alles voor je verschoven, en was de rest slechts de context die naar dat moment leidde.

Ik zal nooit weten welke het is.

Dit boek is de invloed die ik loslaat op jouw route. Het reist nu met je mee naar plaatsen die ik nooit zal zien. Misschien verandert het dingen. Misschien niet. Misschien doet het er meer toe dan ik me kan voorstellen, of misschien vergeet je het volledig.

Dat is wat er gebeurt als invloed verder reist dan je achteruitkijkspiegel. Je laat het los. Je vertrouwt erop dat het gaat waar het heen moet. En je blijft vooruit rijden zonder de uitkomst te kennen.

Hetzelfde gebeurt met elke kleine daad die je verricht. Elk gebaar. Elk moment waarop jouw route die van iemand anders kruiste en jouw invloed onderdeel werd van waar diegene vervolgens naartoe ging.

Je laat het gewoon los en rijdt verder.

Voorbij je gezichtsveld

Er is geen dashboard dat bijhoudt waar je kleine daden naartoe zijn gereisd. Geen rapport dat bijhoudt hoeveel mensen beïnvloed zijn door datgene wat je die ene ochtend deed toen je gewoon probeerde aardig te zijn.

Je rijdt gewoon. Je creëert momenten. Je beïnvloedt routes. En dan vervolgen die mensen hun weg op paden die je nooit zult zien, naar bestemmingen die je nooit zult kennen, met de invloed bij zich die jij hebt losgelaten zonder te weten waar die heen zou gaan.

Sommige van die invloeden duren jaren voort. Decennia. Misschien generaties. Via routes die zo ver van de jouwe verwijderd zijn dat de connectie met jouw oorspronkelijke daad onmogelijk te herleiden zou zijn, zelfs als je het zou kunnen zien.

Dat is geen gebrek aan controle. Dat is niet iets wat je beter had moeten bijhouden. Dat is gewoon hoe invloed werkt wanneer iedereen zijn eigen route rijdt.

Je achteruitkijkspiegel laat mensen even zien nadat jullie routes elkaar hebben gekruist. Dan slaan ze af. Nemen afritten. Verdwijnen achter je. En hun route gaat door voorbij je gezichtsveld.

Heb je ooit een 'influencer' willen zijn? Nou, dat ben je. Je ziet jezelf misschien als gewoon. Maar gewone daden creëren rimpelingen die je nooit zult zien.

Je hebt iemand beïnvloed. Je hebt iets veranderd. Je hebt een moment gecreëerd dat onderdeel werd van waar ze vervolgens naartoe gingen.

Maar wat gebeurde er daarna? Waar gingen ze heen? Wat heeft je invloed veranderd op manieren die jij niet kunt zien?

Dat ligt voorbij je achteruitkijkspiegel.

En je blijft vooruit rijden op je eigen route, creëert meer momenten, beïnvloedt meer mensen en laat meer invloed los in richtingen die je nooit zult zien.

Er is geen examen dat beoordeelt of je het allemaal wel goed hebt bijgehouden.

Er is alleen de weg voor je, de kleine daden die je creëert, en het vertrouwen dat je invloed naar plaatsen reist buiten je gezichtsveld – routes veranderend waar je nooit zult rijden, mensen beïnvloedend die je nooit zult ontmoeten, en rimpelingen creërend die je nooit zult zien.

Dat is het gebied voorbij je achteruitkijkspiegel.

En het is groter dan je ooit zult weten.

Hoofdstuk 23

CRUISECONTROL UIT

Zelfs na duizenden kilometers op dezelfde manier te hebben gereden, kun je veranderen.

Kilometers terug spiegelde je je nog aan iedereen.

Elke auto die jou inhaalde, voelde als een nederlaag. Elke auto die jij inhaalde, voelde als winst. Je was aan het wedijveren met denkbeeldige concurrenten op een snelweg die geen finishlijn kende.

Je leefde alsof er een examen was. Alsof iemand je snelheid, je route en je keuzes beoordeelde. Alsof er ergens een scorekaart bestond die bijhield of je wel correct reed.

Kijk nu eens naar jezelf.

Je weet dat je je eigen referentiepunt bent. Je begrijpt dat jouw route van jou is − niet beter of slechter dan die van een ander, gewoon de jouwe. Je ziet vandaag als 100% van je leven, niet als voorbereiding op iets anders. Je concentreert je op je eigen stuur, niet op de snelheid van de rest. Je bouwt aan een nalatenschap door aanwezig te zijn, niet door wat je achterlaat wanneer je parkeert.

Je bent niet meer de chauffeur die aan deze reis begon.

Wat er werkelijk is verschoven

Misschien is alles veranderd. Misschien maar één ding. Misschien iets daartussenin.

Maar er is iets verschoven.

Je bent gestopt met racen tegen auto's die nooit met je in competitie waren. Je bent gestopt met het vergelijken van je kilometerteller met de kilometerstand van anderen. Je bent gestopt met denken dat de rijbaan van jou was. Je bent gestopt met toeteren bij elke vermeende belediging.

Je bent andere bestuurders gaan zien als mensen op hun eigen route, in plaats van obstakels op de jouwe. Je bent vooruitgang gaan meten aan wie je gisteren was, in plaats van aan iedereen om je heen. Je bent gaan begrijpen dat jouw herinneringen van jou zijn en die van hen van hen.

Je hebt competitie afgeleerd. Je hebt verdeeldheid afgeleerd. Je hebt de valstrik van ongevraagd advies afgeleerd. Je hebt spijt afgeleerd.

Niet omdat je uitgeleerd bent. Niet omdat je alles hebt uitgevogeld. Niet omdat je bent afgestudeerd aan een programma of een of andere cursus op Udemy hebt afgerond.

Maar omdat je deze kilometers hebt besteed aan het onderzoeken van hoe je rijdt, en is ergens onderweg je perspectief veranderd.

De snelweg ziet er nu anders uit. Niet omdat de weg is veranderd. Maar omdat jij hem anders bekijkt.

Dit is nu je leven

Je hebt geen filosofie geleerd. Je hebt geen methode aangenomen. Je hebt geen systeem uit je hoofd geleerd.

Je hebt de manier waarop je kijkt veranderd.

En dat is niet iets wat je aan- en uitzet. Dat is niet iets wat je alleen toepast wanneer het uitkomt. Dat is geen techniek die je in bepaalde situaties gebruikt.

Dit is gewoon hoe je nu rijdt.

Elke ochtend dat je wakker wordt, staat er die dag geen examen gepland. Niemand beoordeelt of je wel correct leeft. Niemand meet je vooruitgang af aan een universele standaard. Niemand rangschikt je ten opzichte van alle anderen die ook proberen uit te vinden hoe ze hun route moeten navigeren.

Bij elke interactie die je hebt, wordt er geen cijfer genoteerd. Er is geen scorekaart die bijhoudt of je het perfect hebt aangepakt. Geen rechter die bepaalt of je reactie optimaal was.

Bij elke keuze die je maakt, bestaat er geen universeel juist antwoord. Alleen de keuze die logisch is voor jouw route, in jouw tempo, met jouw specifieke omstandigheden die niemand anders volledig begrijpt, omdat ze niet in jouw auto rijden.

Dit is geen filosofie meer. Dit is je werkelijke leven.

Je 'oefent' niet om jezelf als je eigen referentiepunt te zien. Je bént gewoon je eigen referentiepunt. Zo werkt perspectief.

Je hoeft er niet aan te 'denken' om je op je stuur te concentreren. Je focust daar nu gewoon natuurlijk op, omdat je begrijpt dat dat is wat je kunt beheersen.

Je 'probeert' niet om vandaag als 100% van je leven te zien. Je ziet het nu gewoon zo, omdat je begrijpt dat dit moment het enige is dat je daadwerkelijk beleeft.

De verschuiving heeft al plaatsgevonden. Het is niet iets waar je naartoe werkt. Het is iets wat je bent.

De snelweg is niet veranderd

Dit boek eindigt.

De file niet.

Morgenochtend stap je in je auto en de snelweg zal er precies hetzelfde uitzien. Dezelfde banen. Dezelfde regels. Dezelfde andere bestuurders die hun eigen route navigeren in hun eigen tempo.

De cultuur zal nog steeds proberen je te programmeren. Sociale media zullen nog steeds proberen je te meten. De maatschappij zal nog steeds proberen je te vergelijken. Familie zal nog steeds proberen via jou de competitie aan te gaan.

Je geboortestad zal je nog steeds beoordelen op je auto. Je buren zullen nog steeds geven om je huis. Je familieleden zullen nog steeds vragen wanneer je gaat trouwen, aan kinderen begint of promotie maakt.

De geruchtenmolen zal blijven draaien. De statusspelletjes gaan gewoon door. De denkbeeldige competities blijven bestaan in de hoofden van alle anderen.

Niets daarvan is veranderd omdat je een boek hebt gelezen.

De snelweg werkt nog precies zoals altijd. De andere auto's rijden nog steeds alsof er een examen is. De cultuur zendt nog steeds dezelfde boodschap uit. De programmering draait nog steeds op elk scherm, in elk gesprek, bij elke interactie.

Maar jij bent anders.

Je ziet het nu anders. Je reageert er nu anders op. Je rijdt er nu anders doorheen. Zonder de constante stress. Zonder het gewicht van denkbeeldige cijfers. Zonder angst over hoe je scoort.

De stress die je gewend was te dragen – het constante gemeten worden, het constante vergelijken, het constante gevoel beoordeeld te worden – dat gewicht is ergens tijdens deze reis van je schouders gevallen. Niet omdat de wereld ophield stressvol te zijn. Maar omdat jij stopte met geloven dat die stress noodzakelijk was.

Je doet niet mee aan de wedstrijd, dus je kunt niet verliezen. Je wordt niet beoordeeld, dus je kunt niet zakken. Je bent niet aan het racen, dus je kunt niet achterop raken.

De druk is er nog steeds. Maar het raakt je niet meer op dezelfde manier. Misschien stellen we de verkeerde vragen – niet 'Ben ik aan het winnen?' maar 'Ben ik aan het rijden?'.

Wanneer de cultuur je vertelt dat je de strijd aan moet gaan, herken je de eindeloze lus voordat je erin stapt. Wanneer sociale media je proberen te beoordelen, herinner je je dat er eigenlijk niemand is die de score bijhoudt. Wanneer de maatschappij je afmeet aan willekeurige standaarden, weet je dat je jezelf in plaats daarvan afmeet aan wie je gisteren was.

De druk is niet verdwenen. Je gelooft er simpelweg niet meer in.

De vergelijkingen stopten niet. Je bent er gewoon mee opgehouden.

Het denkbeeldige examen is niet vervaagd. Je besefte gewoon dat het nooit echt heeft bestaan.

En dat is genoeg.

Je hebt het niet nodig dat de wereld verandert. Je hebt het niet nodig dat alle anderen stoppen met concurreren. Je hebt het niet nodig dat de cultuur stopt met programmeren, of sociale media met meten, of de maatschappij met vergelijken.

Je hoeft alleen maar je route te blijven rijden in je eigen tempo, met je focus op je eigen stuur.

De snelweg is hetzelfde. Jij bent anders.

Dat is wat telt.

Bewust rijden

Hoeveel kilometers stond je wel niet op de cruisecontrol?

Je reed de snelheid van iedereen om je heen. Je bleef in de rijbaan die de cultuur je voorschreef. Je nam de afslag die de maatschappij verwachtte. Je concurreerde omdat je dat zo geleerd had. Je mat alles af omdat je geleerd had dat dat belangrijk was. Je kent dat gevoel wel – waarbij je niet zeker weet of je wakker bent of slaapt?

Autopiloot. Geprogrammeerde antwoorden. Automatische reacties. Culturele scripts die draaien zonder jouw bewuste betrokkenheid.

Je reed niet echt zelf. Je werd gereden – door verwachtingen, door programmering, door geërfde overtuigingen over wat succes betekent, hoe het leven eruit moet zien en wat je geacht wordt te willen.

Maar je rijdt nu al kilometers handmatig – misschien is het je net pas opgevallen.

Je hebt de handmatige besturing overgenomen. Je hebt je geest bevrijd van de cruisecontrol-instellingen die iemand anders heeft geprogrammeerd. Je bent begonnen met het maken van bewuste keuzes in plaats van automatische. Je bent gaan twijfelen of de route die iedereen neemt wel de route is die logisch is voor jou.

Je rijdt nu. Echt rijden.

Niet perfect. Niet zonder fouten. Niet zonder af en toe te vergeten en terug te vallen in oude patronen.

Maar bewust. Met opzet. Met het besef dat jij degene bent die het stuur vasthoudt, de pedalen indrukt, de rijstroken kiest en de snelheid bepaalt.

De cruisecontrol is uit. En je zet hem niet meer aan.

Wat je meeneemt

Dit bewustzijn verdwijnt niet.

Het is niet iets wat je vergeet zodra je dit boek dichtslaat. Het is niet iets dat uitwerkt wanneer je terugkeert naar je dagelijkse leven. Het is geen tijdelijke helderheid die vervaagt wanneer de 'echte wereld' weer over je heen spoelt.

Je kunt niet meer niet zien wat je hebt gezien. Je kunt niet meer niet weten wat je nu begrijpt. Het begrijpen is overigens niet hetzelfde als het leven.

Je zult er elke dag aan herinnerd worden. Elke keer dat je in je werkelijke auto stapt, je motor start en aan je werkelijke woon-werk-verkeer begint – zul je het je herinneren. De snelweg is niet zomaar een plek waar je over leest. Het is de plek waar je leeft.

Je zult nog steeds druk ervaren. Je zult nog steeds concurrentie tegenkomen. Je zult nog steeds stemmen horen die je vertellen dat je jezelf moet meten aan alle anderen.

Maar je zult het nu herkennen. Je zult het zien voor wat het is. En je zult kiezen of je de strijd aangaat of je je ogen op je eigen weg houdt.

Sommige dagen zul je met volmaakte helderheid rijden, alles onthouden wat je geleerd hebt en met vertrouwen navigeren.

Sommige dagen zul je terugvallen in oude patronen, jezelf gaan vergelijken met anderen en de aantrekkingskracht van denkbeeldige competities voelen.

Beide zijn prima. Beide horen bij het rijden van jouw route. Je probeert niet om een perfecte consistentie te bereiken. Je probeert gewoon vaker bewuster te rijden dan voorheen.

En dat zul je doen. Zodra je ziet dat er geen examen is, kun je niet meer doen alsof het bestaat. Zodra je begrijpt dat je je eigen referentiepunt bent, kun je jezelf niet meer meten aan de coördinaten van een ander. Zodra je erkent dat jouw route van jou is, kun je niet meer rijden alsof je op het pad van iemand anders bent.

De verschuiving is blijvend. Niet omdat je het nooit meer zult vergeten. Maar omdat je het je, zelfs als je het vergeet, weer zult herinneren. Het bewustzijn is er nu. Het verdwijnt niet alleen maar omdat je er niet op elk moment aan denkt.

Je bent er klaar voor

Gedurende deze hele rit zijn we samen onderweg geweest.

Ik heb dingen aangewezen. Laten zien wat mij is opgevallen. Een perspectief gedeeld dat mij hielp te stoppen met leven alsof er een examen was dat elke beweging van mij beoordeelde.

Jij hebt het verwerkt. Het getoetst aan je eigen ervaring. Besloten wat bij je past en wat niet. Je hebt het je eigen gemaakt in plaats van het alleen maar aan te nemen. Dit was voor jou, en voor jou alleen.

En nu ben je er klaar voor.

Niet omdat je alles onder de knie hebt. Niet omdat je alles hebt uitgevogeld. Niet omdat je nooit meer met deze concepten zult worstelen.

Maar omdat je ze nu begrijpt. Het perspectief is verschoven. Het bewustzijn is er. De cruisecontrol is uit. Je weet al wat je te doen staat.

Je bent klaar om te blijven rijden – bewust, met opzet en met je ogen op je eigen weg in plaats van op die van alle anderen.

De snelweg is niet veranderd. Het verkeer is er nog steeds. De druk bestaat nog steeds.

Maar jij bent anders. En dat is wat telt.

Je bent niet de chauffeur die je was toen we aan deze rit begonnen. Je meet jezelf niet meer aan denkbeeldige standaarden. Je doet niet meer mee aan races die niet bestaan. Je leeft niet meer alsof er een examen is.

Je bent gewoon aan het rijden. Jouw route. Jouw tempo. Jouw keuzes. We zijn er nog steeds. Je bent nog steeds op de weg. Dat is wat telt.

En dat is precies wat je hoort te doen.

Want er is geen examen. Dat is er nooit geweest.

Er is alleen jij op jouw route, rijdend naar wat er dan ook komen mag.

De cruisecontrol is uit.

Je bent er klaar voor.

Hoofdstuk 24

DIT IS MIJN HALTE

Het moment is dus daar. We zijn samen op dit punt aangekomen en dit is de plek waar ik uitstap.

Niet omdat de reis eindigt. Jouw route loopt door. Maar deze specifieke rit die we samen hebben afgelegd – dit gesprek dat we de afgelopen honderden kilometers hebben gevoerd – komt hier tot zijn natuurlijke einde.

Wat dit eigenlijk was

Ik was je niet aan het leren hoe je moet leven. Ik heb jouw antwoorden niet. Dat kan ik niet eens. Je rijdt een route die ik nooit heb gereden, trotseert omstandigheden die ik nooit heb meegemaakt, en maakt keuzes op basis van situaties die ik niet volledig begrijp omdat ze van jou zijn, niet van mij.

Wat ik wel heb gedaan, is perspectief delen. Ik heb patronen aangestipt die mij op mijn route opvielen. Ik heb je laten zien wat mij hielp om te stoppen met leven alsof elke keuze die ik maak door een examencommissie wordt beoordeeld. Wat mij hielp om te leven met minder stress, minder angst en minder gewicht op mijn schouders. Een gelukkiger leven.

En jij hebt het verwerkt. Je hebt wat ik deelde aangepakt en door je eigen ervaringen, je eigen blik en je eigen begrip van hoe jouw leven werkt gehaald. Jij hebt besloten wat resoneerde en wat niet. Je hebt het je eigen gemaakt – niet door mijn route te kopiëren, maar door mijn waarnemingen te gebruiken om die van jezelf te begrijpen.

Herinner je de 'adviesval' nog? Dat ging niet alleen over het advies van anderen. Dat gold ook voor dit hele boek. Als je probeert de route exact zo te rijden als ik hem heb beschreven, vlieg je uit de bocht. Omdat mijn route niet de jouwe is. Mijn obstakels zijn niet de jouwe. Mijn bestemming is niet de jouwe.

Dit was een gesprek tussen twee mensen op verschillende routes die toevallig een tijdje in dezelfde richting reisden. Ik deelde wat ik zag. Jij bepaalde wat het voor jou betekende.

Dat is alles wat dit was. En dat is precies wat het moest zijn.

Je kijkt nu anders

Je herkent programmering nu overal. Je kunt het niet meer 'ont-zien'.

Neem de schoonheid van beroemdheden. We prijzen beroemde mensen omdat ze beeldschoon zijn, maar als diezelfde persoon niet beroemd was, niet rijk was, en gewoon in de plaatselijke supermarkt werkte, zouden we ze misschien niet eens opmerken. Hun *doppelgänger* bestaat ergens, met exact hetzelfde gezicht, exact hetzelfde lichaam, exact dezelfde kenmerken. Maar over die replica fantaseren we niet. We zetten de onbekende tweelingbroer of -zus niet op de covers van tijdschriften.

We prijzen niet echt schoonheid. We prijzen positie. We aanbidden status en noemen het esthetiek. Maar is het de waarheid? Of gewoon een illusie?

Hetzelfde geldt voor de grappen van je baas. Mensen lachen harder vanwege de rol, niet omdat de humor beter is geworden.

Dezelfde bands worden met enorme marketingbudgetten gepromoot en groeien uit tot wereldwijde sensaties, terwijl muzikanten met meer talent, een betere choreografie en superieure vaardigheden onbekend blijven.

We prijzen de beroemde artiesten niet omdat ze beter zijn, maar omdat we geprogrammeerd zijn om te aanbidden wat al op een voetstuk is geplaatst.

Dat zie je nu. Het is overduidelijk. Je bent je bewuster van het patroon.

Of kijk naar hoe we technologie bouwen. Elke nieuwe humanoïde robot wordt met hetzelfde bombarie aangekondigd – 'Kijk, hij kan huishoudelijke klusjes doen!'

Maar waarom zijn we zo gefixeerd op het kopiëren van het menselijk lichaam? Als het doel bruikbaarheid is, waarom houden we dan vast aan twee armen in plaats van vier? Ik bedoel, 'hello there...' (ja, dat is een *Star Wars*-verwijzing).

We bouwen geen robots om ons te helpen. We bouwen ze om op ons te lijken. We zijn als soort een wedstrijd tegen onszelf aan het rijden. We proberen de menselijke vorm te overtreffen in plaats van daadwerkelijke problemen op te lossen.

De auto werd autonoom zonder dat er een robot op de bestuurdersstoel hoefde te zitten. Het wassysteem zou de robot kunnen zijn, in plaats van een mensvormige machine te bouwen die de wasmachine bedient.

Maar we blijven concurreren met ons eigen lichaamsontwerp alsof er ergens een examen is dat beoordeelt of we onszelf succesvol hebben gereproduceerd.

Zelfs de uitdrukking 'denk buiten de gebaande paden' is programmering. Het gebaande pad is de programmering.

Denk niet buiten de gebaande paden. Denk alsof er helemaal geen paden zijn.

Laat de programmering niet je referentiepunt zijn. Vraag je altijd af of die kaders überhaupt wel bestaan.

Maar de belangrijkste verschuiving? De verschuiving die je werkelijke dagelijkse leven verandert?

Je ziet geen NPC's meer.

Vroeger zag je de barista als iemand die je koffie sneller moest maken. De chauffeur die langzaam reed als een obstakel op je weg. De kassière die een fout maakte als iemand die beter in haar werk zou moeten zijn. Functies die efficiënt zouden moeten presteren.

Nu zie je kansen.

Elke interactie is een kans om een ander mens te herkennen. Om de persoon achter de functie te zien. Om te oefenen in je menselijk opstellen, in plaats van mensen te behandelen als decorstukken in jouw verhaal.

Je bent gegaan van het opeisen van service naar dankbaarheid voor de kans. Van gefrustreerd raken door obstakels naar het waarderen van elk moment waarop je iemand volledig kunt zien in plaats van hen te reduceren tot hun rol.

De barista is er niet om jou te bedienen. Het is een mens die vandaag koffie zet, net zoals jij een mens bent die koffie bestelt. Dat is een kans om contact te maken, hoe kort ook, als twee mensen die dezelfde ruimte delen, in plaats van de één die een dienst opeist van de ander.

Dat is de geest van *omoiyari* die nu in je leeft. Niet als iets wat je oefent. Maar als iets wat je ziet.

Er zit nog een laag aan dit alles.

Je ziet geen verdeeldheid meer.

Je geboorteplaats leerde je dat er 'wij' en 'zij' zijn. Jouw groep en andere groepen. Jouw mensen en die mensen. Teams. Stammen. Categorieën. Hiërarchieën.

Daar kijk je nu dwars doorheen.

Iedereen is gewoon een bestuurder op zijn eigen route. Geen teams. Geen hiërarchie. Geen wij-tegen-zij meer. Alleen individuen die hun eigen snelwegen berijden, in hun eigen tempo, met hun eigen bestemmingen die niets met die van jou te maken hebben.

De programmering probeerde je in hokjes te laten denken. Dat doe je niet meer.

Je kunt dit nu niet meer 'ont-zien'. Zien is geloven. De verschuiving in je visie is blijvend. Niet omdat je probeert die vast te houden, maar omdat je, als je eenmaal helder ziet, niet meer kunt doen alsof de vaagheid de werkelijkheid was.

De echte uitdaging

We hebben zojuist vastgesteld dat je er klaar voor bent. Dat je veranderd bent. Dat de cruisecontrol eraf is.

Dat is allemaal waar.

Maar hier komt het moeilijkste gedeelte: zo blijven.

De wereld is niet veranderd. De cultuur programmeert nog steeds. Sociale media meten nog steeds. De maatschappij vergelijkt nog steeds. Iedereen om je heen rijdt nog steeds alsof er een examen is.

En de aantrekkingskracht van het oude is constant.

Je staat in de rij bij de supermarkt en voelt die oude frustratie opkomen — waarom is dit mens zo traag, weten ze niet dat ik ergens moet zijn — voordat je jezelf corrigeert en je herinnert: dit is geen NPC. Dit is een persoon die een dag heeft die net zo echt is als die van jou.

Je ziet iemands succes op sociale media en voelt die vergelijking binnensluipen — zij lopen voor, jij loopt achter, je doet niet genoeg — voordat je je herinnert: jouw kilometerteller meet jouw kilometers, niet die van hen.

Je hoort de stemmen uit je verleden in je hoofd — je zou dit moeten willen, je zou dat moeten waarderen, je zou hier de strijd aan moeten gaan — voordat je je herinnert: dat zijn overgeërfde overtuigingen, niet jouw authentieke verlangens.

De programmering stopt niet met draaien, alleen maar omdat je het nu kunt zien.

Dit gaat niet over dagelijkse affirmaties of mantra's. Dit gaat er niet over dat je jezelf elke ochtend moet herinneren dat er geen examen is. Dit gaat over bewust rijden in een wereld die erop is ingericht om je weer op de automatische piloot te zetten.

Kun je de mensen blijven zien wanneer iedereen hen als functies behandelt? Kun je je ogen op jouw weg houden wanneer iedereen op de snelheid van anderen let? Kun je jouw route blijven rijden wanneer de cultuur je constant vertelt welke route je in plaats daarvan zou moeten nemen?

Je kunt het. Niet perfect. Niet op elk moment. Niet zonder af en toe terug te vallen in oude patronen.

Maar vaker dan voorheen. En wanneer je uitglijdt, zul je het sneller merken. Je zult jezelf eerder herpakken. Je zult sneller terugkeren naar bewust rijden.

Omdat het bewustzijn er nu is. Het gaat niet weg. Het is niet iets waar je hard voor moet werken om het te behouden. Het is nu gewoon onderdeel van hoe je kijkt.

Waarmee je rijdt

Vul anderen aan in plaats van met hen te concurreren. De 'v' van 'vullen' levert je de winst op.

In je team. In je familie. In je relatie. In je werk. Anderen aanvullen betekent dat iedereen wint. Concurreren betekent dat er iemand moet verliezen. Je hoeft niet met iedereen de strijd aan te gaan. Niet alles is een wedstrijd. Er is geen examen.

Beheers wat je kunt beheersen. Je stuur. Je snelheid. Je rijstrook. Je keuzes. Dat is het. Je kunt het verkeer niet beheersen. Je kunt het weer niet beheersen. Je kunt niet bepalen wat andere bestuurders doen. Focus op wat je daadwerkelijk in handen hebt. Al het andere is slechts ruis.

Jouw herinneringen horen bij jou. Er zat niemand anders in jouw hoofd toen je die momenten beleefde. Ze kunnen niet veranderen wat jij hebt ervaren. Ze kunnen je niet vertellen wat het betekende. Jouw herinneringen zijn van jou alleen − daar valt niet over te twisten, ze zijn niet onderworpen aan de interpretatie van een ander. Wat je hebt beleefd, heb je beleefd.

Je ziet anderen als mens. Niet als NPC's. Niet als obstakels. Niet als functies. Mensen met volledige levens die net zo echt en complex zijn als die van jou. Elke interactie is een kans om dat te erkennen. Om je menselijk op te stellen in plaats van alleen te pakken wat je nodig hebt en weer door te gaan.

Vandaag is 100% van je leven. Geen fractie die wacht op voltooiing. Geen voorbereiding op morgen. Dit is het. Het leven dat je nu leidt, is het enige leven dat je daadwerkelijk ervaart.

Ga en vertel iemand wat diegene voor je betekent.

Vandaag.

Zeg dat belangrijke ding waarvoor je op het 'juiste moment' hebt gewacht. Je zit niet in een aftelmodus − er loopt geen timer af. Maar vandaag is 100% van wat je hebt, dus leef alsof het ertoe doet. Want dat doet het.

Niet iedereen zal dezelfde afstand afleggen als jij. Sommige routes eindigen eerder dan andere. Dat is geen falen. Dat is niet achterblijven. Dat is gewoon de realiteit. De reis van sommige mensen eindigt eerder dan verwacht. Die van anderen later. Je weet niet welke van de twee die van jou is.

Dat is niet bedoeld om je bang te maken. Het is bedoeld om vandaag nog belangrijker te maken. Niet op een gejaagde manier. Maar op een aanwezige, bewuste manier. Je bent er nu. De mensen die je vandaag kunt bereiken, zijn er nu. Bel ze.

Mijn afrit

Jij gaat verder op jouw route. Onze wegen scheiden zich hier.

Dat is geen in de steek laten. Dat is gewoon hoe routes werken. We hebben deze kilometers samen afgelegd. We hebben dit gesprek gevoerd. We hebben dit stuk snelweg gedeeld.

Maar jouw route gaat verder waar de mijne stopt. En dat is precies zoals het hoort.

Jij hebt het stuur in handen. Dat heb je eigenlijk altijd al gehad. Kijk maar eens goed. De bestuurder was jij altijd al. Jouw handen. Jouw keuzes. Jouw richting. Ik heb nooit voor jou gereden. Dat kon ik niet eens. Het is jouw auto. Jouw route. Jouw leven.

Het enige wat ik heb gedaan, is meerijden en aanwijzen wat me opviel. Observaties delen. Perspectief bieden. Maar elke kilometer die je hebt afgelegd? Dat was jij die reed. Elke verschuiving in hoe je de dingen ziet? Dat was jij die veranderde. Elke keuze over wat resoneerde? Dat was jij die besliste.

Je hebt mij niet meer nodig om zaken aan te wijzen. Je kunt ze nu zelf zien.

De programmering is zichtbaar voor je. De NPC's zijn mensen geworden. De verdeeldheid is opgelost. Het ingebeelde examen is ontmaskerd voor wat het altijd al was – niets. Er is hier geen sprake van magie – alleen van het besef dat er altijd al was.

Je ziet je route voor wat hij is: de jouwe.

Je hebt de hele tijd de kaart al vastgehouden. Jouw atlas. Jouw route.

Niet beter of slechter dan die van een ander. Geen voorsprong of achterstand. Geen winst of verlies. Gewoon de jouwe.

En dat is genoeg.

Er is geen examen. Dat is er nooit geweest. Niemand beoordeelt jouw route. Niemand rangschikt jouw keuzes. Niemand houdt de score bij of je het leven wel 'correct' doet.

Er is alleen jij op jouw route, rijdend naar wat er ook volgt.

Je weet waar je referentiepunt ligt, en je bent misschien verschillende 'obstakels' gepasseerd om hier te komen. Maar nu zie je medebestuurders op de weg. En je gaat hen tegemoet, zodat je het succes kunt bereiken dat je nodig hebt. Je hebt al gerealiseerd tegen wie je aan het concurreren bent. Je weet al wat jouw 100% betekent. Je weet welke keuzes je naar dit moment hebben gebracht. Je bent hier. Je weet dat niet iedereen dezelfde afstand zal afleggen als jij. Vorige generaties vertelden je hoe je moest rijden, maar nu weet je dat je ogen alleen gericht moeten zijn op de weg die voor je ligt. Geen afleidingen. Dit weet je allemaal. Dat heb je altijd al geweten.

Klaar voor? Neem het stuur over.

BIJLAGE A: CHECK ENGINE

Op 25 november 2022 kreeg ik de diagnose Asperger. Ik was 45 jaar oud.

Sinds de laatste DSM is Asperger opgegaan in het autismespectrum. Ik ben autistisch (en daar ben ik erg trots op!). De diagnose heeft mijn leven veranderd – niet omdat het veranderde wie ik ben, maar omdat het eindelijk verklaarde waarom ik de wereld verwerk zoals ik dat doe.

Ik heb het driestapsproces van inclusie doorlopen dat ik in het boek beschrijf: Bewustwording > Acceptatie > Onverschilligheid. Die laatste is positief bedoeld. Net als linkshandig zijn. Een andere bedrading. Geen gebrek. Gewoon anders.

De diagnose gaf me twee dingen. Ten eerste: verklaringen voor patronen waar ik al mijn hele leven mee te maken had. Ik ben overgevoelig voor geluid, dus nu vermijd ik luidruchtige plekken in plaats van mezelf te dwingen ze te verdragen zonder te weten dat ik aan het 'maskeren' was. Ik had er altijd behoefte aan dat dingen letterlijk logisch waren. Ik kon vage sociale regels niet accepteren zonder ze in twijfel te trekken. Nu weet ik waarom.

Ten tweede hielp het me een perspectief te omarmen dat ik altijd al had – de behoefte om dingen vanuit verschillende hoeken te bekijken, om vraagtekens te zetten bij wat de rest van de wereld als normaal beschouwt.

Dat is waar de inhoud van dit boek vandaan komt. Mijn Asperger-brein heeft behoefte aan letterlijke antwoorden. Als ik overal competitie zie, denkt mijn brein onmiddellijk: oké, wat is de prijs? Wanneer houdt het op? Wat zijn de regels?

En toen ik geen antwoorden op die vragen kon vinden – toen ik besefte dat er GEEN prijs is, er GEEN einde is, er GEEN regels zijn – concludeerde mijn brein: dan is er ook geen competitie.

Dat besef werd 'Er Is Geen Examen'. Zodra ik dat patroon in competitie zag, begon ik het overal te zien. Al die onzichtbare beoordelingssystemen waar mensen zich druk over maken – geen daarvan bestaat echt. Het zijn abstracte sociale constructies die we met z'n allen als werkelijkheid hebben bestempeld.

En vanwege mijn autisme kan ik abstracte sociale constructies niet accepteren zonder bewijs. Als iemand tegen me zegt: 'Je moet anderen wel bijhouden', vraagt mijn brein onmiddellijk: 'Welke anderen? Volgens welke maatstaf? Wie meet dat? Wie heeft dit besloten?'

Het lijkt misschien alsof ik me tegen autoriteit verzet, maar ik ben oprecht op zoek naar antwoorden. Of wanneer iemand afscheid neemt met 'pas goed op jezelf!', dan denk ik: 'Nou, natuurlijk pas ik goed op mezelf.'

Mijn eerste insteek was dus om een boek te schrijven over het perspectief van een autistisch persoon in het leven, maar daarna besloot ik die route te mijden. Ten eerste wist ik dat als ik mijn autisme direct zou noemen, mensen vooraf bevooroordeeld zouden kunnen zijn en zouden denken dat het boek over autisme ging – ik voel de sfeer wel aan (geen woordspeling bedoeld) – en daarom heb ik de ondertitel niet 'Een autistische benadering van het leven' of iets dergelijks gemaakt. Ten tweede is dit mijn manier om de fase van 'Onverschilligheid' te omarmen, wat betekent dat ik mijn diagnose niet hoef aan te kondigen. Dit boek is voor iedereen. En de boodschap werkt, of je nu weet dat ik autistisch ben of niet.

Mijn achtergrond

Ik ben geen psycholoog. Ik ben geen therapeut. Ik heb geen formele opleiding in menselijk gedrag of geestelijke gezondheidszorg.

Ik heb werktuigbouwkunde gestudeerd. Ik heb ruim 13 jaar in de sportwereld gewerkt. In de uitgeverij. Ben doorgegroeid naar de tech-wereld. Ik begeef me al vijf jaar in de wereld van Silicon Valley-achtige bedrijven. Ik heb mijn carrière doorgebracht als AI-productmanager in R&D, waar ik digitale producten bouwde en problemen oploste. Dat is mijn achtergrond. Analytisch. Technisch. Empirisch.

Ik heb zelfs een webpagina over mezelf gemaakt die is opgezet als softwareversiebeheer: https://ericsalinas.dev Ik deel daar tech-gerelateerde gedachten, maar het kernexperiment was voor mij om mijn ontwikkeling te delen als versies met patches, kleine en grote upgrades. Dat typeert mij ten voeten uit. Ik ben een vreemde vogel en ik vind het heerlijk.

Dit boek is niet voortgekomen uit academische titels. Het komt voort uit mijn eigen route – de specifieke ervaringen en omstandigheden die mij dit perspectief hebben gegeven.

(Ja, het komt uit mijn hart, maar mijn fixatie op het vasthouden aan de metafoor heeft deze interne strijd gewonnen.)

BIJLAGE B: ALS HUN BRANDSTOF OP IS

In 2022 tijdens onze Neurodiversity Talks bij Wizeline (waar ik momenteel werk) ging het op een dag over de angst voor de dood van onze dierbaren – in het bijzonder onze ouders. Ik deelde mijn kijk op de dood en mensen vertelden mij dat het hen hielp om op een andere manier over verlies na te denken. Ik deel het hier voor het geval het iemand anders kan helpen:

Vanwege mijn autisme en Asperger ben ik heel pragmatisch over de dood.

Ik ben er niet bang voor. Niet omdat ik dapper, verlicht of afstandelijk ben. Maar omdat de dood een feit is. Het kan niet ongedaan worden gemaakt. Het is onvermijdelijk.

Zelfs nu, met alle vorderingen op het gebied van GenAI, kun je een geliefde niet namaken. Je zou een LLM kunnen trainen op hun stem, hun gedragspatronen, hun schrijfstijl. Je zou een realistische avatar kunnen maken die op hen lijkt. Je zou antwoorden kunnen genereren die klinken als iets wat zij zouden zeggen.

Maar ze zouden er nog steeds niet meer zijn. De persoon die daadwerkelijk bestond, die echt leefde, die echt invloed had op je leven – die persoon is weg. Technologie verandert daar niets aan.

Daarom ben ik niet bang voor de dood.

Waar ik me wel zorgen over maak

Ik maak me wel zorgen als er iemand sterft. Maar niet om de persoon die is overleden.

Ik maak me zorgen om de mensen die achterblijven. Degenen die lijden onder het verlies. Degenen die proberen uit te zoeken hoe ze verder moeten leven zonder iemand die deel uitmaakte van hun dagelijks bestaan.

Andere mensen. Niet ikzelf.

Iedereen rouwt en gaat op een andere manier met verlies om en dat is oké – en ook te verwachten. Ik zeg niet dat het niet oké is om te rouwen. Ik zeg niet dat verdriet verkeerd is of dat mensen er maar snel 'overheen' moeten stappen.

Maar hier komt mijn autisme om de hoek kijken: als iemand sterft, kunnen ze niet meer lijden. Ze zijn weg. Het lijden blijft bij de mensen die er nog zijn, die nog leven, die nog steeds hun weg in het leven moeten vinden zonder hen.

Levens vieren, niet alleen doden betreuren

Toen Bob Barker (de presentator van *The Price is Right*) overleed, zag ik een tweet waarin stond: 'We hebben Bob op 99-jarige leeftijd verloren. Wat vreselijk droevig!'

En ik dacht: droevig? Hij is 99 jaar geworden!

Ik zeg niet dat mensen niet verdrietig mogen zijn. Rouw is echt. Verlies doet pijn.

Maar 99 jaar. Dat is bijna een volle eeuw leven. Dat zijn decennia van invloed, prestaties, relaties, ervaringen. Dat is de standaard zetten voor spelshows op televisie die generaties lang standhield.

Dat is een leven dat ten volle is geleefd.

We zouden deze mijlpaal moeten vieren. Zijn leven en prestaties vieren. Niet alleen rouwen om het feit dat hij er niet meer is.

Aan de andere kant zijn tragische sterfgevallen – jonge mensen, onverwachte verliezen, levens die te vroeg zijn afgebroken – altijd droevig. Niemand verdient het om jong te sterven.

Maar zelfs dan hebben we altijd de kans om hun leven te vieren. De impact die ze hadden toen ze hier waren. De lessen die ze achterlieten. De invloed die ze hadden op de mensen om hen heen, op de maatschappij, op hun dierbaren.

We gaan allemaal dood. En om de woorden van Paul Heyman te gebruiken: 'Dat is geen voorspelling, dat is een spoiler'.

Meestal zullen je ouders eerder sterven dan jij. En geen enkele ouder zou het omgekeerde willen meemaken als het hun gevraagd werd. Geloof me, ik heb het omgekeerde meegemaakt.

Misschien ben je wel of niet voorbereid op het moment dat het gebeurt. Maar je kunt er altijd klaar voor zijn om hun leven te vieren.

Onthoud alles wat ze je geleerd hebben. Elk moment dat ze met je deelden. Alle herinneringen die je met hen hebt opgebouwd. Ze zullen altijd je ouders blijven, en ze zullen altijd onvervangbaar zijn.

Eer hen door de persoon te zijn voor wie zij het grootste deel van hun leven hard hebben gewerkt, zodat jij de persoon kon worden die je nu bent.

Zo 'simpel' is het.

Hun geest levend houden

Als je religieus bent, kun je met hen praten in gebed.

Als je dat niet bent, kun je hun voorbeeld in je dagelijks leven volgen om hun geest levend te houden.

Je kunt de gewoonten overnemen die zij je hebben geleerd. De wijsheid gebruiken die ze hebben gedeeld. Beslissingen nemen op de manier die zij je hebben laten zien. Uitdagingen aanpakken met de benadering die zij hanteerden toen jij hen soortgelijke situaties zag doorstaan.

Zo eer je hen. Niet door monumenten of perfecte herdenkingen. Maar door te leven op een manier die weerspiegelt wat zij je hebben geleerd. Door de invloed die zij hadden op wie je bent geworden, verder uit te dragen.

Zij zijn er niet meer. Maar wat ze je geleerd hebben − dat is er nog steeds. En jij mag beslissen of je het gebruikt of negeert.

We zijn bang om morgen te overlijden, maar we zijn niet bang om vandaag niets te doen. We weten dat mensen hier niet voor altijd zullen zijn, maar we doen alsof er altijd meer tijd is.

WACHT NIET tot ze sterven om hen te vertellen dat je van hen HOUDT.

Vertel het hen nu. Terwijl ze nog leven. Terwijl ze het je nog kunnen horen zeggen.

Bewaar je waardering niet voor uitvaarten. Houd je liefde niet in tot het te laat is. Wacht niet op het 'juiste moment' om uit te drukken wat iemand voor je betekent.

Het moment is altijd juist. Zeg het nu.

Te veel mensen bewaren hun meest oprechte woorden voor grafredes. Ze praten tijdens de uitvaart over wat die persoon voor hen betekende, en wensen dat ze het hadden gezegd terwijl de persoon nog leefde om het te horen.

Wees niet die persoon.

Leven je ouders nog? Vertel hen dat je waardeert wat ze je hebben geleerd. Is je vriend er nog? Laat hem weten dat zijn aanwezigheid in je leven ertoe doet. Zit je partner naast je? Zorg dat diegene begrijpt wat hij of zij voor je betekent.

Vind je het moeilijk om je gevoelens te delen? Het spijt me, maar die kaart kun je bij mij niet trekken. Ik ben hier de autist.

Zeg het nu. Niet later. Niet ooit. Niet wanneer je er klaar voor bent.

Nu.

De dood is onvermijdelijk. Vandaag is ieders 100%. En zodra iemand weg is, kun je het ze niet meer vertellen. Dan kun je alleen nog maar wensen dat je het had gedaan.

BIJLAGE C: MIJN KOFFER OPRUIMEN

Ik schrijf dit niet om je te vertellen hoe je moet denken. Ik schrijf dit om je te laten zien dat ook ik bepaalde programmering heb moeten afleren.

Het vooroordelenvirus waar ik het in het boek over heb gehad: Ik heb het opgelopen. Meerdere varianten. En ik ben nog steeds bezig een deel ervan op te ruimen.

Wanneer pijn omslaat in oordeel

Ik had moeite met mijn spermaconcentratie en beweeglijkheid.

Die strijd riep iets in me op wat ik in eerste instantie niet herkende: een sterk vooroordeel tegen abortus.

Ik werd egoïstisch en veroordelend. Hoe kon iemand er voor kiezen om geen kind te krijgen, terwijl wij wanhopig probeerden en het niet lukte? Hoe kon iemand een zwangerschap beëindigen, terwijl wij er alles voor over hadden gehad om zwanger te zijn?

Mijn pijn creëerde mijn oordeel. Ik mat de situatie van anderen af aan de mijne.

Dat bracht me bij Gestalttherapie. En er veranderde iets.

Ik begon in te zien dat mijn realiteit niet universeel was. Een gewenste zwangerschap en een ongewenste zwangerschap zijn totaal verschillende realiteiten. Een stel dat al jaren probeert zwanger te worden, bevindt zich in een andere situatie dan een tiener die zwanger is geraakt door verkrachting. Een gepland kind in een stabiele relatie verschilt van een misbruiksituatie waarin een vrouw geen controle heeft over haar eigen lichaam.

Persoonlijk ben ik nog steeds pro-life. Dat is niet veranderd. Maar ik heb geleerd de keuzes die anderen maken over hun eigen lichaam te respecteren.

Ik bedoel, de autonomie over mijn mannelijke lichaam is nooit in twijfel getrokken. Geen enkele politicus heeft ooit voorgesteld om masturbatie bij mannen te reguleren. Niemand heeft me ooit verteld wat ik wel of niet mocht doen met mijn sperma. (Dat leeft immers ook.)

Wetgeving lijkt alleen van toepassing te zijn op vrouwenlichamen.

Die dubbele moraal dwong me om mijn standpunt te onderzoeken. Niet om het te laten varen. Gewoon om het te onderzoeken.

Dat is waar ik op uitkwam. Niet dat ik het eens ben met elke abortusbeslissing. Niet dat ik zeg dat mijn pro-life-standpunt fout was. Maar wel dat ik respecteer dat de realiteit van anderen verschilt van de mijne, en dat zij hun eigen keuzes mogen maken.

Het script van Monterrey weigeren

Ik weet dat dit me enorm zal achtervolgen als ik ooit een gooi doe naar het burgemeesterschap, maar er heerst een diepgewortelde machocultuur in mijn geboortestad. Ik zeg niet dat het daar uniek is – het is gewoon de plek waar ik uit de eerste hand over kan meepraten omdat ik er heb gewoond.

Op feestjes was het script altijd hetzelfde: de vrouwen in de keuken, de mannen bij de barbecue of voor 'de wedstrijd'. Gendergescheiden ruimtes. Naar geslacht gescheiden WhatsApp-groepen waarin mannen porno deelden. Homofobe houdingen die als 'normaal' werden beschouwd.

Iedereen deed eraan mee. Iedereen hield het in stand. Iedereen deed alsof dit gewoon was hoe de wereld werkte.

Ik weigerde mee te doen.

Ik zat bij mijn vrouw in plaats van 'bij de mannen'. Ik verliet de WhatsApp-groepen voor mannen zodra ik werd toegevoegd. Ik lachte niet mee om de homofobe grappen.

En ik ben daardoor vriendschappen kwijtgeraakt.

Mensen begrepen niet waarom ik het script niet volgde. Waarom ik geen deel uitmaakte van de cultuur die iedereen om me heen als normaal accepteerde. Waarom ik ervoor koos om bij de vrouwen te zitten in plaats van op de plek waar ik 'hoorde' te zitten.

Voor mij was het simpel. Ik wilde bij mijn vrouw zitten. Ik weigerde de boel op basis van geslacht te scheiden. Ik deed niet mee aan een cultuur waar ik het niet mee eens was.

Maar die 'simpele' keuze had sociale gevolgen. Sommige vriendschappen verwaterden. Ik werd de buitenstaander omdat ik de genderscripts die alle anderen volgden, niet wilde handhaven.

Ik heb er geen spijt van (wat is spijt?). Maar ik ga niet doen alsof het makkelijk was of dat het me niets heeft gekost.

Weigeren mee te doen was echter nog maar het oppervlakkige deel. Er was een dieper leerproces waar ik doorheen moest.

(Het volgende is gericht aan mannen.)

Het viel me op hoe mensen rechtvaardigden dat ze feministische doelen steunden. De zin die steeds terugkwam was: 'Ik steun dit omdat ik een zus/moeder/vrouw/dochter heb.'

Gast, die rechtvaardiging is nog steeds egocentrisch. Je steunt de zaak alleen maar omdat het invloed heeft op iemand met wie jij verbonden bent. Je verdedigt vrouwenrechten omdat het onrecht dat vrouwen wordt aangedaan op jou als man terugslaat. Suggereer je daarmee dat het je niets zou kunnen schelen als je die vrouwelijke familieleden niet had?

Dat is geen steun. Dat is je eigen territorium beschermen.

Oprechte steun betekent dat je mensen erkent als mensen, niet als verlengstukken van je eigen leven. Niet als figuranten die er alleen toe doen omdat ze in jouw verhaallijn voorkomen. Het betekent dat je een zaak steunt omdat andere mensen onrecht wordt aangedaan – niet alleen omdat die mensen toevallig familie van je zijn.

Ik moest dat egoïstische kader afleren. Stoppen met het rechtvaardigen van steun via persoonlijke connecties. Beginnen in te zien dat de strijd van anderen ertoe doet, ongeacht of het mij of iemand die ik ken raakt.

Waar ik nog aan werk

Ik presenteer mezelf niet als iemand die alle geprogrammeerde vooroordelen heeft gewist. Dat heb ik niet.

Ik betrap mezelf nog steeds op aannames. Ik merk nog steeds dat er programmering naar boven komt waarvan ik dacht dat ik die had afgeleerd. Ik heb nog steeds momenten waarop ik me realiseer dat ik de situatie van een ander afmeet aan mijn eigen referentiekader in plaats van hun realiteit te zien.

Dit is geen verhaal over hoe ik het allemaal heb uitgevogeld. Dit is een verhaal over het erkennen dat ik programmering heb geabsorbeerd waar ik niet voor heb gekozen, en dat ik actief bezig ben om die te onderzoeken.

Sommige dingen heb ik opgeruimd. Andere ben ik nog aan het verwerken. En weer andere heb ik waarschijnlijk nog niet eens geïdentificeerd.

Maar dit is het verschil tussen nu en vroeger: ik ben me ervan bewust dat het bestaat. Ik onderzoek mijn automatische reacties. Ik trek de programmering in twijfel in plaats van deze simpelweg te volgen.

Dat is geen meesterschap. Dat is gewoon oefening.

En ik deel dit niet omdat ik alle antwoorden heb, maar omdat het zien van iemand anders die zijn eigen programmering onderzoekt het voor jou misschien makkelijker maakt om die van jezelf te onderzoeken.

We zijn allemaal besmet geraakt met het vooroordelenvirus. Meerdere varianten. Uit meerdere bronnen. Opgezogen gedurende jaren van blootstelling.

Je hoeft die programmering niet te blijven draaien alleen maar omdat die ooit in je is geïnstalleerd. Je kunt die onderzoeken. Die in twijfel trekken. Beslissen of je die wilt houden of wilt wissen.

Dat is niet makkelijk. Het kost wat. Het betekent erkennen dat ideeën die je voor waar aannam, misschien slechts programmering waren. Het betekent dat je relaties kwijtraakt met mensen die van je verwachten dat je dezelfde vooroordelen handhaaft als zij.

Zelfs met familieleden. Zoals mijn vrouw terecht zegt: 'Zelfs in de stamboom moet wel eens gesnoeid worden.'

Maar het alternatief is dat je je hele leven software draait die iemand anders zonder jouw toestemming in je heeft geïnstalleerd.

Ik onderzoek liever de code.

NOTEN

3. DE ROUTES DIE ZE JE GELEERD HEBBEN

1. Neil deGrasse Tyson, *Starry Messenger: Cosmic Perspectives on Civilization* (Henry Holt and Company, 2022), 149.
2. Neil deGrasse Tyson, *Starry Messenger*, 150.

19. JE EIGEN KILOMETERTELLER VERSLAAN

1. John C. Maxwell, *Leadershift: The 11 Essential Changes Every Leader Must Embrace* (HarperCollins Leadership, 2019), 46.
2. Mo Gawdat, *De logica van geluk: Ontdek de formule en word de gelukkigste versie van jezelf* (Spectrum, 2017), 18.

OVER DE AUTEUR

Eric Salinas is geen psycholoog, therapeut of zelfhulpgoeroe. Hij is een ingenieur die techprofessional is geworden en jarenlang deelnam aan een race die niet bestond – totdat hij besefte dat hij het beoordelings-systeem dat zijn stress veroorzaakte kon afleren. Dit boek is zijn gesprek met iedereen die zich nog steeds beoordeeld voelt naar onzichtbare maatstaven. Hij woont in Mexico met zijn vrouw Silvana, hun zoon en hun twee shih tzu's, Wookie en Padme.

#erisgeenexamen #thereisnoexam

goodreads.com/ericsalinas

amazon.com/author/ericsalinas

bookbub.com/authors/eric-salinas

linkedin.com/in/esalinas

instagram.com/ericsalinas21

threads.com/@ericsalinas21

facebook.com/ericsalinas21

x.com/ericsalinas

tiktok.com/ericsalinaspie

youtube.com/@ericsalinas_dev

NOOT VAN DE AUTEUR

Dit boek is niet geschreven met het oog op omzet of winst. Het is uitsluitend geschreven om deze boodschap te verspreiden.

Dit is de 'Er is geen examen'-mentaliteit die wil voortbestaan — zelfs nadat ik er niet meer ben — en met haar invloed de wereld veranderen. Want laten we eerlijk zijn: wanneer je denkt een geweldige gedachte of zelfs een geweldige geest te hebben, maakt het niet uit als je dat voor jezelf houdt. Als het niet wordt gedeeld, betekent het dat het geen waarde toevoegt. Daarom heeft het geen zin om wijsheid voor onszelf te houden.

Dus alsjeblieft, als je dit boek fysiek hebt gekocht, deel het dan met iemand anders. Het maakt geen verschil als het daar alleen maar op je boekenplank staat te pronken. Laten we helpen die invloed te verspreiden en, om het beter te traceren, vraag ik je, voordat je het deelt, een pen of potlood te pakken en hieronder je volledige naam op te schrijven. Zo kan iedereen die dit boek in handen krijgt de 'invloed' herleiden aan de hand van de vorige eigenaren. En dat vormt dan de 'tak' van de stamboom voor dit specifieke boek, waarbij jij het huidige eindpunt bent. Jij bent het huidige 'Je bent hier!'

– Eric Salinas

Vorige eigenaren:

DANKWOORD

Dit boek bestaat dankzij Silvana. Ze is een bestsellerauteur die me inspireerde om te schrijven, me gaandeweg coachte en de redactie van dit boek deed. Ze geloofde dat ik iets had dat de moeite waard was om met de wereld te delen en steunde me erin het als mijn ware zelf te schrijven.

Aan Norma Sánchez, mijn therapeut van de afgelopen tien jaar: dit boek is in feite tien jaar van onze sessies, in geconcentreerde vorm. In elk hoofdstuk is Gestalt verweven, of lezers het nu herkennen of niet. Bedankt dat je eiste dat ik het afmaakte – ja, *eiste* – toen ik dat zetje nodig had.

Aan Jorge Matus, het proefkonijn. Bijna twee jaar lang vertrouwde je je aan mij toe als mentor, en die verantwoordelijkheid dwong me om dingen te verwoorden die ik tot dan toe alleen nog maar had gevoeld. De meeste van deze inzichten ontstonden in onze gesprekken, voor jou, omdat jij ze moest horen. Het bleek dat ik ze zelf ook nodig had.

Aan Daniel Niquet: dat ene gesprek op dat terras over hoe we andermans herinneringen niet creëren, werd een hoeksteen van dit boek. Sommige inzichten ontstaan in vergaderzalen; andere ontstaan wanneer iemand dapper genoeg is om zich kwetsbaar op te stellen tegenover een collega.

Aan Clay Griffith, die tegen me zei: 'Je bent niet een van de velen, je bent de enige in je soort', op het moment dat ik het 't hardst nodig had. Die zin hoort in dit boek thuis. Het *is* waarschijnlijk dit boek.

Aan Willie González, die twintig jaar geleden nieuwsgierig genoeg was om te vragen hoe ik erover dacht om tekenfilms te gaan maken nadat ik was afgestudeerd aan de duurste universiteit van de stad. Die vraag, gesteld zoals alleen een vriend dat kan – met belangstelling, niet met oordeel – deed iets ontbranden: 'Hoe ver kan ik gaan?' begon daar.

Aan Victoria Cornejo, die me het podium gaf. Jij plande de eerste 'There Is No Exam'-lezing bij Wizeline, geloofde in de boodschap nog voordat het een manuscript was, en moedigde me aan om door te gaan. De belangenbehartiging voor de geestelijke gezondheid heeft meer mensen zoals jij nodig.

Aan Gema del Río, mijn lieve *comadrita*, bedankt dat je de schijnwerper op mij zette, niet als gast, maar als iemand wiens perspectief ertoe deed. Je gaf me de kans om jouw publiek – mijn gemeenschap – te inspireren om autisme te omarmen als iets om trots op te zijn.

Aan Santiago Sillis, omdat je me altijd steunt en me laat geloven dat deze boodschap belangrijk is. Soms is dat precies wat een mens moet horen.

Aan mijn ouders, Humberto en Margarita, en mijn zus Myriam: bedankt dat jullie er gedurende deze hele reis waren en me steunden op manieren die zowel zichtbaar als stilzwijgend waren.

Aan mijn zoon David, die me elke dag leert dat plezier maken en van het leven genieten niet betekent dat je het moet doen op de manier waarop de maatschappij vindt dat kinderen dat horen te doen. Je hebt nooit toestemming nodig gehad om jezelf te zijn, en ik zal er altijd zijn om te zien en te steunen hoe ver je kunt gaan.

En aan jou: het feit dat je deze laatste alinea leest, is het bewijs dat je de laatste druppel uit je tank hebt geperst om hier te komen, en dat betekent alles voor mij. Ik maak nu deel uit van jouw drijfveer. Bedankt dat ik mocht meerijden.

www.ingramcontent.com/pod-product-compliance
Lightning Source LLC
Chambersburg PA
CBHW071540030726
47598CB00001B/174